刊行のことば

現行憲法の下で、帝国議会は国会となり、貴族院は参議院へ引き継がれた。尚友倶楽部（前身・研究会、尚友会）は、明治以来、貴族院の選出団体として重要な役割を果たしてきたが、戦後は、純公益法人として、日本文化の国際的理解に役立つと思われる、公益事業や、学術団体、社会福祉、などへの援助を中心に活動をつづけている。

近現代史に関連する資料の公刊もその一環である。昭和四十六年刊行の『貴族院の会派研究会史・附尚友倶楽部の歩み』を第一号として、平成二年までには十二冊の「尚友報告書」を発表した。平成三年刊行の『青票白票』を第一号とする「尚友叢書」は、平成二十六年には三十五冊となり、近現代史の学界に大きく寄与している。

一方「尚友ブックレット」は、第一号『日清講和半年後におけるドイツ記者の日本の三大臣訪問記』を平成六年に非売品として刊行し、以後二十九冊を刊行し今日に至っている。「尚友ブックレット」は、原文書のみならず関連資料も翻刻刊行してきているが、未公開の貴重な資料も含まれており、一般の方々からも購入の要望が多く寄せられてきたので、二十一号から一般にも入手できるような体制を整えてきた。

今回刊行の第三十号は、外務省文化事業部長、内大臣秘書官長兼式部次長、文部大臣、そして戦後は国立近代美術館長、社団法人尚友倶楽部理事長等を歴任した貴族院議員・子爵岡部長景の日記および岡部悦子日記、回顧録「観堂随話」を取り上げた。

今後も、研究等に、有効に、より広く用いて頂き、近現代史の学術研究に大きく役立つことを願っている。

二〇一五年十二月

一般社団法人　尚友倶楽部
理事長　波多野敬雄

岡部長景（昭和30年代）

外務省入省

学習院時代

岡部一家（目白岡部邸にて、明治42年）

長挙　久子　長職　榮子　冬青　**長景**　長章　坻子　長建　豊子　長世　長剛　長量　盈子

外交官時代（ロンドン、大正2、3年頃）

加藤悦子と結婚（明治45年4月1日）

朋友・徳川家正夫妻と長景夫妻

内大臣秘書官長兼式部次長
（昭和５年頃）

陸軍中尉正装の長男長衛
貴族院議員正装の長景
（昭和10年頃）

妻悦子、長男長衛と
（昭和５年頃）

貴族院研究会視察旅行（新潟、昭和10年代）
研究会会員と長景（右端）

赤坂丹後町の岡部邸にて（昭和18、19年頃）

綾子　長義　長忠　長景　長衡　悦子

巣鴨拘置所入所前日、古奈・三養山荘にて（昭和20年12月9日）

長衡　悦子　綾子

長忠　長景　長義

黒磯にて（昭和25年）
長義(左)長忠(右)と

大師会にて点前
（昭和28年4月21日）

村山家にて、弟長挙と
（昭和32年）

皇后陛下、皇太子殿下を御先導
（近代美術館館長時代、昭和28年3月12日）

ロックフェラー氏と（近代美術館館長時代、昭和28年2月9日）

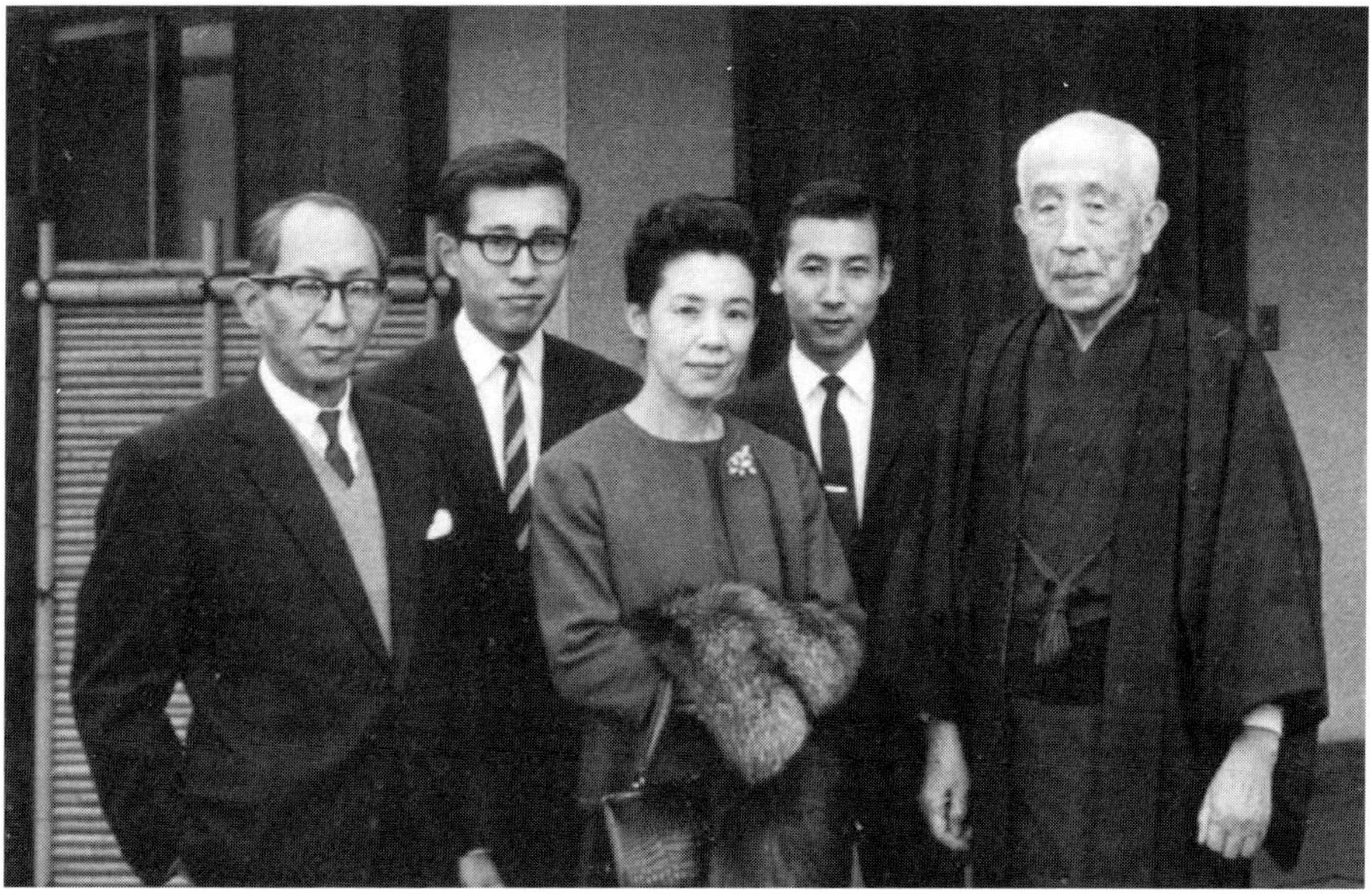

小金井の隠居処玄関にて（昭和37、38年頃）

長衡　長忠　綾子　長義　長景

尚友倶楽部創立40周年
（尚友倶楽部理事長、昭和43年9月26日、中央に長景）

岡部長景日記

昭和20年12月10日
（入所日）

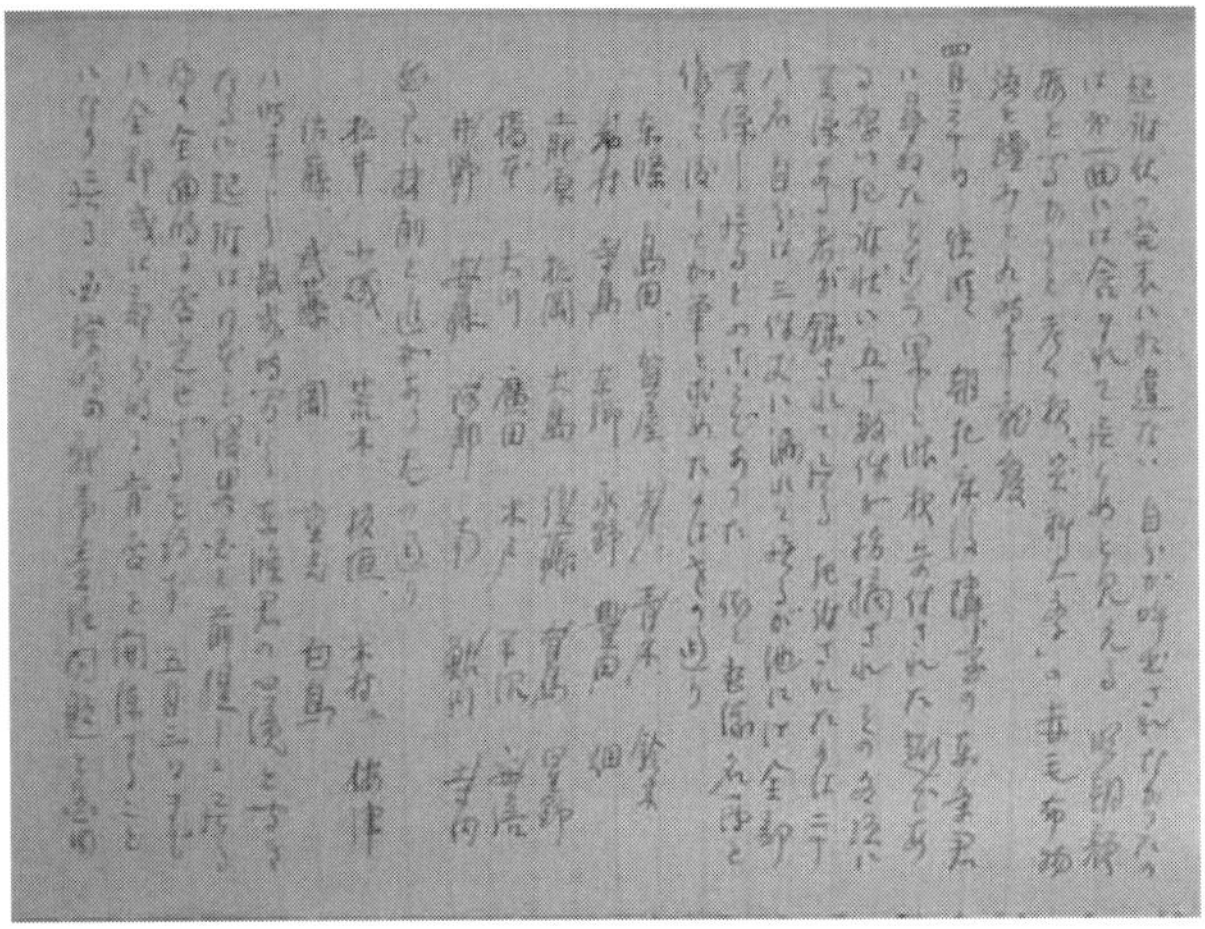

昭和21年4月30日

尚友ブックレット30

岡部長景巣鴨日記

附　岡部悦子日記、観堂随話

尚友倶楽部
奈良岡聰智
小川原正道
柏原　宏紀
編集

芙蓉書房出版

岡部長景巣鴨日記●目次

凡　例

一、本書は　岡部長忠氏所蔵の岡部長景の日記（昭和二〇年〜二二年）、岡部悦子の日記（昭和二〇年一二月）を翻刻、及び俳誌『雪解』昭和二九年三月から二一回にわたり掲載された岡部長景の談話「観堂随話」を復刻、収録したものである。

二、明らかな誤記脱字は適宜訂正した。場合によっては傍注し、あるいは［ママ］を付した。

三、漢字は常用漢字を使用した。

四、仮名は原文の通りとした。

五、句読点は適宜、補った。

六、いわゆるプライバシーにあたる記述についてはその一部を省略した。

七、日記中に今日の価値尺度から見て不適切と思われる表現があるが、本書の資料翻刻という性格に鑑みそのまま再現した。

岡部長景日記

昭和二十年～二十二年

〔ノート1〕

日記　自昭和二十年十二月三日
　　　至昭和二十一年四月三日
　　　　附宿所控〔省略〕

昭和廿年十二月三日

平生釟三郎氏の葬儀に列する為め早朝古奈より帰京。丹後町に寄りて午後一時頃築地停留場に下車すると人だかりあり。新聞号外らしきものを配って居た。帰路電車内での話声に広田氏、平沼男等の噂あり。安藤紀三郎もあると聞いて進駐軍司令部の命令と判明。安藤氏まで来ては当然自分も加はって居ることと考へ、その足で市兵衛町村山邸に帰った。藤子さんよりの話で先刻新聞社より電話で御名前があったと知らせ来れる由。早晩来るものが来たので何等驚くことはないが仕度の関係もあり、不取敢古奈へ電話した。長衡は午後四時頃帰邸したので話し聞かせた。夜川崎芳熊氏来訪。皆一緒に牛鍋の御馳走に預り、福井市の松浦操氏より贈って来た鰤、海老が着いたので、おさしみが出来て一層お膳を賑はし、壮行会の感があった。

十二月四日

朝から松平乗文、小沼教学官、北浦大介、菊池豊三郎、橋本五雄、裏松子等、見舞旁々来訪。その間終戦事務局中村公使より電話ありて不取敢通知に接し、収容所の様子も話ありたるが、ストーヴの設備ありて暖かく、又食事読物等は自由とのことにて安心した。鳥居坂警察署長も来訪、入所打合せあり。終日ゴタ〳〵過す。

五日

坪上君九時過来邸。見舞を述べられた。然し同君も召喚の虞多分にあり。共に励まし、弁護士の問題等も話し合ふ。後藤伯来邸。研究会常務の問題等を語る。稲垣子も見舞に来てくれ、貴族院問題等につき心配の様子。軽率を注意して置いた。夕刻悦子と長衡帰京。停電中に夕食をなす。夕食後長挙と藤子さん電灯会社へ修理の談判に出掛け辛ふじて点じた。談夜半に及び尽くるなし。

六日

丹後町に行かふと思ふたが、来訪者踵を接して出端を失ふ。舟橋君来訪あり。研究会の常務は辞した方が適当かと思ふ旨伝言を依頼す。教育会中野専務も見舞に来る。会長解任は至急取運はるゝやう文部省との交渉を頼む。清水筧水夫妻も来訪あり。久々にて面晤す。夜鴨のすき焼きありて一同舌鼓を打ち歓談。

七日

溝口伯来訪。研究会常務も大河内、青木等三人まで召喚されては事務にも差支ふべきにつき、辞任方を頼む。北浦氏来訪。タイの切手を持参さる。元禄大判は見当らぬ由。財政上のことにつき信貴英蔵に頼みたきを以て来邸を求め、悦子、長衡も同席にて大体を説明、今後を頼んだ。その間小林書記官長も見えた。昼は三人で丹後町に行き弁当をつかひ、匆々にして茅町へ伺がった。叔父上には八十歳とは御見受け出来ぬ御壮健、所謂壮者を凌ぐものあり。召喚につき御挨拶をなし、又岸和田行、古奈拝借の件等を申上げ御快諾を得、暫時御話の上辞去。夜食には牛鍋の御馳走。

新聞に近衛公、木戸侯、酒井伯、大河内正敏子等の召喚発表。

八日

徳川家正公来訪見舞はる。その親切を謝す。尚ほ蒔絵の文台硯の譲受を頼む。水野梅暁氏も来訪。島村□三郎氏も来て、証人に立たば大にやると稍貢《(ママ)》奮の体。

正午教育会にて退任の挨拶をなす。午餐も共になし、一時より同館内大日本育英会職員に挨拶をなし、海後君より進駐軍司令部との連絡につき報告あり。諒解を求めらる。大賛成の旨答へて置いた。三時十分伊東行にて熱海に至る。橋本五雄君も同車。同駅より沼津へ廻送の電気機関車に乗せてくれ、予想より早く七時三養荘に着いた。忠坊はお待ちかね、大元気。義坊は熟睡。四人にて晩餐を共にす。荷物の調べをなし種々後事の相談をなし、岸和田行のことも大体衡と綾子と丈にて一月中旬に先発することゝした。二時まで悦子と話し打合はせ入浴して就寝。

九日

六時起床。相談のことは多いやうで思ひ出せないものがあるやうな気がしてならぬ。財産や京都下加茂の家、岸和田、丹後町の家のことなど。又保険は前払に改むることなど相談は尽きない。

忠坊が起きてから掛物を雅邦の虎に取換へた。オヂーチャマの虎チャンにターチャンとヨシチャンと丁度工合のよい絵で、忠も義も大喜び。御掛物は座って手をついて拝見するものだと話したら直ぐに覚え、次からそのとうりやる。可愛い〳〵ものである。それから食堂の棚に八幡太郎の兜を飾り、之れ又両人大喜。福井の松浦氏が千葉の進藤氏と同伴激励に来てくれた。米や野菜も時々丹後町へ届けるとの好意。その代り出た上で大野の別荘に是非来てくれとの約束。十時頃三津の山本来る。種々後事を頼む。昼の料理を手伝ひ二時の出発を見送ってくれた。中食後義がおカーチャマの襖を閉めたのが気に入らぬとてそれくりかへってヤンチャをいひ出したから抱きしめてしたゝかたしなめた。稍暫らくかゝったがとうとう静かになったからドロップを一つ。忠も御相伴で一つ。御機嫌はすっかり直って穏しくなった。二時三十八分の電車で出発（義は見送りに来た。ター坊は酪農会社の御使にやられた内に出発）途中楽に帰京。浜田明蔵が丁度出掛けようとするところに到着。急ぎ中食をすませ途中にて下加茂の市村邸、奈良の高畠の地所、木材、岸和田の第一期計画の家等につき打合せをなし促進を頼み、又長世の福知山工専入、長衡の農耕計画等につきても頼み、大船で別れ、七時帰邸。夕食を共にす。飯田利平よりの饂飩が非常に好評。伊太利式掛汁も上出来。晩餐賑はふ。食後日本語教育振興会の永〔長〕沼氏来り、理事会の報告の後会長辞任の書類を渡す。又図書館協会の安原常ムも来訪。会則改正の経過の報告あり、村上氏には残ってもらひ種々依頼した。きよが来り見舞を述べ九時過帰った。それより荷造にかかり十一時就寝。

十日

愈々入所の日が来た。四日中村公使より大森収容所へ行くことゝ電話であったが、急に変更され巣鴨刑務所になったのでがっかりした。設備は整って居るが八釜敷との話。然し寝具類も試みに持って行くことゝし、朝日新聞社の自動車を九時半に呼び荷造やら後事の話やらで時を移した。その間に橋本五雄氏来訪。鳥居坂署よりは新署長と佐藤警部と来邸。佐藤氏は同行してくれることになった。朝食は美智子富美子の御料理で飯田の饂飩とホットケーキの御馳走。ケーキは焼けるに従ひ折半して悦子と分ち美味を賞す。ター坊のホトケの話に興ず。沢山に出来充分鱈腹やった。そこへ栄子も送りに来てくれた。愈々自動車も来たので着換へして皆玄関で見送を受け長挙と衡とが同車した。その時の感じは遠方へ旅行するやうで、悦子も寂しさ現はれず晴々して居るのは嬉しかった。天気は晴朗、風なく正に日本晴。十時に巣鴨に到着、終戦連絡事務局巣鴨分室に出頭した。間もなく石原広一郎氏も来所。待つこと暫時にて中村公使到着。真崎大将も加はり長衡長挙自動車に同乗して収容所に入った。スートケース二個と寝具の青風呂敷一つを待合室に置いて皆帰って行った。日の当る暖かい部屋で三人は談笑しつつ時は正午を過ぎた。番のMP二人が三十分位づつ交代する。愛嬌ある話をする。そうこうする内に弁当が来た。丼飯に饂飩をかけて熱い位。それに砂糖入の紅茶。石原君は二、二六事件のときの経験で、当時は食事は冷え切ったもので、これならば大分よいとのこと。その頃の様子では、独房は退屈もするが静かでよいこともある。窓が高くて外が見えぬのが不愉快で、日当りも自然よくないとのこと。便器を自分で運ばされたのには閉口した由であったが、今回はどんな設備かと不安になって来た。一時半になって呼出が来た。真崎大将を先頭に三人行くと先づ所持品の検査。スートケースを二つ明けて内容を詳しく点検。文房具類は筆紙鉛筆は差支ないが其他は大体留置。食物は一切不許可。衣類はパッス。寝具は後廻し。着衣類も悉く脱がされ備付の海老茶色のビロードガウンを一枚着用。スートケース一個と脱衣の籠とを持って診察室に入り体格検査を受け、更に次の消毒室に入る。全室白煙濛々。下着から着るに従って例のDDTを散布する。叮寧なものである。これならば蚤や虱に悩まされることもあるまいと先づ安心した。ここで着衣を終り、スートケースと下着類丈の包をブラ下げてMPの後をついて鉄格子の戸を幾つか通って、二階の二十八号房に入れられた。扉を閉ぢてからガチンと鍵のかかるのは不愉快だが、窓は普通の高さ。房の大さは約二畳台目といったところ。便器はあるが水洗式。洗面台も水道。壁は白くて教育会の会長室よりは少しきれい。塵は多いがGGTの粉末ゆへ却って結構。夜具は敷布団と掛布団各一枚白毛布大形一枚。何れも新調品で極めて清潔。窓は東向にて日光もよく入り、石原君の話とは大分な相違で安心した。同列の房には東条、島田を始め閣僚連から土肥原、本間等の将軍も居られた。皆から君は何の為に来たのかと質問されたのには答へに困った。夕食は五時過。丼とお椀を持ち行列して炊事係の前に行き、よそってもらひあぶない腰付で持帰る姿は、あまりみっともよくはない。然し鯖の煮込で米は食べきれぬ位の分量。蜜柑二個に紅茶。配給量よりは大分超過して居るので少し残す位。予期して居た通り読書には至極好適。電話もなく面会は世話をする番人のみ。先づ落合保君執筆の岸和田藩志稿を繙く。長盛公が母君と武田に質として赴かれたのが御二才。天正十年御十五才にして遁れ帰られ、その十数年の幽囚の御苦痛を読んで我身の今日と思ひ合はされたのも奇縁。又、今日家を離れ長衡が悦子の指導を受けこちらよりは家事見習の関係指導が出来ること、宣勝公と行隆公及び長慎公と長和長発両公との関係に髣髴たるものあるも面白く思はる。「岸和田藩政時代行事習俗一斑」も落合氏より譲受けたるものにて岸和田に本居を構えるときに参考となるものが多い。持参した布団の包はとうとう持って来てくれないので今日は備付のもののみゆへ、洋服のままで毛布にもぐり九時消灯と同時に就寝。

十一日

六時に起床。床をたたみうがひをなして七時半の朝食を待つ。落合氏の志稿は誠によく取材されて居るのに感服しながら頁をめくり藩主篇を終った。近い内に折を見て此の調によりて過去帳の下調をしようと思ひ付いた。なほ落合氏に礼の金を贈らねばならぬので、近便にて申付けなければならぬ。一夜を過して大分様子になれた。食事のときは戸の外に出で列をなして行く規則であるが、昨日の世話役は寛大で余り八釜敷くはなかったが、今日の男は厳格だ。食事が済むと又列をして洗ひに行く。ドラム鑵の小形のものの中に石鹸水がなみなみ入って居り、ブラシが二本備へてある。皆それで洗って次の鑵には御湯があり、石鹸を落して元の部屋に戻る。清潔なことには誠に心地よい。臭気は絶対になく、知人のみで獄中とは思はれぬ。晴々した風気。尤も中には憤懣やり難いやうな気色の人もある。今日は安藤中将、池崎君、大倉邦彦君等数名来所。隣りに陣取られた。午後一時半よりエキサーサイスあり。中庭に出て散歩一時間。よい運動である。此の間は談話自由。新聞も見られるから話題はいくらでもある。それがすむと又元の部屋に納まり、晩食までは読書にふける。落合君の「家訓藩諭」のところを熟読し、長盛公、宣勝公御始めの御訓諭の御懇切御周到なるには敬服。獄中稿を作るも面白からんと私かに考へた。そうこうするうちに昨日待合所に残した寝具の包がそのまま持って来てくれた。夕方少し冷えて来たので室内御百度を試みた。二畳台目の室の角を対角線に行きつ戻りつ百回すると約壱千歩。相当温かになって気持がよい。毎日の日課に定めた。一方に廻はると眼がまはるから8形に少し早歩でやると約十分。動物園の虎が思ひ出されておもしろい。晩には肉入りの煮込みを丼に山盛。お米も悪くない。こういふ工合に食事をなし間食としては蜜柑を時々やる位であるから健康には確かによい。運動が多少不足かも知れないから旁々肥って来るだろうと思はれる。体重を計って置けばよかったがと今更残念であった。夜は誠に静かで窓の外に省線電車や蒸汽機関車の汽笛が聞えて来る。八時半に床についたが、毛布や掛布団でとても暖かく、九時の消灯を知らずによい気持に寝込んでしまった。

十二日

六時に起されて床を上げうがひをすませた。朝食はパンとチーズとスクラムブルドエッグスに stewed prunes 数個。パンは真白で外界では見ることも出来ないやうな結構な品。持って行けるものならばとさへ思った。煙草は毎日三四本くれる。もらって損もないので受取って置く。窓の腕が損じて居たのを今日は直しに来てくれた。鉄格子の鋲はサビ付いて動こうともしないを渾身の力を込めて大の男が捻ぢようとする、その真剣な気持にはほれ込んだ。とても駄目だろうと思ったのにとうとう十六本を一時間以上かかって抜き取り格子を外づして腕の金物を取付けてくれ、格子の鋲を又元のやうにチャント捻込んで帰って行った。骨を折りながらスロー　バットステディーにやりませうと口の中でいひながら根気強く仕通したのには敬服せずには居られなかった。御礼の仕様もないから煙草でもやろうかと思ふて聞いたら、I have plenty, thank you と何処までも態度がいい。感心なものだ。獄舎の窓の損じまで此の様に入念に直す、之れこそ科学的といひ得るのであろう。捻廻しが大分丸くなったと見えて途中で鑢で擦って使ふ。これも参考になった。今日は又大分大勢来所あり。散歩時には大賑はひである。梨本宮殿下が吾々と同様の御扱を受けさせられる御有様を拝して只々恐懼の外はない。食事時に丼とお椀を持って御出の御姿の如きは涙の外はない。嗚呼敗戦なる哉と長大息せずには居られない。それにしても又よくも最高層の人をかくも引張ったものと思はせられる。非常なことである。どうなることか、唯天祐を祈るのみ。今日は午後から池田谷の第一期建築につき二三改案の点を示すため、図面を書いて半日を過した。鯵の煮込の夕食をソコソコにして図面を仕揚げ、日記を認めて八時半過就寝。

はからずも御国のためにこのからだ
　さゝぐるときは来にけるらしも
せまけれど何不自由なききのふけふ
　二畳台目のひとりずまいに
毛布にくるまって寝るこのときに
　暖かきこころ身にしみわたる
国民をすくはんとする御心に
　こたへまつれよちよろづのたみ

十三日

日課は大分平凡になって来た。洗面を済ましてからお百度をやる。連日の快晴で九時頃からは日が擦硝子の窓越しに指して暖かい。岸和田藩志稿を続いて繙いた。又大島正徳君からもらった「我が国民性の反省」は誠に我意を得た意見。衡や悦子に読ませたいパンフレットである。昼食にはコーンフレキ大匙一パイ、それに牛乳入コーヒーで悪くはない。夜も鰮二尾煮付。配給よりはよさそうである。夜は岸和田第一期建築の図を書き八時過就寝。

十四日　快晴

十時より入浴あり。脱衣して外套丈を被りて浴室に入る。二人入の小室。コンクリートの湯槽にスティームで湧かす設備あり。手も入れられぬ程の熱さゆへ島田大将と二人で盛にうめ交る〳〵浸り、又交る〳〵出て洗ひもし借用の安全剃刀で鬚も剃る。二十分の時間は充分に利用して充分暖まって帰りは外套一枚でも寒からず。部屋に戻ると悦子から毛皮裏の外套と厚い毛の下着が着いて居た。これでもう寒さの心配は全然無くなった。廊下にストーヴの設備も出来た。「岸和田藩志稿」は全篇読了した。重ねて落合君の努力に感謝した。池田谷へ送る二ノ丸第一期計画の図面多少模様替を記して一枚作製した。

こがらしのふきそふ秋をよそにして
　　とらはれの身のあたたかきかな
　　　　　　（橋本氏への返歌）
くすしくも御国のためにささげなむ
　　六十路あまりのこの身うれしき

十五日

ズボン釣を押へられたのは誠に閉口。一案を思ひ出し紙捻で代用することにした。先づ四十本程をひねり、更にそれを二本宛捻って見たが仲々強い。出来上りまでは二時半を要し間もなく御昼になってしまった。消閑法の一つ。その御褒美かコーンビーフの御馳走。夜は烏賊の御煮付。食事は先づ先づ上等。

十六日

昨日のズボン釣は矢張切れ易いから更に一組作って二本づゝかければよかろうと又製造にかゝって午前は殆と費消。今度は大丈夫。安心して屈伸出来る。アカギレが二三日前から出来かけて来たので治療を頼んだところ、お医者の巡廻のときに油をチューブより沢山押出してくれた。これで三回分位といふことだが、とても三回や四回には使い切れぬ程の分量、誠に気の大きなものと感心した。それより日に三四回宛毎日用ひてすっかりよくなった。午後三階に酒井、大河内正敏、伍堂、大達等の面が見えた。格子越しに挨拶の交換。

十七日

日曜が発信日といふことであったが火曜に変更された。それはよいとして今日から手紙も新聞も雑誌も受取ることを差止められた。理由は勿論わからないが何しろ相当重大な問題が起ったのであろうといふ皆の想像。或は裁判が愈々初まるから内外の連絡を断ったのではあるまいかとの説もあり。第六感には近衛公でもどうかしたのではあるまいかといふのもあった。夕方になって、どこから聞いたかそれが事実だといふことがわかった。発信は差支なしといふことである。木戸君、鮎川氏等の顔が見えて来た。今日は入所以来初めて雨天なので、室内廊下でエキサーサイス三十分。これも悪くない。午後は悦子への手紙の追伸やら岸和田建築図面やらで過す。

十八日

愈々発信日で第一信を出した。十一頁に追加が一枚と図面二枚添付。何時悦子の手に入るかと楽しみである。日本美術略史を読み初めた。今日から廊下の掃除や配食を一同順番にやることになった。錬れない連中ゆへ足らなくなるのを心配してよそふ量が大分少ない。さもしいやうな話だが食事は何よりの関心事である。ストーヴが大分暖かになって来たので手のかぢかむやうなことは少しもない。有がたいことである。夕食には純粋の精白米には一寸驚かされた。岸和田第二期計画の図案を色々試み、茶室を付けることを工夫して見た。

【欄外】夜半目がさめて

　めさむれば月かげ寒し鉄格子

十九日　快晴

今日は早朝に土肥原大将と笹川一晁氏とが他へ移され、そのあとへ酒井伯、大河内正敏子、伍堂、大島浩氏等が三階から移されて来た。木戸、鮎川両氏は他へ連れて行かれたらしい。此日から完全咀嚼を試みることにした。又昨日悦子への手紙に封入した岸和田第二期建築図案中玄関脇の三畳を四畳半の茶室に設計替を試みて、又別案を書いて見た。夕食には精白の御飯と鮪のトロ数切。難有く頂戴した。近年殆と口にしたことが無い御馳走をここで食べられるとは思はなかった。今日差入物が来た。駱駝厚毛シャツ、靴下カバー（誰か網んだものか）及手袋等。

二十日　快晴

明け方いびきの声が夢か現に聞えた。オヤ悦子かしらと思ったときに醒めれば風の音。月が鉄格子の影を窓にうつして居た。今日は御膳とお椀を更に一つ配給された。お菜を別に入れるためといふことである。生活改善か。軽い頭痛がしたので医者に話したところが、アスピリンのやうなタブレットを三つくれた。毎朝廻診は好都合。日本美術略史を段々読み進める。室町時代では今迄はっきりして居なかった幾多の事実を詳かにした。丁度房の筋向ふ位にストーヴが据付けられて居るから此辺は大分暖かい。又東向で日当りはよし。持込荷物も向側の十二日に入所した人達とは大分相違があり、未だに下着類を一つも入れてくれぬとか。楊子がないなどとの声が各所にある。十日入所は成功であった。

廿一日　快晴

宮様はどこか他の部屋へ移られた。大部屋とかいふことである。又差入物が来た。ター坊の六月誕生に書いた自画像の傑作が入って居た。とてもうれしい。入所のときター坊の書いた顔を持て来たところが取上げられて寂しく感じて居た折柄、この差入は殊に歓迎。その他三体千字文に水書練習帳。消閑に手習ひでもといふ悦子の心づかひ。スウェターに厚シャツは寒気につきての用心と難有受取った。今日から窓の磨ガラス越しに来る日光を浴びようと戸棚の上に腰をかけて読書をすることにした。弱いけれども相当暖かく日光浴の効能は多少あるらしい。それにしても向側の連中は日光に当る時がないのは気の毒である。十日御利益の一つ。

廿二日

大分平凡になって来た。食事に水とんの代用食が多くなって来たので閉口して居る向が多い。そこへ行くと完全咀嚼はありがたい。空腹も感ぜず腹工合もよい。入浴があった。水の出が悪るくて水量の少いのは困った。運動の際郷古君から三菱重工の跡仕末振について話を聞いた。近頃工員で退社希望者が案外多く、その点は心配が杞憂に終ったとのこと。然し会社は十分の一位に縮小する筈であるが株主には余り迷惑をかけぬつもりであるとのこと。

廿三日　朝淡雪あり

運動は屋内三十分。上田中将の話に今朝見廻りに来た将軍に手紙新聞差止の苦痛を訴へたるところ、あれは間違であったから解禁しよう、加之家族にも遇はすことにする考だとのこと。どうか一日も早く実現されたいと皆の願望。代用食依然たり。但し果物が増加。九日に古奈から引揚げるときオバア様もオトウ様も一緒に出掛けるのではター坊にかはいそうだからとて午後早々牧ノ原の日東酪農会社へバタを取りに安子さんと出した。縁側で行って参りますと手をついてお辞儀の姿が目について堪らぬ。

二十四日

明日は発信日なので午前中手紙を書いた。午後は一時間半程初め屋内それから屋外での運動。夜は美術略史を読み、八時半就寝。

　風寒し窓の格子に月影のさす
いびきかとふと目をさますそのときに
　窓の格子に木枯のふく

鉛筆が段々欠乏して来るから配給のインキによることゝし、字もわざと小さく紙の節約を考へよう。今日も岸和田の第二期建築の図に色々工夫して見た。仏間を小さく納戸をその代りに広々、奥の方を一段高め、玄関脇に茶室を調らへること。それからそれと想が浮んで来る。これで室内装飾の本が差入られると部分的に種々考案が出来て楽しみである。運動時間に石原君からその南方発展の経験談から二、二六との関係などを聞き、今は総て夢であるが楽しい夢を見られたものだ。

廿五日

今日発信の日で岸和田第二期計画の設計変更図を作って封入した。読書は美術略史を一回読了。更に読直しをして見ようと思ふ。散歩時間には大島大使と独逸の事情を聞く。

廿六日

入所以来始めて散髪をした。外来の床屋さん二人廊下の隅で簡単にやってくれた。朝日へ電話を頼んで見た。散髪から帰ると差入物が来て居た。アサヒグラフが十一月廿五日と十二月の五日及十五日の三冊。東條夫人の話が出て居た。其外に極厚のシャツとズボン下各一、靴下が半打箱に入って来た。これで当分安心。ハンケチも箱で来た。美くしいタオル二枚、大に眼を楽しめる。悦子の心遣ひもうれしい。豊子からクリスマスプレゼントとして讃美歌の本。これもうれしい心遣。早速其内で知って居るのを順に調べて印をつけて置いた。一日の仕事であった。然し中には妙に寂しく感ずるのがあってこまった。さすがに思ひ出の多いのもある。夜は八時前にお百度をすませて就寝。消灯頃まではモガ〳〵して居たがそれからは熟睡した。

廿七日

朝入浴あって鬚も剃って気持がよい。午後一時過中村公使と面会した。悦子が古奈へ行くからその前に様子を聞いて行きたいとのことであった。手紙が未だ着かぬ由待遠なことであろう。丁度散髪入浴の後でよいときに遇へて、同公使も大変御元気そうでといってくれた程であった。完全咀嚼のこと、本差入のこと、靴の破れたことなど伝言を頼んだ。此日は同公使は畑元帥、大河内子、岩村元法相等と遇って行かれた。運動は無事。今日は又大に製図をやった。食事の量が足りないとの不平が高いが、完全咀嚼のせいか余り空腹も感ぜないのは難有。

公使の話に連絡は小笠原道生君がとってくれる由、附記す。

此日より靴下を新たにしたり。幾日もつか。

廿八日

快晴続きで誠に気持がよい。今朝世話役の上田海軍中将が他へ移されてしまった。運動時間に後任を村田氏に頼むことにした。数日来代用食が多くて一回大分不平あり。上田氏より申込まれて居たが、今日の昼食には白米とタング二切、それに炒玉子、大分よくなって皆満足。池崎君より借りたダンテの神曲翻訳を読み出したが、稍肩がこる。差入れのアサヒグラフを諸方の回覧に供した。

廿九日　快晴

大分寒気が強くなったらしい。向ふ側の人は霜焼けで悩む人もある。十時過一階の方で大分出掛ける人音がする。その内に番人が愛嬌に「サヨナラ」などといふ声がして、多少笑声も加はって居る。あとで聞けば海軍の連中十数名がもともと間違ひだった人達で解放されたらしい。昼前に東条君安倍源基君等が他へ移された。調べでも初まったのかと思れたが、運動時間に安部君は隣棟の仲間に見えた。井野君の顔もあり。何かの都合と見える。昨日配給の梨があったが、皮むきに鉛筆先の金物を半分に切り取り、それで根気よくむいた。窮すれば通ずるものである。又運動のとき庭の笹の細い幹を折って外套の下に入れて帰り、それを柄にして小さなはたきを作り、戸棚の中をきれいに掃除した。駄作二三。

国のためささぐることのかなひなば

　　　これにまされる喜ひはなし
さびしさは心にありやふしぎにも
　　とらはれの身にこれを覚えず
国の為つくす誠にかなひなば
　　このとらはれもあだにはあらず
思はざりき六十路あまりてこのからだ
　　国にささぐるさちあらんとは
国の為つくす誠にかはりなし
　　大綬帯ふるもなはめおふるも

ジェーラー二人やって来て明日から皆の希望申出を聞いてくれとのこと。各セラーで今日は〳〵とやる、つまり御用聞。

昨晩の夢悦子が閨から出て行くところ「又帰って参ります」といって出る。御不浄に行くところらしい。ハッと思ふて眼が醒めた。序に用をたした。

有馬君数日来神経痛に悩み寝込んで居る。唯さへ楽ではないのに同情に堪えぬ。自分は完全咀嚼の励行で便の量が激減し、栄養は相当にとれるらしい。

三十日　快晴

ここに居ると年の暮も何もない。誠に呑気な天地である。神曲は一向興味がない。これは訳文では出来たい《〔ママ〕》のであろうか。賛美歌の本を時々開けて口ずさむ。心持はよいが何となく涙を催す。孫のこと、悦子のことなど頭に浮んで来る。ター坊が行って参りますと出掛けたとき玄関まで見送りたかったが、涙を見せることになってはつらい、寧ろ平気に行っていらっしゃいと軽く別れを告げて置いた。あの時の心持は一寸つらかった。今頃オヂイサマのこと簡単に考へて居るであろう。無邪気なことである。義坊はどうかな。これからオバヾチャマにしっかり躾けていただいてもらひたい。あの反くり返って駄々こねる癖は是非やめさせなければならない。反くり返るときにはお腹を折るに限る。

朝の部屋掃除も片付いてから、各房を巡った。診察申出の人か数人、各人各様体操する人、読書する人、静座する人、中には黙禱でもして居るかと思ふやうに端座の人もある。毎朝各房を尋ねることは非常によいことだと感じた。一つの精神慰安になる。単なる用聞のみではない。これもお猿（緩）の気質かなと悦子に笑はれることであろう。

此日は終日書物をした。入獄記といふやうな思出記録を二十頁余り書き続けた。夕方には手紙の準備下書をも数頁認めて置いた。

三十一日　快晴

気温は大分低って来た。然しストーヴがきくので寒さは余り膚にしみない。朝の慰問巡回をすまし、朝餐後は手紙の書直し。但し明日は元旦であり、朝の御祝膳に何が出るかわからないから、浄書は朝になってからすることにして下書の程度。午後から安倍源基君の持って来た「スカラムッシュ」の翻訳物を見始めた。評判丈に面白い。夜まで読通した。

月曜の入浴日、今日は吾々の組が最初であったので、水がきれいなのに皆大喜び。丁度週刊朝日に出て居た支那の銭湯のように湯のきれいな間は料金が高いのは尤だと笑った。

昭和二十一丙戌年一月元旦

巣鴨で元旦を迎へることになった。天気は申分なき日本晴。慰問巡回に一々お目出度をいって廻った。七時半の朝食時間が大分遅れたが、御雑煮の準備に手間取ったのだそうだ。八時半に配給になったが、成程御馳走である。餅は平素の倍位の大さのもの三切を焼てある。それに小鯛一つと牛蒡蘋蘿の御せち、昨年のアミのやうな御頭付とは雲泥の相違。当局の心遣には一同感謝した。九時半には此の棟に収容されて居る者一同廊下に整列して、皇居遥拝、君ヶ代合唱を許され、小林躋造大将の発声で聖寿の万歳をことほぎ奉った。感慨無量、心から御祈り申上げた。午後差入物が着いた。過日中村公使に頼んだ品が来たのはうれしかった。曰くペルリの **Japan Expedition** 第一巻、これは熟読して見たいと思ふて居る。次に深靴、これは長衡の入手した品でこちらからいってやろうかと思ふたが、折角のを獄中で履初め気の毒なような惜しいような気がしたので指定はしなかったが、これもうれしかった。早速元旦からおろした。但し明日からは運動のとき丈に用ふることにする。それからゴムも無くてこまって居たので大助り。元旦から賑かな気分がして来た。運動には石原君からその南方事業のことなど色々話を聞き、日本軍の行くまでは実によい気持だったとの思出話もあったが、軍が行ってからは事毎に不快なことだらけだったといふ。さもありなん困ったものだ。今日は火曜日発信日で、朝は雑煮のことから書き初め、第三信に年頭の祝詞を送った。皆古奈で年を迎へたことであろう。縁先にて　天子さまに御礼を申上げ、オヂイ様にも御挨拶してくれたことであろう。一向皆の健勝を祈り、併せて新発足を念願して置いた。夜までスカラムッシュを読んだ。

二日

スカラムッシュを読み続けた。朝の慰問巡回は色々の申出があり、それを翻訳する必要のものもあるし、相当時をとり退屈まぎれにもなる。運動時間には又石原君と語り、先生の散歩は非常に早い歩調で三十分もすると少し汗を催す位である。隣の舎屋に大工が入って頻りに仕事をして居る音がする。追々入所者でもあるかのやうに。

三日

入浴日で気持がよい。スカラムッシュを読み終った。最後にアンドレが革命の行過を嘆くところは気に入った。兎角行過がこわい。国民にとりこれ位馬鹿気た損なことはない。今日の日本にヒシ〳〵と当るやうに考へられ、仏国が矢張大をなさぬのもこの国民性の禍であろう。日本も此点深く考へねばならぬところである。

四日

慰問巡回も大分練れて来た。ジェーラーもよくしてくれる。数日来要望された糸と針もやっと持って来てくれたので、ボタンを付けることが出来た。午前中はペルリのエキスペディションを読み出した。丁度英語の稽古にもなって一挙両得である。そこへ達しが来て引越の準備をせよとのこと、私有品全部と支給品はタオルと楊枝丈をパックせよとのこと。何といっても簡単だ。三十分もからないですっかり出来た。中食の後に隣りの大部屋の方へ移されたのである。御中間が大分ある。先づ橋本欣五郎大佐、岩村通世、黒田中将、村田省三、鈴木貞一、寺島健、島田大将、石原広一郎、賀屋宣、大河内正敏、畑元帥等である。然し二号舎の方は一室六人位入れる筈らしく安倍、井野両君は既にこゝにあり。片側丈は一緒に運動もするが、向ふ側とは全然隔離、橋本君丈が我々の側に入ることゝなった。第七号房には今のところ誰も居ないので、大きな部屋（十二畳半の大さに畳は両側に四畳宛布いてあり、洗面台が中央にあり、便所が隅にボックスになって居る。水洗だから清潔ではあるが、何となく格か落ちるように思はれた。然し井野君か安倍君なぞのような経験者は広くて窓が大きくて日当はよく、その上スチーム暖房装置で風呂も大きいし、食事も今のところ全員が少いため豊富で前の部屋よりは気持がよいといって居る。こゝに一人で居られゝばよいのだが、何れ近日また六人位つめられるのであろうから、覚悟はして居なければなるまい。そこへ初めての郵便と新聞が届いて来た。十一月廿日過ころのであるがうれしかった。悦子の手紙色々書いてあるのをほんとうに繰返して見た。新聞も入った。神道のこと、近エ公のことなど旧聞だがここでは新聞。世間も大分騒々しいようだが、新聞程のこともあるまいと強て楽観して見て居る。汽車の混雑もひどいようだが悦子の古奈行も随分困難をしたことであろうと案ぜられた。

五日　土曜

夜はこちらの方が余程暖かい。十二時過に一寸眼が醒めたが襟のところが少し汗ばんで居たので、タオルを外した位である。仲々よく眠れてうれしい。

朝は新聞の読み残しを隅から隅まで通読。それからペルリの紀行を読み出した。宗教のところは仲々六ヶ敷、それからそこへ入浴の知らせが来た。此方は土曜と火曜が定例日だそうだ。湯殿は広くて十人位楽に入れる。従って湯もよごれて居らず、前の二人窮屈に入るのよりは遥かに気持がよい。浴後三日の毎日新聞が来たが、マ元帥が元旦の詔書に賛意を表明するステートメントを発表されて居るのは、誠に心強く感じた。これで八釜敷天皇制の論議も一寸封ぜられた姿であろう。流石　マ元帥である。これならば安心が出来ると衷心感激に堪えぬものがあった。

運動は同じ四人で三十分歩いた。橋本君が米国情報部員から履歴、翼賛会のことなどを色々聞かれたそうである。同会のことを大分大きく考へて居るらしい。大分見当外れである。

六日

朝の新聞に指導層一掃の司令部指令が掲載されて居たので、精読し又貴族院名簿について当って見たところが驚くべし、百四五十人の該当者がある。定めて外界では大変な騒ぎであろう。貴族院あたりはどうするであろうか。裏松君などの様子が眼に見えるような気がする。此の指令は民主化運動には大きな一石を投じたことになる。然し何といっても進駐軍の指令によるのであって、民主々義の健全なる発達には国民の自覚が大切であるが、果してどんなものか。観念論に偏する虞が多分に窺はれる。又タイムス紙によれば米国から教育者の有力な人達が来朝されるそうである。誠に結構なことで教育の改善の外には新日本の建設、日本文化の向上、世界の真の平和への貢献は期待出来ない。平素希望し主唱して居った時代を持来らしてもらへたのである。然しその効果はそう容易に期待は出来ぬ。第一期三百年でやっと日本の姿が稍はっきりする位ではあるまいか。常にいって居るところであるが、第二期に基礎が出来るのが更に三百年、第三期の四百年で一先づ完成するか、先づ先づ一千年の努力である。然しそこまでには紆余曲折、幾変遷は免れぬであろうが、飽くまでもやり通さねばならぬ。

七日　晴

朝新聞を読む。タイムスが配布されたので仲々読むところが多い。終て明日の手紙の下書をした。午後はペルリを読んだ。

八日　晴

手紙を書直した。ペルリも少し読み午後もペルリ。今日大倉邦彦、正力松太郎両君が移って来た。便所の窓から運動場を覗いて居ると、一組には後藤文夫君の顔が見え、次の組吾々の向ふ側の組には酒井君の顔か見え、前から木戸君大川氏等が居たのも見えた。郵便の発送が遅れて居るところへ悦子及ヒラ綾子よりの手紙（古奈二日発の第四信）が着き、お正月の様子など細かく認めてあり、充分想像が出来て楽しかった。ター坊など随分よく歩く様になったが、過ぎない様に注意の要あり。追伸を急いで認め夕食後発信した。

九日　晴

東京新聞が配布された。内閣か大分動揺の様子民主々義化問題も絶えず論議されて居る。共産党の天皇責任論も掲載されて居る。今日は此棟の入浴日で、剃刀もよく切れて気持がサッパリした。終日ペルリを読む。

十日　晴

ペルリが大分進捗した。食事も相当量が増して来たので、皆安心の体。散歩は二時からで、まだ日がよく当り爽快、風が大分強い。

十一日　快晴

窓拭を命ぜられた。悦子からの手紙（十八日附第一信と廿日附第二信）が今頃になって着いた。栄子及北浦氏からのも同時に来た。手紙が何よりの楽しみである。中村公使に最初に遇って暖房のあることなど聞いて安心したとある。これは確かに皆の関心事に相違ない。此二通には何か明るい気がするような書振で何となくうれしく感じた。又諸方より色々親切に心配して下さるそうで感謝の外はない。第三信に好川のＯＫの話、珍風景想像出来る。今日の新聞に財産税要綱が出て居た。戦時財産増加税と共に大重税。これからは余程緊縮の外はない。衡などにはほんとに褌をしめてかからせなければならぬことをつくづく感じた。

十二日　快晴

ペルリを読む。運動時間に大倉君の麦の広巾薄蒔法を聞く。

十三日　快晴

〃〔ペルリを読む〕〃〔運動時間に〕甘藷の健苗高畦法。

十四日　快晴

手紙を書く、十五頁。運動時間に篤農家の話。

十五日　快晴

悦子へ手紙を出す。月圓らかなるを見て

　窓の月格子の影は寒けれど
　　部屋の中には梅もさくらむ

格子越し明月の光さやけども
　なれたる身には寂しくもあらず
円き月影は四角の鉄格子

午後悦子より十二月十日附の第一信か着いた。豊子及北浦氏の手紙もその頃のが遅れて着いた。北浦氏が色々本を買求められたのはうれしい。楽しみである。大倉君が衡の為めに農道についての心得〔ママ〕ヶ条を自分で書いて下さった。先づ家庭全員が同じ心になってかゝること（傭人任せでは抜差ならぬことになる虞あり）、一面困難もあるが、他面之れならでは味へぬ妙味がある。一・農業と勤労　天地人三才を貫く尊い勤労である。各人持合せの程度相応の仕事がいくらでもある。従って理屈なしに家庭の和合が出来る。収獲の予想及びその結果につき話合ふ位愉快なことはない。且時季により仕事に変化があるから飽きない。二・農業と情操　作物は正直だから愛育の程度に応じて結果が現はれる。実に可愛ものである。天地自然の妙をつく〴〵感ずる。子女の教育にも大に役立つ。三・科学的研究的面がある。日々の仕事でも奥行に限がない。又工夫が大切で或人の如きは四町八反も作り、普通の三倍以上もやるが全く工夫の結果に過ぎず、驚くべきものである。四・生活の標準を立てること。今迄の都会生活は金銭経済で際限が無いが、これからの日本は物の経済でなくてはならぬ。従って自給自足の出来る田舎の生活が喜ばれる時代が来た。然し物と金とを通じての計画経済を立てゝかゝらぬと飛でもない困難に逢着する虞がある。これからは国民の負担は大きいから生活を切詰め、而して生産を増すことである。五・仕事に計画を立てること。農業は適季が肝要であるから、行当バッタリではいけない。日割、人割、時間割を作ってやらぬといけない。素人農は怠り勝になり易い。色々の支援も出るものであるから、仕事に余祐〔ママ〕を持つ位に考へ置いて丁度よい。余裕が出来たら幸ひですべき仕事はいくらでもある。而して経験は詳しくノートして置くこと、翌年の参考になる、又他人のやり工合を見るのはよき先生である。それからは頭の問題と努力の問題である。以上か大倉氏の教訓の要領、本紙は衡に送ってやろう。又麦や甘藷の栽培法も書取って一々査閲してもらった。何れも浄書して、衡にやろうと思ふて居る。農作は考へても楽しみである。

十六日　快晴

入浴日。靴下がもう破れてしまったから取換へた。此頃の品は実に弱い。廿七日に取替へてから二十日である。尤も一方は既に四五日前から踵に穴があいて来たのである。差入物が着いた。茶のフランネルのパジャマと長靴下、栄子よりの手袋等。同日運動後に連絡事務局の八木書記官が見えて面会。村上氏より問合はせの貴族院、学習院評議会々員、在外邦人子弟教育協会々長、国際文化振興会副会長、国際学友会及東亜同文会理事等は辞表を差出すべきやとの問合せ。之等は既に手紙にて提出方を申送りたれども未だ一通も手紙を受取り居らぬ由にて、同様提出方を依頼し置いた。悦子から中村公使へも手紙で問合せあり、当方無事のことをよく伝へてもらって置いた。財産下調のこと、支払未済のものは可成早く済ますこと、境豊吉、三矢氏等には謝礼することなど頼んだ。暖房があるから温衣は必要なきことも伝へて置いてもらった。恐らく悦子も安心することであろう。大倉君が今度は某篤農家の実験談を又自筆で詳く書いてくれた。感激に堪えぬ。「励みと工夫」といふ題で小形原稿用紙に三十余枚ある。一家の人丈で四町八反といふ耕作をする人、奇蹟的であるが御当人悠々たる様子だそうである。

（一）仕事は初めの手配と順序にある。家の人は夫々仕事を分担し、又色々の用事は可成纏めて早目に済ますようにして置く。所謂先手を打つのである。種蒔のときの整地などは左程叮寧にはやらぬでも、結果は適季にさへやるようにすれば決してそう悪くはない。叮寧にやって居ては間に合はぬ。女子供に出来ることはそれにやらせ、自分はそれ等に出来兼ねる仕事にまはって片付けて行く。

（二）仕事は工夫にある。畦を作る鋤のようなものを工夫したが、非常に能率的である。又成功袋といって田畑の雑草の花を見付次第取って之れに入れ、又石コロなども入れる。そうすれば畑作の邪魔になるものがなくなるから仕事の成績がよい。十年ばかり皆此の袋をブラ下げて出掛けるから、草が生えなくなった。四町余も出来るようになったのも草取などに無駄な時をかけないでもすむようになったからである。（三）農業と子女教育のこと。これが自分の本願である。闇の話にしても自分は売らぬ。若しお金を置いて行く人があれば皆と相談して寄附することにする。又それ程に大切なものを自分達が作って居るかと思ふと仕事の貴いことをつく〴〵感ずる。小さい子供でも遊びながら仕事をおぼえさせることが出来、勤労を喜ぶやうになる。働いて天の恵を受ける。働て金をもうけるといふ気持とは大変違ふ。（四）人を鏡とし取善捨悪の生活。三人の主人の性格につき種々学ぶところあり。之れを鏡として我振をなほして行く。以上が安東さんとかいふ篤農家の話。誠に一々敬聴、襟を正さしめられるものがある。
ペルリの紀行も漸次進捗。一度大統領の親書を提出して沖縄へ引揚げたところ、当時の模様を今に引比べて興味深い。

十七日　快晴

朝から衣類の日向干をやり、古着屋のように広げて置いた。此数日来隔日位に甘柿の配給がある。十五六個位づつで仲々味もよし。甘みは充分にあり一同大喜び。外界ではこんなに手に入るだろうかと噂をして頂戴するのである。又蜜柑も最近非常な数で一日五個、時には十個位になることもあり、一寸食べ切れぬといふ状態。何か婦人団体からの差入だといふ話もある。兎に角近頃食事は大に改善された。

十八日　快晴

橋本君から新古今集を借りて毎朝読む。頭の洗濯が出来る。

十九日　〃〔快晴〕

入浴。星野、四王天両氏、此仲間へ来る。

二十日　快晴

大倉君の手記「農業の徳」を写し、麦の広巾薄蒔法と甘藷の健苗高畦法とを浄書す。午後は手紙の下書及二ノ丸植樹計画図を作る。白鳥君此仲間へ来る。

二十一日　夜小雨　快晴

手紙第六信を書き、明日発信の準備をした。夕食後集めに来た。

二十二日

朝予て気になって居た便所を紙切を濡らして掃除した。

二十三日

朝快晴を幸ひ、畳を拭いてすっかり気持よくなった。京都及奈良保存の価値に関する意見書を書い〔ママ〕続けた。入浴日。

二十四日
ペルリを読む。毎日新聞に昨日と今日見たのに、京大藤直幹氏の天皇制の解明の意見書が出て居た。堂々たる主張に心強く感じた。又、朝日新聞の論説に左翼の闘争理念に警告を与へ、尤もな議論に安心した。又同紙に国際極東軍事裁判に関する司令部の発表が詳しく出た。

二十五日　曇
廿二日の発信、返却さる。

二十六日　曇
入浴。ペルリを読了。不思議にも安政二年の一月廿六日に批准書下田に到着の記事、最後に在り。奇遇といふべし。依て巻末に記入して置いた。
数日来干柿二個宛毎日給与、甘味誠に結構。
八木書記官より聞いた人の話に、中村公使外ム省をやめ、太田公使代りたる由。
牟田口中将こちらえ移る。その話に、広田、松岡両君も来た由。二ノ丸第二期計画に仏間を西隅へ移し、従って大分変更。

　ペルリにはゆり起されて眼はさめず
　　マッカーサーにどぎも抜かるる
　毎日机代りに使ふカバン
　カバンには北京天津満鉄の
　　札はあれども今では千里

二十七日　晴
正力君から借りた武者小路実篤の一休、曽呂利、良寛を面白く読だ。
岸和田二ノ丸本邸建築図を改作。仏間を西隅に移し、納戸、湯屋、女中部屋、内玄関等模様替。

二十八日
悦子への手紙を認む。朝日新聞九日から三日分づつ纏まったのが四包来た。第一信が悦子の手に入ったことが判明した。本邸建築図を浄写した。

廿九日　曇　雪模様
両三日来果物の給与なくなりたり。所内に貸本あり。新渡戸先生の東西相触れを読む。

三十日　晴

入浴。朝四時前に地震あり。相当ゆれた。

北浦君差入の「正木先生回顧七十年」入手。早速読み出す。本日大分奥さん連の面会があった。悦子は古奈だから当分は来られまい。

三十一日　快晴

午後一時半より散歩。終って暫くすると面会人とふので行ったら、衡が来てくれてうれしかった。然し悦子の腹膜の工合が悪く入院さすか否かとのこと、心配である。衡には万一の場合の覚悟はして居ろうといって置いた。万事叔父様に御相談して、可然やってもらふ様頼んだ。叔父様に願へるのは何より安心万全である。第五信丈が着いたそうだ。岸和田の方は寺田の宅の方も農地の方も都合が悪く、二ノ丸の建築も坪四千五百円位かかるので暫く見合せたらどうかとのこと、時節柄総て見合はせることにした。京都の五月庵丈は借りる話が纏まったとか、悦子もどうせ当分行ける筈なく、借家位が丁度よいところであろう。又衡も関西に行っても居れず、信貴に相談したら末広を御処分になるであろうからあそこがよかろうとのこと、賛成して置いた。辞表は皆提出済、財産税の調は着手、刀剣の重美証書は徳川君に聞くこと、浮世絵の箱のこと、弁護人のこと等、話を聞き、こちらの様子も大体話し、三十分相当ゆっくり話せて別れた。今日直く古奈へ行くよし、外は皆元気の由安心した。

二月一日　雨　午後より雪

散歩のとき（室内）末広農場のことを大倉君に話したところ、岸和田入は曩にも申したる通り此際必ずしもよいかどうかわからぬが、千葉県ならば土地もよし近くもあり、それはよいといふわけで大賛成。自分も予て近郊にほしいと思ふて居たので二町歩程是非〳〵願いたい、協力してやろうではありませんかと大変な乗気、更にコルホーズ式に纏まってやれば極めて面白い、無理をしても願ってくれとの話で爰に又新たに愉快な話が始まった。早速次便でいってやりませうと話し合ひ、岸和田よりは却ってよい話になりそうだ。

二月二日　午前曇　後晴

昨夜は雪も相当積った。夜は幸ひよく眠れた。眼が醒めると悦子のことが気になるので、唯黙禱。入浴。蘇峰の徳川幕府思想篇を読む。国体論など蕃山から素行、闇斎あたりの思想の検討、面白くもあり有益でもある。今日の国体論等の淵源はこの辺に大分覗はれるので特に興味ある。大倉君より昨日の末広の話につき、土地選択のときの注意事項数項目を書いてくれた。今度の手紙に書添へやろうと思ふ。同君非常に乗気で頼もしい。

二月三日　快晴　大分冷える。

悦子のことを気にしつつ眠ったら、果して夢を見た。場所は丹後町の西洋館で初めはベランダのような客間のようなところに人物画の額が下に立掛けてあるのに、その両眼が抜けて白くなって居るので、悦子と不審に思った。それはそれきりであったが、暫くするとベランダに居ると悦子も居て、板箱の釘を抜かうと思って、好川に釘抜を持って来させたところが大きなのを持って来た。それで抜かうとすると、そのそばに先の額があるが今度はバラの絵であって、釣糸が切れて落ちたものらしい。悦子が女中に尋ねても誰も知らぬそうである。その内に悦子が書斎の方から「パヽサマ」〳〵と呼ぶ。返辞をしても聞えぬと見えて二三度続けて呼ぶ。その声がハッキリ耳に残るようである。少し大声に答へてホールの方に行くと丁度応接のところあたりが円いラウンヂ式になって居て、悦子はそこでティーパーティーの日を定めなければなりませんねとの相談。これで眼が醒めてしまった。時に二時十分。その声から声のことを思出されて蔵の二階の別荘（悦子は蔵の東南隅の反物戸棚のところで片付けをするのが大好でよくそこに入って独りで何かやって楽しんで居たので別荘と呼んで居た）のところに居るとき、外から帰って来て声をかけると「お帰り遊ばせ」といふその声、庭に居るときに外出するとき「行て参ります」と軽く膝をついての挨拶、外から帰って来て「只今」といふ声等、色々耳に浮び、何だかうれしいような気がした。

昨日医者に虫下しをもらひ今朝掃除の済んだ七時十分前に丸薬五個を飲んだ。

其後一向ききめが見えぬので、昼は食事をしてしまったが、そうしたら直にききめが現はれた。然し虫は見付からぬ。運動は室内。大倉君と農場の話で持切。夕方穏な

しいジェーラーが署名を求めに来た。可愛い心がけ。四時半に差入物が着いた。(一)ター坊の梅の絵に悦子の歌

いとせめてきみのみゆめにかよへかし
　　ほころびそめし庭の梅が香

(二)建築の本、南画小径、足袋、草履、ブックオブティー、硯箱、ノート

返歌　梅の花春をわすれずかほる枝に
　　　　飛でゆかましうくひすとなりて
　梅の香や鶯の声楽しまむ
　　　きみの心ぞわが心なる
　梅一輪ほころびてはや古奈の春
　軒近く梅のかほりも暖かし
　ウメノハナヨクデキマシタコノツギハ
　　　ウグヒスカイテミセテテフダイ

二月四日

昨日の虫下しは相当に効果あったが、今朝又医者から洗ふのだといってザラメ砂糖のような薬をもらひ、之れを飲んだところが、昼過にすっかり洗便あり。虫の切々になったのが無数に出た。

午前から午後にかけて第七信を書いた。夕方発信。末広の問題を大に書いてやった。

二月五日　晴

次に衡が来訪のときの話題を整理し、末広のことも色々考へて置いた。午後はブックオヴティーを読み初めた。仲々高尚なものであるが、段々進むに従って面白くなって来る。虫はまだ出るがそれでよいのだそうだ。月末頃に検便をして見ようといって帰った。

二月六日

入浴。辞書抜萃もCのところまで進んだ。

生ける文化（日本固有の）の保存に関する意見を認む。

悦子の病情につき好川より三十一日、一日及び二日の三通の報告か来たが、経過は面白くない様子、然しその後の様子はどうかわからぬが節分か過ぎたから或は病勢も一変して何かよい方に向ふのではないかとの希望もある。然しそれは空頼みかも知れぬ。左りながら兎に角長衡と綾子が側について看護が出来るし、茅町叔父上様の御配慮をいただけるのは何より仕合せで、若し之れが無かっ

たら大変であったと今更ながら感謝せずには居れない。その内に面会を許されることになるかも知れぬが、そのときは或は最後の場合かとも考へられ、どちらがよいかわからない。唯弥陀や観音を唱へるのみ。然し幸ひ夜はよく眠れるのはありがたい。

二月七日　雪

朝からの降雪で庭は真白になり、落葉松もきれいに積った。此頃電気の故障のせいかスティームのモーターが時々停まることがある。然し外套を着て居れば少しも寒くはない。只そういふときに少しアカギレが出来る。「長き生命ある文化の保存」に関する意見書を書いて見た。辞書抜萃もやり、夜は正木氏の「回顧七十年」を読む。対支文化事業の頃のことが大分出て来て思出深きものがある。

二月八日　曇晴

午前は意見書を続けた。午後三時頃運動の時間のとき、丁度向側が運動して居る最中に、将校等三人の人が来て室内検査をやり、スートケースは勿論、棚から包、夜具、遂には畳迄上げて調べて行った。あとは自分で片付けろといふので、畳を納め、夜具をたたみ、棚も一応片付けたところ、散歩の時間となり廊下に出て見ると各室ともヒックり返してのさわぎ。人数の多いところは室内山となって一パイである。そこへ向側の木戸君が調が済んで帰って来た。ジェーラー（人のよい）が同君の房を気の毒そうに明けたら、室内は畳やら夜具やら本やら山のやうになって居る。木戸君只「ヤー」といったのみで扉は閉されてしまった。然し畳の下には例のＤＤＴの粉が一パイに撒てあった。「回顧七十年」は面白く読了した。衡から何か便りがありはしないかと心配が絶えぬ。

二月九日

入浴日。好川から三日附の手紙が来た。悦子の容態よい方とはいへぬようであるが、催眠剤て安眠が出来たので気分がよいといふことである。然し三日以後一週間、悪るい報道もなく寒さも多少和らいだから、何とか持直してくれればと念ずるのみ。正力君の話には富山では鰤一尾が四百円、干柿が一つ二円五十銭といふ、うそのような話を聞き、古奈の方の食事はどうかとこれ又心配になる。然し茅町の御心配て看護婦が出来たことは難有、南無阿弥陀仏〳〵南無観世音菩薩〳〵。北浦君からの手紙が来て、国華の欠号揃った由。又同君より西川一草亭著「日本の生花」及馬場恒吾著近ヱ内閣史論の差入があり。同君の親切には感謝の外ない。

二月十日　曇晴

終日意見書を訂正して、略ほ出来上った。これから記さなくてはならず一仕事である。悦子の容態につき悪るい知らせがなくてまづよかった。山下大将の裁判か確定したので皆同情し噂とり〴〵である。松岡君かこちらへ移って来たといふことである。

二月十一日　紀元節　晴

七時に各組交互に廊下へ出て奉祝式を行った。先つ川辺[河]大将の発声にて皇居遥拝、次に君ヶ代二唱、最後に万歳三唱。何といっても　天皇陛下万歳でなくては納まらぬ。明日が発信日になるので、朝から下書をやり、午後は書き直しをした。運動が済んで帰房したら、衡及綾子の手紙（写真封入）及好川（八日附のが大変早く来た）、北浦（七日附）橋本及保科子のハガキが来て居た。写真は元旦に三養荘一号館で撮ったもの、仲々よく出来た。忠坊と義坊の可愛姿、飛行機を仰向いて見て居る手付などは人形のやうだ。忠坊のお袴も段々身について来た。衡の手紙は大体過日来訪のときの話。岸和田の方の計画は皆中止にしたので、用事が大変減じた。綾子の手紙はとても面白い。忠坊と義坊の会話など吹出してしまった。仲よくやって居る様子、何より嬉しくて眼尻が熱くなった。好川の手紙で悦子の容体順調の由、思はず合掌感佩した。十一日入院する筈だったそうだが、平井博士往診の結果之れならば体力の恢復を待つことになったそうだ。先づ何より結構であった。節分で一転換があればよいと念じて居たが、果してよかった。これならば癒るといふ予感が強くなって来た。それで手紙に追伸を書いた。こんな嬉しいことはないので、紀元節でもあるから、大切にして置いた干柿を一つ奮発して夕食後に頂戴し、盛んに合掌、霊気を送った。橋本氏は不相替大阪ビルで尺貫運動をやってくれて居るらしい。感謝〳〵。

二月十二日

今日から洗濯物を出せることになり、一括して書式に記入して出した。洗濯物丈が一番困って居たのであったが誠にありがたい。散歩が一時間になり午前から始まったが、吾々の組は一時半からで日当りがよく充分に運動が出来た。夕食後はそのせいか早くから眠くなり夜も平素より一層よく眠れた。

二月十三日　晴
十時半から一時間の散歩。四王天氏から先生の研究の結果を詳しく聞いた。午後一時半の入浴。とても気持がよい。

二月十四日　晴
洗濯物が早くも出来上った。あまり白くはならないが兎に角気持がよい。午前から午後にかけて翻訳をやった。

二月十五日　快晴
九時半から散歩。済んで帰室すると衡及好川の手紙が来て居た。悦子の容体は九日の好川の手紙によると稍食慾減退とか。然し衡や綾子の七日附の手紙では色々輸血やら潴水取りとかをする由で何かと気分が悪るいことであろう。一通り落付き体力がほんとうに回復して来ればしめたものだが。旦夕霊気を送り合掌祈念。

　朝日かげ窓の外には雀さへずり
　　寒きあしたの春の音ずれ

二月十六日　雨　入浴
朝蜩虫七寸位のが死んで出た。
北浦氏から天心全集三冊本を差入れてくれ早速読みにかかった。天心流に六ヶ敷いが深みがあって面白く、文化保存の意見にも参考となるものが多い。

二月十七日　晴
針と糸を借りて終日針仕事。ジャムパーのボタンの取替、皮手袋の直し（これは仲々骨が折れたがうまく出来た）、其他綻のところどころ。

二月十八日　晴
夕方好川より九日附及十六日附のハガキで悦子の容体の報告。取るものも取りあへず見ると経過良好殊に十六日の方がおまぢりまで行くようになり、血色も気分もよくなったといふことは大変喜ばしく合掌した。
今日配布の新聞にインフレ防止の緊急措置令が出て居たので、第九信に俄かに書き入れ、色々指図をしてやった。間に合へばよいが、三時半に渡した。好川のハガキはそれより少し後に受取ったので、手紙には間に合はなかった。ゲーテのファウスト物語読了。

二月十九日　晴

医師の命により便を取り検査してもらったところ蛔虫の卵ある由につき、今朝の巡診のとき、下剤をもらひ明朝服用せよとのこと。又洗濯物を出せとのこと、ゴルフの靴下丈を出して置いた。天心全集上巻読了。

二月二十日　晴たり曇ったり

朝入浴。好川より十三日のハガキが来た。此の前のより前に出した手紙だが、経過引続良好とある。第二信第三信も着いたそうだ。又丹後町の普請も十四日に棟上の由。北浦君より差入れてくれた馬場恒吾氏の近ヱ内閣史論、仲々詳しく記してあり、参考になり一気に読了。田口卯吉博士の日本開化小史を読み始む。「日本の生花」読了。

二月二十一日

一時に一寸眼が醒めた。例によってお小用。月は窓から床の上に射し込んで居る。床は温かで直ぐ眠ってしまった。暫くすると戸のあいたような音がしたような気がしてハッと眼が醒めるともなく、途端に悦子が肥って顔を出した。それきり、夢であった。時に三時廿五分、又直ぐ眠った。此頃はよく眠れる。それから起床時までぐっすり。ジェーラーが戸をたたきに来たのが六時十五分、朝の食事のＫＰを仰付けられ、漬物の役割。食後平井博士より郵便二通、九日の方は開腹手術（腸狭窄切開）の必要先づなくなったといふ容体、十四日の方は安眠、横臥、食欲三倍、尿量も三倍、浮腫も減じ、心臓脈搏も良好、全く愁眉を開きたる由御安心を願ひますとのこと。此上の恢方を祈るのみ。北浦氏よりも十四日附の来信、天心全集を持参してくれたときの手紙。いつも感謝あるのみ。今日は意見書の英訳に大分時間を取った。

二月二十二日　快晴

午前は翻訳。午後も多少やって後は英文雑誌 Life, Colliers, Post, Liberty 等を目を通す。東大寺平岡執事長の名刺を粘付けた東大寺史、写経教範国宝因果経及満日文化協会紀要の差入があった。誰からかわからぬが、因果経は手本に誠に結構。夜星野君より借りた中央公論の三月事件に関する記事を見た。同誌餓鬼の町の見聞記も仲々よく写して居る。今日見た朝日新聞に文部省が今年からメートル専用といふことに定まったと書いてある。安倍文相の下に田中学校教育局長の考へそうなことである。国情に即さないメートル法を強制的に専用しようとは軍国主義時代の軍人の考へならまだわかるが、自由主義の民主化時代には凡そ逆行も甚しいものである。このやうな考へで民主化の出来る筈は絶対に考へられない。此問題は戦時中挙国一致の実を挙げさせ得るか否かのバロメーターであったが、遂に解決を見ずして、それを主張し固執した軍人官僚の失敗に終り、此の敗戦である。今度は此問題が日本の民主々義化のバロメーターであり、又軍国主義の打倒も、之れ程顕著な問題をそのままにして置いてどうして払拭が出来ようか。田中局長は教学課長会議で教育勅語を遵奉すべきことをいって居るが、古今に通じて謬らず、中外に施して悖らずと宣はせたことを何と読で居るのであろうか。宜しく尺貫第一、メトル、ヤードポンド第二が日本の度量衡の落着点である。民主々義化のバロメーター、速かに非民主的、非自由主義的メートル専用強制の西洋模倣主義を払拭せねば日本の立つ瀬なし。然しこのやうな教育では国民に浸透する筈がない。民主々義的教育は出来ない。

二月二十三日　晴

朝差入があった。悦子の梅の写生、二月十七日一号館の紅梅の枝に花が一パイついて居る。誠に眼を慰め心を楽しましめ、またそれ丈の元気が出て来たしるしとて何より嬉しい。感謝して直ちに窓の間の棚に飾り、その下には孫の写真、お猿の置物で非常に賑かに春らしくなった。それに米国の雑誌に出て居た富士山の写真を切取って壁に粘りて部屋の装飾とした。差入品はその他にはペルリの紀行の第二巻以下三冊、フォトグラムスオヴゼイーヤ一冊、足袋二足、それに橋本君より尺貫連盟の絵端書三組。

待望の散髪の順番が来て、一ヶ月余りでサッパリすることが出来た。此前の散髪の翌日には中村公使に逢ったが、今日は散髪の済んだ直ぐあとで当拘置所のチプレンのボーンズ氏が小崎さんからの紹介で見舞に来てくれた。色々親切に尋ねてくれ、今後も時々来てくれる由、こちらの様子も道雄さんの方へ知らせてくれることであろうと感謝に堪えぬ。今後入浴、散歩は三時から二十分許。夕方入室者一人見えた。生嶋吉造君といふ海軍情報係で上海に居り、マニラにも暫く居たといふ人、同志社出身で米国にも留学し英国にも遊び、其後同志社で学生主事を長くやって居った人で、文化的趣味の豊富な人、大変話の合ふよい人が来てくれて仕合である。早速京都の足溜の話やら対支文化事業の話やらに時を移した。

二月廿四日　曇又晴

田口卯吉氏の日本開化小史を読み始む。仲々変った見方書き方で心理学的の観察とでもいはふか。時代の変遷を扱ひ有益な本である。散歩は午後。夕食後生島君と話し通す。日本研究留学生の為にパンションのやうなものを作る話は仲々よい着眼である。又同君は祇園に店を出し、主として京都作家の作品で普通品よりは稍気のきいた品物を販売し、二階には図書室を設け、技芸の指導的斡施〔ママ〕もなし、クラブも設ける準備、将来は色々面白い仕事が考へられ、話は尽きない。

二月廿五日　晴

朝から手紙の下書にかかり、引続き書直して用意をして置いた。今日愈々井野君は調べが始まった。とうとう未調査の最後の一人となった。真打だといって笑はせた。夜は生島君と語る。

二月二十六日

第十信の発信。新聞雑誌等を見る。ライフの九月号に真珠湾問題の米国の内情を曝露して居る。不意打でないことが明瞭になった。不思議なことが米国にも行はれるものである。昼食事の後に向側の扉が皆開いて、木戸、酒井、賀屋、鈴木等の諸君と顔を合はした。一月半振である。皆元気、木戸君は二十回の取調があったとのこと、酒井君はまだ一度もないと我党の士だ。

二月二十七日

入浴。室内散歩。

全廿八日　晴

英訳に大部分を過す。

三月一日

入浴。英訳大分進捗。

三月二日

手紙認め、今回は特に早く午後三時に集めに来た。

三月三日　雪

外にはまだ雪があるので運動は屋内。朝から英訳にかかり、略ぼ終った。夕方長挙から英文で手紙が来た。悦子の容体が漸次快方といふ知らせがあって、二十八日附であるから一安心をした。弁護人については高島文雄君に頼んで居る由であるが、以前文化事業部に働いてくれた関係もあり、彦弥太君の仕事もして居るそうだし、大変

三月四日　曇

好都合。鈴木文四郎君も手伝ってくれるそうで之れも結構。支那人中の友人につき問合はせがあったが、近年の人は多く現在不遇の境遇に在り、一寸心当りが見当らぬ。尺貫問題は橋本君に聞いてくれるのが一番よい。

今朝読んだ新古今の雑歌の上の部に西行の歌数首載って居た。その内二首につき感あり。作りかへを詠ず。

西行　すつとならば浮世を厭ふしるしあらむ
　　　　我には曇れ秋の夜の月

　　浮世をばすつる心はなきものを
　　　　窓なる月に雲はかゝれり

西行　月の色に心をきよく染めましや
　　　　都を出でぬわが身なりせば

　　月の色に心をきよく染めましや
　　　　浮世はなれし今日のわか身も

又一首　思ひきや巣鴨の里も近からず
　　　　やがてはここぞ竜宮とならん

三月五日

英訳は兎に角一応出来た。丁度白鳥君が居るので見てもらふように頼み快諾された。洗濯物を出す。

父上御伝記資料無事なる旨佐藤より報告ありたる由村山より伝言あり。

三月六日

入浴。湯がなみして誠によい心持、鬚もそり小ざっぱりしたところへ、十一時半頃ＭＰが呼びに来た。取調にしては時間が遅いから多分面会だろうと出て行けば果して長衡が金網の外に待って居た。悦子の容体は一進一退で食慾も出たり減じたりして居るそうである。水も二回取り、今日は平井博士が往診されて居るそうであるが、少し発熱したとか、然しこれは大して心配のことではないそうである。同博士の意見にては可成早く上京するようにとのことだそうだが、家の都合もあり、お山は進駐軍に提供することになりそうだし、茅町も当分の間ならばといふやうなわけで一軒求めなければならぬが、西荻窪に末次大将の未亡人のお里の家が六十余坪で地所が三百坪とかいふのがあるそうであるが、それがよければ求めてもよいと話して置いた。設備はよいようである。封鎖預貯金の件につき報告あり。好川の家の建築は進捗し代金は支払済。橋本君にも三千円を渡し、主猟課のことは目下仲々役に立って居り、又本もあるそうであるから、それを入手手配中とのこと。末広のことは御不同意とのことにてお流。又封鎖の為め経費も窮屈につき、衡も就職の要あり、色々交渉中の由、等三十分もぢきにたってしまった。午後の運動が済んだあとへ悦子からの二月廿七日附手紙が来た。六枚もある長文の手紙を認める元気が出たのは何よりうれしい。今日は誠によき日である。病気の経過も詳しく知らせくれ、愁眉を開きたることまで記しあるのは自信のついた証拠なるべく、輸血、注射、浣腸のことなども効果ありたるらしく、食慾出て来て、注射の必要もなくなった由、これも体力増進の結果かと楽観希望の種にて、衡や綾子も色々働き居る様子、よき経験でもあり喜ばしく、ター坊も義坊もオヂイサマの写真にお辞儀をして居る由、可愛様子涙ぐましい。紀元節、節句等の床棚飾も図入までして面白い。お菓子を両人にやるとき、オヂイサマにお礼をいはして居る由、さぞ喜ぶことであろう。よき思出の種となれかしと只それを祈るのである。

夕方電球を取換へてくれ大変明るくなって、夜の読物も楽になった。こういふ注意はありがたい。夜は八時に寝に就いた。

三月七日　晴

読書、天心全集地を読了。

午後二時半より仏教講話、帝大講師真宗の花山師、聖徳太子憲法第二条三法に帰依すべしとの条を講ぜられ〔以下欠〕

悦子よりまた手紙が来た。廿七日附である。昨日のと同時に発信したのだそうで、この方は片仮名で振仮名までつき、どちらが検閲に早いかを試みたのだが、却ってその方が一日遅れて入手したようなわけであった。内容は大体昨日のと同様。どうか漸次恢方に向ふよう一向祈るのみである。夜は生島君と季節の慣習等やら京都での本屋古物等につきての話に時を移し、九時就寝。

三月八日　晴

風強く寒し。悦子への手紙の草案を書き、午後前文を浄書す。散歩は仲々寒かった。午後の組はとうとう室内になった。このようなことは始めてである。夕方久保氏が入室された。俘虜関係の人。夜は話して九時就寝。

三月九日　快晴

朝入浴。白鳥氏がも一度目を通したいといはれるので、終日かかって書直した。散歩は三時半。菊池豊三郎君より見舞の手紙（十九日附）来る。

三月十日　曇　夕方より雪

早朝散歩。午前はラボック著「自然美と其驚異」を読み始む。午後も続け、尚ほ悦子への手紙を認む。

三月十一日

発信日が一日繰上り月曜日となり、今朝締切となった。意見書の浄書に終日かかった。"Some Suggestions □ The American Educational Mission on the Preservation and Development of Traditional Japanese Culture" といふ題で、タイプライターの紙に丁度三十頁。チャプレンボーンスに頼んで提出の予定。

三月十二日

朝差入物があった。十二月九日の写真三枚、仲々よく撮れて居る。楊枝二本、鉛筆二本は五日の手紙で申送ったのであるが、案外早く来た。謡曲の本、巻紙、雄二よりくれたReviews of Review 1911の合本一冊。九時半入床。十一時頃サイレンの鳴って居るのを夢現に聞いた。何か起ったのかと考へながら又眠ってしまった。朝六時までぐっすり。

三月十三日

昨夕から雪が又相当積った。八時半から基督教サーヴィスがあった。それから入浴。運動は午後。

三月十四日　曇

運動室内。ラボックの「自然美とその驚威」を読む。教育会に預けある本のリスト差入来る。文章をチャプレンに届けた。

三月十五日　快晴

大倉君より貸してくれた朝倉文夫氏著「航南瑣話」を読む。諸所に面白い挿話がある。チャプーンボンズか来てくれて、意見は面白く見た。何れ少し時間のあるときに意見も聞きたい。掛の方とも相談して教育団の方へ出すようにしようと親切に心配してくれる様子。運動は戸外で気持がよい。橋本君から借りたラボックの "The Beauties of Nature and the Wanders of the World We live in" を読了。小供達に読んで聞かせても面白いものである。又原文について見たい挿絵入の豪華版でもあったらよいであろう。

三月十六日　晴

朝は新聞やら雑誌を読んだ。午後は散歩の後、手紙の下書準備をした。

三月十七日　雪

生島君に借りた青木木米伝を一気に読了。陶工堅気《〔ママ〕》面白い。夜悦子への手紙を認む。教育会野瀬君より来信。百科大事典買入につき骨を折ってくれた。結局四・五〇〇円。

三月十八日

朝、屋内運動で高橋大将と語り、同氏より植原悦二郎君の「何故戦争を起したか　何故負けたか」の小冊子を読んだ。グルーの報告の摘訳も附いて居て面白い。
橋本五雄君、二月廿四日附の手紙来た。尺貫問題で書記官長や文部省を奔走の模様の報告。翰長は大分共鳴して居るらしく頼もしい。夕食後から又生島君に借りた柳宗悦君の「工芸文化」を読み初めた。

三月十九日

新古今俊成卿　暁とつげの枕をそばだてて
　　　　聞くもかなしき鐘の音かな
替歌　　　　暁のつげの枕はそばだてて
　　　　　　聞くまでもなしジェーラのノック

三月二十日

八時半よりサーヴィスあり。チャプレンボーンスより、先週頼んで置いた意見書は所長とも相談したが、当所が関係を持つことも面白くないから直接提出されるのがよかろうとのことにて、その方の心配をしてくれ状袋なども用意して届けてくれた。午前中は明解漢和字典部首別索引の頁調表を作った。入浴あり。午後は「工芸文化」を読む。永野元帥とうとう入所。向側の房に入られた。

三月廿一日　晴

意見書を事務所の Hayden 君のところへ届けた。「工芸文化」読了。工芸美の普遍化説大賛成。他日是非協力したい。Aクラスの取調盛ん。自分はまだ一回もないのに皆不審を懐く。四月一日Aクラス二十人の告訴状を公表するといふ新聞があったので、色々想像が交はされる。
その顔振
東条、島田、鈴木、賀屋、井野、岸、青木、寺島、岩村（以上閣僚）
木戸、松岡、平沼、荒木、真崎、小磯、松井、畑、小林躋、永野、大島、此外には南、寺内、豊田、西尾、土肥原、橋本、鮎川
夜中に悦子の顔を一寸見た。夢であった。元気そうな。

三月廿二日　快晴

屋外運動九時半より。壁飾に悦子の梅の写生も少々時季遅れとなったゆへ仕舞ふこととし、その代り尺貫連盟の絵端書中伊藤小坡の花下美人を差込みに入れて飾る。H・

G．ウエルスのOutline of History（和訳）を読み始む。ズボンを給与された。
四時半終戦連絡事務局より書記官来訪。悦子二十日后一一・四八の訃を伝へらる。既に覚悟の上のことなれど無限の感胸に迫る。明日一時保釈を許さるゝにつき打合せをなす。夕食後荷物の仕度をなす。

不思議といへば今朝新古今集を読み初めたのが、釈教の部であった。伝教大師の比叡山中堂建立の時の歌

阿耨多羅三藐三菩提の仏たち
　わが立つ杣に冥加あらせ給へ

三月廿三日

出発の準備は出来た。毛皮の外套とペルリ報告書の第二巻以下三冊とは不用につき持帰ることにした。洗濯物もたのみ置き待って居ると、八時半にMPが迎へに来た。急き仕度をして取る物もとりあへず洋服を着し、持帰品を携えて事務所に行くとハーディー所長が挨拶をする。Weyss 中尉が警護MP二人附添ひて行くことになって居る。預けてあるスートケースからネクタイとズボン釣を出して置いてくれたのは、仲々行届いて居るに感謝した。中尉はあちらで話はあまりしてくれぬやうにとの注意はあったが、非常に温厚な人で親切な態度である。ジープ二台に分乗。雨か降り出したので、毛皮の外套を着用し、普通の外套を腰にまきて八時半出発。新宿より渋谷に出で大井にて東海道に出た。横浜までの間は復興甚々遅々たり。横浜には少しは家が建って来たが、半ば壕舎建築。それより先は被害少く平塚丈は復興大に見るべきものがあり、一体に活気があった。ジープは五十哩以上の速力も出すので、平均四十哩位であろう。気持はよい。雨は降ったり止んだりであったが、早いので却って風を切りあまり濡れない。小田原から湯本を経て箱根へかかり小涌谷までは舗装が完全だから工合がよいが、それから先の道路は舗装工事中で仲々悪い場所が多く、速力も出ない。途中で二三回は停車し皆下車して小便の砲列をしく。箱根あたりの景色には感心して居た。湖畔辺に来てこれからまだどの位かと問はれ、八哩か十哩位かと答へたが、なか〳〵それ位ではなさそうであった。やっと伊豆の山が見えたのであの先だといって元気づけてやった。三島からは平坦で一走り、十二時少し前に三養荘に着いた。第一号館で皆待受けて居り、不取敢こゝに

入り、先づ持参のサンドウィチやココアの飲料、リンゴ等をほうばり、サンドウィッチは白いパンにコーンビーフの厚い切が入って居るので、皆に見せていつもこのようなものを食べて居るのだと安心させた。それが済んでから二号館に行き、拝礼をし、泉光寺住職にお経を頼みてから焼香をなし、衡、綾、忠、義の順序にて焼香をすませ、棺を開けて別れの対面をした。顔には少しもやつれなく、口を軽くあけて話しをして居るような面持、成仏して安らかな境地に入ったことであろうと合掌した。それから近作の写生やら歌やらを見て、それは衡達のところへ大切に保存して置くように命じ、その内一枚宛と写真数枚とを持帰ることにした。猶ほセルと単衣と猶ほシーツを持帰ることに用意してもらった。ター坊とヨシ坊とにはおヂイサマからのお土産として自動車にチョコレートを包んで乗せたのをやり、棺前で頂戴させた（前に書残したが、一月頃給与された干柿を乾燥させ、その一個丈は残して置き、全快祝のときに頂くこととしようと手紙にも書いて送ったことがあったが、遂にこういふことになったので、せめて霊前にでも供へたいと思って持って行った。それをお盆に乗せて霊前に供へてもらった）。それから衡や綾子とは葬儀のことも話し、明日村上両人も来てくれ、葬儀を営むことに手配出来居り、その上で茶毘（三島にて）に附したる上、東京に持参、青山墓地に不取敢埋骨、長治の遺骨も同時にその側に埋め、追て納骨堂を作る予定にて進行することに申付け、尚ほ遺産のことなども話したる。警護の連中に一号館を一通り案内し、ター坊ヨシ坊等も米国さんに遊んでもらったり、MPの鉄兜をかぶったりして楽しませた。此日来てくれて居たのは、村上、浜田、鹿村夫人、橋本五雄、朝比奈長秀、泉光寺住職外一人、小継定雄、田島氏、山本房、小松、松濤館主人、沢田氏令息等にて何れも遠路来会感謝の外なく、三津の人も心より同情し働いてくれた。渡辺のバーさんも色々立働き、女中達は只涙のみで言葉さへ出なかった。皆の好意でお汁粉の用意が出来て居たので、中尉殿のお許を得て二杯やった。久し振りの大好物で何ともいへぬ美味に感じた。三時少し前雨の少し降る内を皆に別れを告げ、後事を頼み、ター坊とヨシ坊とは無邪気に何事かといふような風で傘をさゝれながらお見送り。寧子さんも心から悲しみ、今後一層よく気をつけてもらふやうに呉々も頼みて引揚げた。皆も自分の元気な様子を見て安心もしたらしい。こちらでも涙は出るが元気は努めて出して、皆をして心配させぬようには努めたのであった。因に三養荘丈は既に山桜が四分位は咲いて居り、何ともいへぬ景色。悦子は慰められたことであったろうと察せられた。偖帰路は道順もわかり居り、箱根も難なく超え、宮の下にてガソリンの補充をなし、又五十哩位飛ばし、池袋辺に来ると拘禁所が不夜城の如く煌々と窓が照り輝いて遠くに見えた。六時半無事帰着。中尉殿は寒かったとふるへて居たが、自分は外套（毛皮のは置いて来た）の外に薄い毛布（悦子が常に用いて居た由）を巻いて居たので、左程に寒くも感ぜず、雨もあまり降らなかったので殆ど濡れることもなく、途中では饅頭を食べてお腹も出来て居り、又中尉殿は I was frightened と高速力のことを語って居たが、frighten されることもなく安心して、但し眠ると抛り出されそうだから、それは充分注意して居たので、誠に愉快なドライヴを久し振りにすることが出来、七時帰房した。そうすると生島君が手紙が一通来ましたといふのを見ると三月五日附悦子の手紙であった。感慨無量。お饅頭の残りは帰房の上、三人で二つ宛食べた。

因に悦子は先年院号を勝手につけられるのは好まないからとて間宮英宗老師に頼みて選定して頂いたのであったが、書付が見付からなかったそうであったところ、橋本五雄君が控へて持って居てくれたので、判明したのは幸であった。

祥貞院殿玉鳳妙台大姉

そしてそのとき私の分は矢張同時に選んでもらった。

（瑞松院殿観堂文教大居士）

私の瑞と悦子の祥と付けると瑞祥となるが図らずも三河台加藤母上の御戒名瑞祥院殿となられたことは誠に奇遇であった。

猶ほ衡より病気の経過の医師の報告を聞き、丁度二十日平井先生が十時頃立たれた後約一時間にて少し容体が急変して来たので、早速東京に電話したそうであったが、茅町叔父上様はお駆付け下さって間に合ったそうで、これは何とも難有感謝し、又心強く思ったことであろう。それから意識も朦朧となり苦痛はなく、午後十一時四十八分に皆に守られつゝ安らかに永久の眠に入り大往生を遂げたといふ報告を聞いた。病中茅町、厚太郎、鹿村夫人等非常な御世話下され、又平井博士は毎週火曜日に来られ水曜に帰られるといふやうに頻繁に来て下され、又東京に移ることにつきては家のことも大分研究し調べても見たが、結局古奈にて養生するのが最も適当なるべく、又一時は腸狭窄折開の為入院の必要あるといふので急ぎ準備をしたが、その方は必要ないことになったが、平井博士は可成上京を希望し居られたといふことであったが、途中も大変であるし、又東京でゴタ〳〵するよりは古奈て静養出来、食物も相当途がつきて手当も充分にすることがかなひ、皆が親切にしてくれ、今日の場合遺憾なく介抱が出来たことは只々感謝の外はない。鹿村夫人も皆ほんとうによくなすったといって下さって居た。ハナは輸血も差上げてくれ、マキやノブも心から尽したのはこれ又感銘深いものがある。尚ほ写真の引伸を朝日新聞社に頼み好川が持って来る筈になって居たのが来ない〳〵と待って居たところ、丁度出掛けようと靴をはきかけて居るところに到着し、包を開けるも遅しと取出したところ、よく出来皆満足し明日の式には飾ることが出来て好都合であった。同人もよくしかられたがよくやってくれた。信頼は厚かった。中尉殿の諒解を得て色々用談をした。その要領左の通り。葬式は明二十四日執行。三島にて荼毘に附して東京に持行き。青山に仮埋葬その場所は母上錫子様の左側にて長治もそのお側に埋葬することに定め。何れ墓地の右側か泉光寺にでも納骨堂を築くことにしたい。宮内省及区役所への届のことも話して置いた。其他一般事項につき各方面への辞表は既に提出済。弁護人のことも決定。小笠原君は非常に努力してくれ居る由。五月庵は借りることになり沢田君の子息が京大に行かれるから入ってもらったらとこれから相談して見るとのこと。長衡の家は東京で借家でもして皆引移ろうかと思ふとの考へであったが今新たに家を持っても食料入手の途の手順は仲々困難殊に魚等は不可能なるべければ少くも当分古奈を拝借して居るのが最も宜しかるべしと話して置いた。財産申告は三月三日現在にて今調査中近々提出の予定。長衡就職の件は野瀬君の話はどうかと思ふとのこと左もあるべし熊倉の方ならまだよいかも知れぬと申して置いた。村山邸引出中に入れてあった預金通帳は皆金庫へ入れた由。自動車は銀行の方の人がこちらの名義にて廃車届提出。封鎖預金控除の手続は家屋購入の必要を考へそのままとなしてあるとのことゆへ最早家購入の必要無くなった以上時間の余裕があれば急ぎ手続をするよう話して置いた。生命保険一時払の件は済みたり、とうに手紙にて報告済の由。悦子名義信託財産の処置は名義の関係（エツと悦子）もあり会社側と諒解を得て手続を進むるよう話した。財産税申告中悦子名義にて出したものは遺産相続の関係あり注意を要する旨話して置いた。戦災者預金引出は代々木関係は清水の方にて入用にあらざるかとのことゆへ相談しては如何かと申し置いた。新円預金は当分現金で持って居た方がよからんとのことゆへそれでよし。岸和田藩志稿の写真は焼付でもよいから二三部作って置きたしと浜田に話して置いた。芸能科観賞用掛図一揃村上君に頼んだ。書画一致の手本作製の件話して置いた。雄心公泉光公の御画像の件も話し丈して置いた。泉光寺等供出金具の件につき同寺にては無いということとなり。橋本君には努力を頼んで置いた。ワーナー氏の本浜田に頼んで置いた。丹後町に果樹植付の件話し丈した。

三月二十日は賢徳院様の御命日で日を同ふして永眠したのは不思議な御縁と申すべく、又二十三日は東条総理より文部大臣就任の相談を受けた四月廿三日、親任式は廿四日でこれ又日は同じで不思議なこともあるものである。

夜ボーンス師か来房され、近く聖路加病院へ転任で挨拶旁々お悔に来られ “Strengh for Service to God & Country” を贈られた。

三月二十四日　晴風寒し

今日は三養荘にて葬儀を営んで居る筈。村山夫妻も会葬に来てくれる由、感謝に堪えぬ。朝食時に皆から弔詞を受け、昨日の話を色々した。皆心から同情される。明日か手紙発信日であるから今日は先づ草稿を書き、茅町叔父上様へは先づ以て御礼状を差上げねばならぬので、衡への手紙につけて起案した。丁度インキの配給か無くなったので、浄書は筆で書くことにしたので、非常に時間かかゝり十六枚で夜十時過までかかったが、幸ひ消灯か遅かったので書終ることが出来た。手紙にも書いたことであるが、永眠も神仏の御導きであろうと合掌。

〔悦子死亡記事（新聞）貼付・省略〕

三月廿五日　晴

二階の者の写真を撮影された。革のジャムパーに更紗の風呂敷を頸巻として正面及側面を二枚とられた。十時半より戸外運動。新聞のたまったのを見た。四時頃一昨日持帰ったセル、単衣及びシーツ二枚、悦子の写真、便箋等の差入が来た。シーツは過日一度好川が持参して戻されたのでどうかと思ふて心配して居たがよい案梅に入手出来、之れで夏の用意も整った。古奈へ行けたお蔭であった。悦子の写真と歌及び写生、何れも涙を催すのみ。少し遅れて郵便を受けたが、その中に平井博士より九日附の報告があり、稍順調にて安心だといふことであった。それで毎週行くのを一週をきに行くことゝし、来る二十日に伺ふ予定であるとのこと。従て当人は悲観もせずに楽しんで養生したことであろう。寂しさも甚しくはなかったろうかと察しても見たが、つくしの水彩に歌二首書いてあるのを見ると

はる日さすいつのひろのにわかなつみ
　かへりきまさはうれしからまし
みえしゐうまつそささげんわらへらか
　此いえつとのよもいつくしむ

差入の品や洋服、古奈から持ち帰った悦子がよく用ひた薄い駱駝の毛の軽い柔かい毛布等を風呂敷に整理した。

長衡への手紙第十四信として朝発信。夕食のときに隣々室の馬淵大尉はB29不時着のときの瀕死の搭乗員を殺したので、明日横浜に行き公判か初まることとなり絞罪必定と快活に笑って居た。神宮皇学館出身の温厚な人格者、画帖に頼まれたので「思無邪」と認めた。感無量。

三月廿六日　晴

祥貞院殿初七日、朝大悲円満無礙神呪を唱ふ。八時半より屋外運動。井野、大倉両君と農政問題を語り合った。それより詠歌数首

○　おのが身を苦しめずして世が救へれば
　釈迦基督ははだしなるらむ
○　神さりていよゝ力を賜へかし
　国と家とを守るわれらに
○　まもりつゝ彼の岸の辺にまてしはし
　つとめをおへてわれは行くなり
○　悲しみの深ければこそ世につくす
　力となれやはかなきこの身
○　この身にはなやみを重くうけてこそ
　国と人とのためになるらむ

午後大倉君より文部大臣の米国教育使節団への挨拶（ニッポンタイムス掲載）の要訳を頼まれ夕方までかゝって作った。午後井野、白鳥、向側の大館君等〔達〕が第四棟に移されたのでてっきりAクラスの人達が移されるのと思ひ、それにしては大館君などはまだ一回も調がない人が最初にチャージされるのはおかしいなどゝも噂して居たところ、収容所関係の人も大分移されたことがわかり、分離の都合といふことが明かにされた。

三月廿七日　快晴

八時半よりサーヴィスあり。ボーン師は居られず代理の人が行った。帰って入浴、髪も剃り、房に帰ると久保君が皆早湯ですねといふ。生島君は銭湯に行くと監獄に行った人は直ぐわかるそうで、湯が早いといふことである。それで自分は平素から烏の行水といはれて居たが、性来こういふ生活に向いて居るのかも知れないといって大笑。午後二時半から運動の予定で話をして居ると、ジェーラーがやって来て引越しだといふので、大急ぎに荷物を取纏め生島久保両君も手伝ってくれ運んでまでくれて二時過に引越がすんだ。今度の房は第四棟の三号、矢張二間半四方の部屋で今迄と同じであるが、畳が左右に三畳宛入れるようになって居り、新らしい琉球表でいい香がする。丁度今迄向側に居た加納氏（収容所の通訳で久保氏の知人、ジェントルマンですといって居た人）が同室に来られ、久保君が紹介までしてくれ、二人で一室を占めることとなり、早速雑巾がけをなして片付け誠に気持のよいことである。又新らしい寝具を持って来てくれ、緩っくりとして足を伸ばし、加納君の話を聞き、釈放されそうな話までされて居た。今日の移転で同じ側に来られたのは真崎大将、四王天中将、それに又大倉邦彦君も一緒になった。不思議な縁である。酒井伯、牟田口中将等も一緒に移ったが一階に入られた。二階東向の三号であるから申分がない。夕食は人数も十人きりなので食事が余り、非常な分量で余してしまった。勿体ないことである。加納君は横浜で貿易を営み、その後召集されて北支へ行く筈のところ、病気にかゝりたるため収容所の方へ廻され、一年少し以上大森本所にて通訳をつとめ、十一月中旬入所。生糸貿易のことに通じて居る人。何等の覚えなきことは取調で明かになり、検事は釈放の手続をしたといって居るのに、未だに出してくれぬとこぼして居た。沼津千本東寄、狩野川の近くに現在両親妻君等は住んで居るそうである。加納君と相談して中央に御真影（新服制）を掲げ、ター坊と義坊の写真は其下に。

三月廿八日　曇

今度の棟は今のところ二階東側は十人に過ぎず、食事は食器を皆配給場所に揃え置き配給して置いて、それを皆で取りに行くことになり、至極公平になった。又済むとそのまま持って行きＫＰが洗ってくれるので世話がない。加納君は唯一の通訳で急がしい。朝針と糸をジェーラーが貸してくれたのでジャムパーのポケットの綻と手袋の綻を直したが、手袋は諸所あり仲々込入って居るので終日かかってしまった。運動は二時半より三十分間。真崎将軍頻りに米英との戦争に反対の意見を述へらる。室に帰ると加納君釈放といふ吉報があり、急ぎ退所された。マッチやらインキやらを置土産されたのは難有かった。古奈及村山への伝言を頼んだ。同君が通訳の役をやったのだが、その後には他に通訳する人が居らぬので引受けることとなった。早速夜食のとき色々用があった。暇つぶし、気散じに好適。此の棟の第一号房に居る羽間君は矢張収容所の関係で拘禁されたことだそうだが、先方から名乗り出でて、岸和田佐々木信次郎の養子の親だといふことであり、図らず同じ棟に住むとは不思議な縁である。

三月廿九日　曇

六時起床。広々して誠によい気持である。陽は時々さす。日のあたるところを追って足を伸ばす。午前中かゝって便所のガラスの周囲が新聞で粘ってあってむさくるしかったのを白紙で粘〔ママ〕り替へた。はみ出したところは墨で繕ひキチンとしてよくなった。一人で雑巾がけをすると相当の運動になった。ジェーラーが針と糸とを貸してくれたので、午後は針仕事。皮手袋が諸所綻びたのを先づ直したが、指先がいたくなった。それから外套の裏の綻び、これも相当手間取った。ジャムパーのポケットも直し、遂に夜なべまでしたが終らぬので、針を明日まで借りることにした。ジェーラーは誠に好人物で夕食後チョコレート、カンディーを二つ房へ持って来てくれていった。

三月卅日　快晴

未明三時過にフト眼がさめると下でうなり声が聞える。苦しんで居るらしい。隣房の人がジェーラーを呼んで居るが仲々来ない。気になって眠れぬので稍閉口したが誠に気の毒である。その内に二三十分したらいつの間にか眠ってしまってあとは知らぬ。

朝起きて箒掃除やら雑巾がけて、食事時間になってしまった。針仕事の残り、支給ズボンの紐を取り、ボタン付けから、衡への手紙の原稿書等にかかり、日当が非常によいので、布団を日に当てたりした。何しろ広々して矢張一人の方がよい。妙な話だがおナラを勝手に出来るのも長所の一つである。明日手紙を書かねばならぬからといって紙をもらった。

三月卅一日　晴　風強く塵甚しく　天黄塵にて稍暗し

棚に悦子の写真を飾り、時々お経をあげた。夢としか思へぬ。新聞を読み、宗教読本（友松円諦師著）を読了。北浦氏より差入の「天平の文化」上巻、万五郎青春記、寂しき人々、恋愛三昧、モンナグンナ其他の翻訳小説本合冊一冊、「大和を中心とする日本彫刻史」等、山田日真師よりの艸山詩集二冊を受取る。

四月一日　快晴

今日は結婚記念日である。感激無量。結婚記念の写真と最近の写真とを棚に飾りチョコレート、ステュードアプリコット、伊予蜜柑等を供へ、二時半からお逮夜のお経を上げた。夢としか思へない。変なものだ。棚掛はこれまで紫地に竹の染出の帛紗を用ひて居たが、今日は子とろ〳〵の帛紗を入れてくれてあったから賑やかにそれと取替へ喜んでもらった。

昨日の塵はひどかったので、今日はすっかり雑巾がけをした。そのあとで夜具類や衣類包を陽に当てて置いた。絶好の天気である。大倉君と今一人に御供養に煙草をあげた。こちらに移ってから数日は食量が非常に多く食べきれぬ位で勿体ない。

今度第四棟に移された人は左の通り。収容所関係は此外に各側五六人で各側十二三人といふ位である。

一階東　井野、大舘、白鳥
一階西　酒井、牟田口中将、黒田中将
二階東　真崎、四王天、大倉、岡部
二階西　安藤、畑、豊田、星野

三階東　木戸、広田、大島、有馬
三階西　賀屋、木原

どういふ方針であるか一寸見当がつき兼ね、大倉君は釈放される者も訴追状発表のときに同時に発表される者が此内にあるのではあるまいかと希望的観測をされて居るが、自分は此人達を動かした関係で他の棟も色々動かし、各棟各階各側にAクラスの二十人の近く訴追される人を分散したのではあるまいか、以上の顔振を見てもそういふ観察が出来ぬでもないやうに感ずると話し合った。真崎大将は今度の戦争は初めから敗けることはわかって居ると大分昂奮して居られる。

郵便発送が水曜といふことになったので、今日は書直しを見合はせた。悦子の思出は続々出る。小紙片に書くことにした。他日整理のときの便も考へて。

四月二日　快晴

今日は祥貞院殿の二七日忌に相当するので、昨日の結婚記念写真は仕舞ひて、最近三養荘で撮った一人のを飾り、お供へ物例の如くした。読経は午後二時より始め、開経謁より般若心経、大悲円満無礙神呪、回向文、観音経、円応禅師遺誡等を呪して後、供へたエプリコット一つを頂いた。豊子からと覚しき和紙と千代紙三枚の差入があった。千代紙は松に藤の花の垂れて居るもの、桜の花が黄色地の上に散らしてあるもの、茶褐色の斜線等であったから、早速入口壁の左右の汚点かくしにそれを半分或は四半分にして粘付け、又他の汚点には紙を粘って室内は見違へるやうによくなった。手紙は今日中に書いて置けばよいつもりで運動前に半分書いて出たところ四時〆切といふので、帰ってから大急ぎで要件を急ぐもの丈に止め他は次便に廻して発信した。

夜は天心全集人之巻の利久百則及茶の湯の将来を読む。百則中には道具いぢりを誡めた句などもあり、流石はと思ひ当る節が多い。一二を記して置く。

ともし火に油をつがば多くつげ
　　客にあかざる心得と知れ
茶はさびて心はあつくもてなせよ
　　道具はいつも有合にせよ
釜一つ持てば茶の湯はなるものを
　　万の道具好むはかなさ

思出のくさ〴〵はあとから〳〵出て来るのをカードに記

入す。

四月三日

神武天皇祭。食事は又前の通りに戻る。ステュードプルーン七つ給与、四つを供へた。今日はサーヴィスの日であるが無かった。九時から入浴、水もすき透るやうにきれいで熱くてうめる位、何といふ難有ことかと皆感謝しつつ鬚を剃りてきれいになった。朝また壁粘りで殆ど出来上り、すっかりサッパリしてよい気持になれた。少しのことでも効果は多きい。午後四王天君から借りた石橋博士のイスラエルの寓教文化史を読み始めた。運動は二時半からで一時間少し、疲労を感ずる位であるが、之れ又気持がよい。四時に太田公使が面会に来てくれた。Aクラス第一回のチャージの発表は中旬頃になりそうだとのこと。私のことについては検事の話で大分主戦論者のやうに見て居るが大したことはあるまい。自分なども色々話をして居るし、議会の速記録などは皆訳して持って居る。坪上、小笠原君などが色々やって居てくれる由である。差当り余り必要のない人は保釈の形式で出してはどうかと話をして居る由、又食料等については心配してくれて居る由、塩気が足りないといふことを聞くが、塩は充分にやってある筈で料理人がもう少し気をつけてくれゝばよいのだがといって居られた。世間の食料は大分窮屈で価格も高く、宅などでは隣組で配給を断はる人があるので、野菜等は余り不足しないとのこと。六月十日以後は大分心配されて居る由、長衝に財産税に刀剣のことを話してもらふやう頼んだ。

〔ノート2〕

自昭和二十一年四月四日

運動　　入浴

月　一〇・三〇
火　八・三〇
水　二・三〇　九・〇〇
木　一・三〇
金　九・三〇
土　三・三〇　一〇・一五
日　八・三〇

四月四日　小雨

午前はイスラエル文化史を読み、午後はタイムスに掲載の高柳博士の国際軍事裁判に関する論文を要訳して大倉君にあげた。夕方入手のタイムスに本間中将の銃殺刑執行の記事が出て居た。感激無量。又別項には布哇其他太平洋の東側に大海嘯があり被害甚大といふことである。これも天意か。

四月五日　快晴

九時半より運動。天気はよし。風はなし。申分のなき好日和。それから雑誌ライフのチャーチルの秘密演説（一九四二年議会に於ける）を読み、午後はイスラエル文化史を読み、什器の置場所の覚を作って置いた。

二時より妙玄院様の御命日につき読経を差上げた。お位牌は紙で急造、棚へお飾りした。

大倉君は瀕りに国際情勢の変化を希望して居られたが、そんな甘い希望はいけないと話し、寧ろ今回の裁判に臨むのは無上の幸福、天から与へられた機会であるから何とかここで一つそれを有効にしたいものだと語り、発憤を求めた。

この身をば苦しめてこそ国の為
　　つくす誠も神に通はん
おのれをば捨つるといふは難からず
　　おのが正しき歩みこそ難き
俊成卿　暁とつげの枕をそばだてゝ
　　聞くもかなしき鐘のおとかな
暁とつげの枕をそばだてて

四月六日　曇

朝食のときからＫＰを仰付かり食後は廊下の雑巾がけをした。よき運動である。九時半から入浴。昼も同様、箒掃除。イスラエル宗教文化史を読了。石橋博士の研究になるメシア思想の独自の解釈で将来に対するメシア思想はエレシアに至って亡国の誡諭を叫びつゞけ、エゼキエルに至って遂にアッシリアは亡び、亡国の悲哀に沈淪せる民にメシアの将来を慰諭し、第二エゼアに至って「未来のメシア」を説き「世界の光」を謳った。その情勢は、今日の日本に当てはまるところ極めて深刻なものがあるを思はしめられ、「昭和の光」を謳ふべき時に到れりの感を深くした。

過日此部屋に移ってから、壁の所々に汚点があるのでそれをボツ〳〵紙を粘って態彩よくなし、そこへ色々の絵（雑誌等にあったもの）を粘り、今日までのところは左の如し。

正面に　陛下の御尊影（新天皇服を召して伊勢へ御参拝のときの車中にて拝写）を、その右にマッカーサーの顔を切抜き、その下に基督十二才の年の絵、その左下に尺貫絵端書、その下に棚に、長忠長義の十二月九日に撮影した写真を立て、猿の木彫の置物を添へてある。左の棚には、悦子の元旦の写真を飾り、その右に十二月九日に六人総写しのを飾り、悦子の写真には供物をしてある。入口の左右には千代紙を粘り、その下に平等院の写真、向つて右の壁には富士山の空中写真、左には暦と帆船及蘭印水牛耕作の図、それに棚には子供の小とろの帛紗をかけてある

十二畳半は一人ではゆっくりしたものであるが、夜などは話相手のないのは少し物足りぬところもある。今日は温度が少し下ったので、又スチームを通して居る。誠に結構なことである。食事も悪くない。塩気も相当になった。果物が季節柄悪くなった。

四月七日

朝食のＫＰ。運動は快晴。屋外にて八時半より一時間で誠に気持が良い。それから窓掃除。其後は午前から午後にかけて壁の汚点粘の仕上げやら第十六信の準備。

近頃俘虜収容所関係の人の判決確定する人があり。向側

の第五棟独房に入れられるが、大分昂憤する人もあるようで、高声の歌声なぞは哀調を帯びて居る。然し妙な俟謡のみで宗教的なものは絶無といってよい。こちらから讃美歌を静かに口笛で奏するとそのときはシンとする。

独りで居ると色々考へもするが、この世界的裁判に於て平素の素懐将来への予誡を述ぶる機会を与へらるればそれは絶好の機会といふべく天与の仕合せといってよい。感憤に堪えぬ。世界平和は宿願、日本独自の文化の向上発展は年来の主張、尺貫法擁護の如きは日本的民主政治の具体問題、我が時到れりといってもよいのである。此の拘禁位は苦痛を受けて居るとはいはれない。或る意味に於ては外界に居るよりは幸かも知れぬ。只感謝と努力あるのみ。何とかしてお国に尽し人類の福祉に貢献したいものである。良き智を授け給へとそれのみを念じ、又悦子の冥福を唯祈って居る。今日は三時に読経終ってお供へのパン、チーズとステュードプルーン一つとをいただいた。飾ってある写真はよくとれて居て他界したとは思へない。

昨夜夢に弟や妹達お揃いでデパートあたりのエレベーターのところで出逢った。こちらは悦子と衡と三人らしかった。こんなことが時々あったが矢張頭脳に往来して居るのであろう。

四月八日　快晴

今日は茅町祖母上様の御命日。朝から仏壇に打物は給与の干柿五つ、それにチョコレートはまだそのまゝお供へしてある。運動は十時半より。羽間君の話に過日新聞に十五日訴追状の公表される人の名が出て居たとのことにて、それを求めたら次の如くであった。東条、島田、東郷、賀屋、岩村、岸、井野、安藤、星野、豊田、松岡、木戸、藤原、平沼、阿部、松井、南、土肥原、郷古、有馬といふのであるが、鈴木君や青木君が入って居ないのはおかしい。その上永野君も其後入所されたから無論入ることゝ思はれるので此の二十人の名は少し違いはしないかと思はれるが、大体の見当はつく。午後は二時半より観音経其他のお経を上げた。長衡から三月十日の手紙、綾子から十六日頃らしい端書が来た。衡の手紙には末広のこと、家のこと、大磯原田男邸のこと、岸和田鞆絵クラブのことなど認めありたれども、今は過去の問題となり、二十三日に遇った時以後の様子はわからない。後便を待つのみである。夜は又悦子の思出のことなど記した。

四月九日　快晴

朝日が差込むころ四十雀がヒマラヤ杉の枝の間を鳴て居る。いかにも春が来た心地でうれしかった。

うらゝかな梢の春や四十雀

四十雀よく来てくれた春の空

巣鴨にも四十雀来て春を告げ

独房に楽しく響く四十雀

八時半から運動。それが済んでから毛筆で手紙を一生懸命に書いて三時に発信。するとジェーラーがＤＤＴといって来た。各室に粉を撒布するのである。一人が粉まき役、自分は手伝ひで先々の部屋に知らせ準備をさせ粉だらけになったが、これで安心である。ＤＤＴの粉一合ばかりもらって置いた。そこへ差入が来てセルと便箋及障子紙一本。段々整って来る。便箋は先刻の手紙にいってやったばかりであった。

四月十日　曇

朝食のＫＰを勤めた後廊下での拭掃除を半分手伝ひ九時より入浴。湯は満々としてうめなければならぬ位の熱さ。鬚もそり充分につかって出たがジェーラーはまだ四十分時間があるからもう一度入れといってくれたが、もう二度は沢山だと折角だが断はった。中食の前後悦子の思出をまた色々記して居り、その内新聞が来たので見て居る内にＭＰが呼出状を持て来た。インクワイアリーといふ。とう〳〵四ヶ月目に初めて取調である。ＣＩＣの**Messrs Orr, Feldman**及大島といふ二世の三人で履歴の概略、総理大臣等の名を挙げて知り居るや否やを尋ね日支関係、軍隊派遣のこと、それから黒龍会のことなどを聞かれた。四時にすみ、明日を約して帰室。運動はその間にすんでしまった。夜は彫刻史を読み、お経を上げ供へたスチュードプルーンを一ついただき、讃美歌等を口笛でやって就寝。

四月十一日　快晴

昨日に続いてＣＩＣの取調があった。海軍々縮条約破棄の理由、文部省の思想コントロールについて、大政翼賛会の事情等について聞かれたが余り満足な答が与へられなかった。その中に「自分が若し支那人であったら排日の先鋒になったろう」といふたことがあるかとの質問でこれは一寸意外なところを衝かれた。どこから聞込んだものか。そういふ意味は支那側の立場につき無理からぬところある旨を諷したので、日本側がもっと支那に対し理解を与へ相互の意思の疎通を図ればよかったのだがその努力が足りず、そこへ出兵などして直ぐに引揚げれば問題も悪化せずにすむのだが、兎角長引く為に色々面倒な問題が派生して来るので遺憾に思って居た。文化事業などは相互理解の一助としたいと思ってやった一つの仕事であったのだと語った。又軍備予算を協賛した議員は皆戦争の責任があるのではないかなどと難題も出たが、軍事費は勿論貴族院としては衆議院を通過した予算は大体無修正で通すことになって居ると話した。満洲事件の責任者等についても聞かれたが、本庄大将では今更どうともならぬ、海軍々備拡張論者としては加藤寛治大将が殆ど代表的人物であって、その他の人については余り知るところなしと答へ二時間余りですんだ。午後はなかった。もう余り期待も出来ぬと考へたのであろう。午後一時半より運動。庭の草が新芽をふいて来て色が鮮かになりタンポポの芽などはおしたしにするとよいのだがなどと四王天さんがいふ。その間に紫色のスミレが一つ咲いて居る。その可愛ゆいことは何ともいへず、摘もふかと手が出かけたのであったが、

一本《ヒトモト》のすみれに春は知られけり
手折るにはあまりにやさしすみれかな

それから悦子思出のくさ〴〵を書き、又日本彫刻史を読み終った。

夜お経をあげた後に過日来お供へしたチョコレートを一ついただいた。何ともいへぬ美味。又一首を詠む。

父の留守に母をうしなふわが子らの
　おもひはいかに苦しけるらむ

四月十二日　晴

八時半より運動。終ってより子孫への語り草の草案を書くことにして、今日より始めた。新聞が来たので読で居るとタイムスの American Psycology の終りに左の如き記事があった。昨日の話と比べて面白い。

〔英字新聞切り抜き・省略〕

午餐後三十分話するとＭＰ迎へに来た。今日は通訳無し

でオア君とフェルマン君の二人きり。貴族院で most influencial member であってそれゆえ東条が閣員として選んだのであろうとの問には、自分から然りとはいへぬ、然し one of the influencial members 位のことはいへるであろう。然し political ambition は持って居ない、只貴族院が誤まった勢力に利用されないように在りたいといふ考へで注意をして居たのであることを繰返して述べた。東条が月に二回位は訪問して居たといふことはうそかといふ問に対しては、絶対にうそだと話し、母上御逝去のときに悔みに来てくれたことはあったと話した。又貴族院で平和主義を強調しなかったか、文化事業に熱心ならば軍国主義とは反対だから主張を唱ふべきではないかとの問に対しては、政治界にては文化事業に関心を持つ者は極めて少なく比較にならぬので、そのやうなことをいっても効果はないから、自分は文化事業の出来る機会を捕へて事業を進める丈であったと告げた。又友人を聞かれたから、近ヱ、木戸、酒井、其他子爵連の名を挙げたが、戦犯容疑者以外の名前は余り興味を持たぬ様であった。木戸君とは時々逢ひ政治的の話もしたが、絶対の平和主義者であることは断言し得ると思ふと話した。

この話の内にはオーア君の質問の意味が判然しないで聞き返へすと、フェルマン君が自分にもよくわからぬといって助け舟を出してくれることも二三回あった。約二時間半位の会話で愈々これでおしまひになった。尚ほ戦犯裁判にかゝると思って居たかといふから、自分は想像して居なかった旨を答へた。別るゝに方り、オア君は帰国したらリヴァサイドの新井夫人にはお話をしようといってくれた。

帰室してからお八つにパンとステュードプルーン、チーズそれに牛乳入コーヒーを頂戴した。頭が少し疲れたから楽な「万五郎青春記」を読んだ。

〔欄外書き込み〕

橋田氏が自殺した理由、近ヱ公は平和主義者なら自殺する必要は無さそうなものだなど人の気を引くやうな質問もあったが、こちらは一向平然たるのを認めたやう。

四月十三日　曇

シックコールに岡田君が「巣鴨雪月花」を持って来て何か書いてくれといって置いて行った。同君は二世で英語は自由、斡旋役をしてくれて居る。入所以来の知人開巻

君の巻頭の辞が先づ面白い。〔アキママ〕
〔引用・省略〕
朝入浴の用意をして居ると郵便が来た。悦子からの手紙で三月十二日発である。先ず押しいたゞいて封を開きとる手も遅しと読んだ。五頁に亘る鉛筆書、手紙も追々受取りこちらの様子もわかりて安心して居るらしい。佐々木信綱先生添削の歌数首も送ってくれた。病気の方は漸次恢方に向って居るやうであるが、水が溜まるのは依然として居り水を取ったあとは楽になるそうである。食物は綾子も大骨折でどうにか調弁出来るらしく結構であった。買物のことは可成見合はせてもらひたいとのこと、尤もである。こちらも是非とは考へて居らぬことはいってやってある筈。経費は大分窮屈らしいが食料さへ入手出来れば何よりである。寧子さんからター坊の報告。片仮名に興味がある由。又義の誕生日の写生傑作とのこと。二人共元気で可愛ゆいころであろう。佐々木先生添削の歌を控へて置く。

家はやけ孫は失ひおのが身は
　ひとやに送る此年の暮
国の為人の為にと尽せかし
　尽してつくることなきは道
とらはれもわか子のためそ孫の為に
　さちとし思はむなにをか憂へむ
百千もの花咲きみだる庭にして
　孫の手ひくはいつの春ぞも
朝日さすまとの外に雀さへつりて
　春は訪ひ来ぬ寒きあしたも

本棚を片付けて「天平の文化」を一寸開いたらば表紙の裏にター坊の自由画が二枚入って居た。三月十八九日頃の作で、水仙とばら及山羊がつくしをたべて居る図。仲々よく出来た。早速写真の前に供へた。悦子も喜んで見た殆ど最後のものであろう。今度の手紙にはター坊にも一つ何か手紙を書いてやりませうと思った。然しかく思ふ度に寂しさが胸に迫る。蚊が出た。

蚊が一つブンともいはずセラーのなか

午後は日記を書きてから万五郎青春記を少し読んだ。

四月十四日　快晴

六時ジェーラーはいつもの如く起しに廻って来たが今日のはいゝ人で今朝の新聞に梨本宮様が釈放になったこと

が出て居るといって見せてくれた。これは何より喜ばしいニュースで、皆に知らせ向側にも三階にも伝へ、皆で喜び合った。四王天君が左のやうな歌を送って来た。

十二月十二日巣鴨にて

いと尊き宮をひとやに仰ぎみて

吾等のこころ千々にみたれぬ

今釈放の喜報を得て

朝またき浮雲はれて帰ります

宮のおとづれ聞くぞうれしき

すめらきの御心やすみたまうらむ

宮のかへるをきこしめしては

尚ほ同氏より昭和二年四月廿八日御進講の軍事上より見たる国際連盟といふ草稿を見せてもらった。その結論は「日本の天皇は数千年来道の護持者であらせられ、道は宇宙を通じ古今東西一貫のものである。天皇の御為といふのは、正義の為といふと同じことに帰す」といふのである。「日本は軍国主義の国ではない。正を養ひ慶を積み暻を重ねて多くの年所を歴た理想の国であると結んで居られるので、左の一首を贈った。

驕る者久しからずと知りながら

力をたのむ人ぞはかなき

序に駄句二首を書き連ね置く。

みがかねば玉の光は出ぬものを

苦しみ抜きて人はみがかる

団子のみくはされて居て此春に

花を見ざるは巣鴨の住居

総選挙の結果が判然した。棄権が少いこと、保守的傾向顕著なること、女人当選者が予想外に多数なること（世界選挙史上空前）等国民の健全性を表明し、共産党が予想に達せず。畢竟天皇制支持は殆ど全国民の世論なることは米国側でもハッキリしたようである。悦子の思出くさ〴〵を書き、午後は運動の後万五郎青春記を読む。手紙の下書もした。

〔写真添付・省略〕

四月十五日　快晴

シックコールの岡田君が酒井伯に頼んだお膳の絵を持って来れた。讃に

うち運ふ湯桶あふなし春の雨

二階より湯の雨降りしおり　斗山

とある。どうしても一句なかるべからず。急いで詠じ桜の便箋に認め、ジェーラーの黙認で二階から落した。

還暦もデモクラシーでわかゞへり

腰をかがめてKPあぶなし

両三日前KPのときに石鹸のバケツを一寸こぼしたのだ。その折下に酒井君が居合はせての光景。八時半から散歩。それから手紙の浄書。ター坊にも一枚片仮名で書いてやった。夕食後万五郎を読んだ。

四月十六日　快晴

発信の準備に午前中かゝり午餐後に集めに来た。今朝見た日本新聞に梨本宮の御写真があり、又調布飛行場で暴動あり八千五百人負傷したと司令部の発表があった。物騒なことである。その脇にラングドンPワーナー氏が顧問として着任したことが書いてあった。何たる喜ばしい報道であろうか。司令部の日本文化尊重の意向が窺はれ将来が明るくなったような気がする。過日の米国教育団に提出した意見書を同氏に見せたいと思って事務所に頼んでやったら、見たいといって取りに来たから渡して置いた。真崎大将より岩波文庫の論語、四王天氏からH・G・ウェルスのOutline of Historyを借りることが出来た。予て見たいと思って居たので、之れから精読して見たいと思って居る。

運動時間に出ると外廓の高塀のところに電気の射照燈四個を取付け番人小屋のやうなものを作って居た。Aクラスの裁判に対する防護でもあるまいに一寸物々しい。午後は借入れた本を読み、夜は四七日の法要の意味で観音経其他を上げた。

四月十七日　少雨

朝八時半よりチャーチサーヴィスがあった。星野君が隣りで英語の讃美歌を高らかに唱はれるのは一寸似合はぬやうに感じたが仲々うまい。それから入浴して済ますと長衡及綾子から其後の詳しい報告が来た。綾子のは殊に当時の詳報で頗る要を得て細を穿ち、子供のことなども色々と認め様子がよくわかり、涙をふき〳〵精読した。山本房からの三月十日の手紙も来た。因に一昨日橋本五雄君から葬儀当時の報告の手紙が来たが、同君は親切に世話してくれたらしく感佩の外ない。そうして居る内に差入物も来り。浴衣二枚、夏の国民服、京都の本陶宮の本等で、皆待望の品。午後二時半から屋内運動であったが、それがすんだ頃入室者あり。収容所関係の神戸初明君。夕食はＫＰをつとめ、夜は論語を読了。日記を認め、お経をあげて寝た。

四月十八日　晴　風強し

朝は過日差入の京都美術大観茶室を見て過した。午後一時半より散歩。小さな一株のつゝじに赤い蕾がいくつかついて居る。たんぼの花も一茎。すみれは沢山に咲いて居る。春が来た。巣鴨にも愈々春が訪づれたと話して楽しむ。四王天君とター坊義坊の会話の話などして笑はした。これから高笑するやうな話をしようではないかと相談すると同君早速自らの若い軍人時代に面白い話がある。或る大酒の友人が一日酩酊したので押入の中へ寝かして襖も締め込んで置いた。その先生暫らくして眠を醒して見ると天井の板頭の方も足の方も横も囲はれて居る。これは自らが泥酔したので死んだと思って棺桶に入れられたのであろうと考へついてビックリしたが、尚ほ静かに周囲をさわって見ると棺ならばつめものがなくてはならぬ筈であるが、何もないのは不思議だと色々考へた揚句中から叩いて叫んだので、外の人は物音を聞いて駆付けて襖を開けてくれたといふ話で、吾々聞いた者も抱腹に堪えず大倉君も共々大笑をした。こんな話を持合ふではないかと健康法を考へた。

午後はアウトラインオヴヒストリーを読み、夜は又茶室の本を少し読み、床に入りてより読経。

四月十九日　快晴

午前中は Outline of History を読んだ。午後長衡三月十九日発の手紙が一ヶ月かゝって着いた。悦子は気分稍勝れざるため左記の口述を代筆で書いて寄越したが、これが悦子の最後の言葉である。

第十二信十五日拝見。お元気の由御慶申上候。腹水は時々除去致す方楽なる為第四回目を除去、気分宜敷も、本日は近作画並子供達近況（寧子氏報告）のみ差上候。外界は色々なこと忙しく且往復通信等に手間取り諸事御意の如く進捗致さゞるは、申訳無之。今後は大に努力し御報告其他御趣意の通致度候間、今暫く御猶予賜はり度候。其他一同元気に過居候へは御休神の程願上候。

近作画は折れないやうに廿二日上京の砌届けると長衡の添書あり。其他色々報告やら家のことについては大磯原田男邸を交渉中とのことなるが、之等も過去のこととなりたるが、夢心地は去り難し。

今もなほたよりを受くるそのときは
　きみ去りしとはゆめかとぞおもふ
きみゆきてきみなほいますときのごと
　われに幽明のへだてわかたず
わがために思ひはげますきみこそは
　み国にいのちさゝげはたせり
わが身をは思ひ〳〵てきみゆきぬ
　いかでむくひむこのこころばせ
国のためきみさきたてりわれもまた
　共につくさむいのちのかきり

孫の報告。忠坊は片仮名がとても面白いらしく片端から読むらしい。電信柱にある選挙ポスター等も盛に読むでお話をするらしく、こちらからも手紙を出してくれと此前の悦子の手紙にあった。

この手紙と同時に長章、菊池、河原君等よりも手紙あり。菊池君はとうとう教育会副会長を辞職したらしい。午後散歩の後茶室の本などを見た。

四月二十日　快晴

今日は祥月命日に当る。朝一応お経を上げた。十時入浴。午前中は四王天君から獄中詠草を借りて一部写し取り、その中に下村大将の作もあったのを写さしてもらった。午後北浦君よりの書籍差入があった。「京都風土記」「茶を語る」「十三松堂閑話録」「平安時代庭園の研究」其他郵便切手蒐集家の「京都寸葉数号」読書新聞等誠に適切なるもののみにて感謝し楽しみにして居る。又好川よりの財産申告の控の報告が来た（九日附）。要を得て居った。預金も控除を得るため長衡の分は一年据置となって居るのは適当であった。悦子信託の分の中長治への分は衡と綾子とに折半することとなる由である。好川の娘結婚の由、何か祝ってやりたい。夜食に筍飯が出た。又一首。

今日ははや祥月の日となりにけり
　筍めしに在りし日しのぶ

夜お経を上げ観音経を始め色々誦した。

四月廿一日

八時半から運動一時間。房に戻って一首。

さあこれで今日の用事もすみにけり

あとは昼夜食ふて寝る丈

昼はコーンビーフの御馳走であった。

四月廿二日

三月廿六日及廿七日の両日附の長衡の手紙が着いた。廿六日の方は其後の情況報告と長挙、長世及川崎澄子等の悔状に綾子よりの手紙も添へて同封して来た。何れも心からなる手紙に頭が一寸ふらついて来た。廿七日の分はこれより第一信といふことにしてある。種々報告の内に今後の方針につき長世、浜田、熊倉等と一晩相談の結果は家屋食料補給等総ての生活条件は古奈（或は三津）が最上と考へられ三津村長及小松其他も非常に親切にしてくれ、その誠意も充分認められたるを以て、今後同地方に厚生或は文化増進等に奉仕的援助をなし、時に別荘にも行き読書習字等をも試みたしとのことにて、当方より申送りたると全然一致にて非常に好都合と考へらる。尚ほ浜田の手紙も封入し来り、愈々古奈も一応皆引揚げ衡も廿八日には上京する予定なる趣にて、あとは定めて寂しきことと察せらる。此日又差入に「天平文化」下巻及び毛糸にて網みたる靴下カバー一足入手。又今日の新聞には真淵君絞首刑に決定したる由報道あり。過日横浜行のとき決心はされて居たこととはいへ、今此報に接して同情禁ずる能はざるものあり。嗚呼。藤村君入房し来る。

四月廿三日

運動は八時半より一時間にてすみ午餐後発信。そのあと又卅日（第二信）及卅一日（第三信）接到。従来申送りたる諸用件につき夫々回報ありて多く判明。何分にも経費窮屈のため購入は差控へたしとのことは至極尤も千万にてこちらよりも其点配慮し遣しあれば心配なきことと思はる。寧子さんより孫達の報告もあり。取込中も世話をかけず元気なる由、何よりもうれし。卅一日第三信は戦災引出を差留めらるゝこととなり愈々窮屈となりたる旨報告あり。何とかやりくりをなすの外なかるべく、かかる事態を慮りて悦子は迷惑をかけぬやうにとの御導かとも感ぜられざるに非ず。兎に角容易ならぬことゝ察し、拘禁生活も必ずしもかこつこともなき現情かと自ら慰めもせらるゝ次第である。栄子及豊子からも悔状来り何れも落胆してくれて居る。今回の不幸は不幸に相違なけれども、病中といひ葬儀万端誠意の籠りたることは稀に見るところかと考へ、故人の徳が然らしめたることゝ確信せられ、又同情も蒐まり自らは何等為すところなかりしことを遺憾とすれども、皆々方には只感謝あるのみである。又長衡綾子達の疲労も想像に余りあることながら又最善を尽しくれたるは此上なき喜にて、悦子も満足し居ることゝ察せらる。午後はこのやうに手紙にのみかゝり、用件の調等もなして過し、夕方から少し頭が重いので「茶を語る」を読み、夕食後は三人にて四方山話に時を移し、猟のことなど。藤村氏は山口県の百姓の出で猪狩の話、神戸君はノモンハンのノロ狩狼うちの話など面白く、九時半観音経其他を誦して寝た。今夜は一回も起きることのなかったのは近来否近年珍らしいことであった。

四月廿四日

八時半よりチャーチサーヴィスあり。終って入浴。待望の散髪もあった。Outline of History を読む。月曜日に申出して置いたズボン下と靴下二足給与があった。

四月廿五日

九時半より仏教の講義あり。南無阿弥陀仏の説明があった。昼前に大分異動あり。東条君が隣りの第四房に入って来られた。向側に大島浩君、三階西側に土肥原大将、松岡君は三階から一階西側に下り、畑元帥と賀屋君とは他の棟に移された。要は近く起訴状を発する二十人を夫々隔離する為と察せられる。若しそうとすれば自分はその中には含まれないことになるわけであるが、蓋を開けて見なければわからない。午後散歩の後は「茶を語る」を読みガラス片で爪をとった。尚ほ爪の凹みは中央位まで伸びて来たが、悦子重態の報を得たときのショックはひどいものだ。運動のときの偶感。

ようやくにすみれたんぽにしのぶ春
巣鴨の庭のせまくもあるか

四月廿六日

運動は朝すみ頗る平凡。Outline of History を読み「子孫への語草」三津東瀛荘の記を書いた。

四月廿七日　晴

入浴。手紙の原稿を書いた。

武藤章、佐藤賢了の両将軍入所。顔が見え出した。

四月廿八日

手紙を筆で浄書。半日以上を費した。

四月廿九日　快晴

天長節で朝食後廊下に出て皇居遙拝。君が代及聖寿万歳を奉唱。真崎大将の頼みにより音頭取をやった。運動は朝十時三十分より一時間。午後は手紙の浄書のつづきを書いた。夕食には小豆をかけたお飯で皆喜んだ。天長節のお祝の意味であろう、食後廊下で賑かに人声がする。向側の大島氏が和服のままでＭＰに伴はれて出て行ったといふことであった。十五分許りにて帰って来たのを見ると、東条君と星野君も帰って来た。これは愈々起訴状の発表に相違ない。自分が呼出されなかったのは第一回には含まれて居らぬと見える。明朝顔振を聞かうと考へ夜「笑科大学」の赤毛布物語を読みて九時半就寝。

四月三十日　快晴

朝起床後隣室の東条君に尋ねたところ、果して昨夜交付された趣である厚い起訴状に五十数件が指摘されその各項に関係ある者が録されて居る。起訴されたのは二十八名、自分は三件丈に漏れて居るが他には全部関係し居るとのことであった。依て想像名簿を作って渡して加筆を求めたのは左の通り。

東条　島田　賀屋　岸　青木　鈴木
岩村　寺島　東郷　永野　豊田　畑
土肥原　松岡　大島　後藤　有馬　星野
橋本　大川　広田　木戸　平沼　安倍
井野　安藤　阿部　南　鮎川　寺内

然るに抹削と追加あり左の通り。

松井　小磯　荒木　板垣　木村兵　梅津
佐藤　武藤　岡　重光　白鳥

八時半より散歩時間にて東条君の心境を聞きたるに、起訴は日本を侵略国と前提して居るゆへ全面的に否定せざるを得ず、五月三日までに全部或は部分的に肯否を開陳することになり居る、国際的の戦争責任問題と国内的に敗戦の責任とは別個にて自分は法廷にてはその点堂々陳述する積りなりと語られ、意気壮なり。日本が搾取をするなどといって居るのは滑稽にて彼等こそ搾取国であるといって居られた。起訴状は大体昭和三年一月一日に初まり満洲事件、三国条約、国際聯盟脱退、国内問題としては議会圧迫、財閥を戦争目的に使ひ、世界最優秀民族なりとの思想問題、国際条約違反、俘虜虐待等大体想像して居た通りであると色々語られた。昼過ぎて郵便発信（第十九信）。三階の運動時間に梅津大将が広田君と話して居るのを見た。又一階には松坂氏も第三棟より移されて来たようだ。十二月から今日まで独房もえらかったろう。

新聞が来たが、戦犯起訴状全文掲載。之れを熟読したが全般を把握するのは仲々六ヶ敷、追加起訴もあるかも知れぬといふことであるが、今回の廿八名が最も重要容疑者であると認めて居ること丈は明瞭である。吾々はどうなることやら。

夜山田宗囲氏の「茶を語る」を読了。茶の湯の作法やらお席のことなど巧みに行文的に書いてあるところ面白く読ませてくれ、参考になった。

五月一日　曇後細雨

八時半よりサーヴィス。終って入浴。今日より冬服をやめて夏の国民服に取替へた。

起訴された平沼、重光両氏が入所。三階に顔が見えた。両君共今迄猶予されて居たのだが痛々しい。

正木氏の「十三松堂閑話録」及榛葉氏の「陶宮道の本質」をも読み初めた。

五月二日　曇

神戸君V29の方は問題になるまいと聞いて元気。

五月三日　曇

東条大将始め起訴された人は早朝法廷に向ひ、訴追事項に対し罪の有無を陳述に行った。運動のときには之等の人の顔が見えないので寂しい。井野君などは残留組で、呑気に散歩して居るのを窓から俯瞰した。夕方衡よりの第五信（四月三日附）及雄二からの手紙が来た。ター坊が大声を発するやうになり大変元気な様子を特に報じて来た。三津の留守番選定、道路占用願のことなど報告があった。東条君達は六時頃帰所。今日現在の第四棟の重なる収容者左の如し。

一階東側　白鳥、井野、大館、重光、木村兵

一階西側　松岡、酒井、武藤、佐藤、松坂、牟田口、黒田

二階東側　東条、真崎、四王天、大倉、岡部

二階西側　大島、星野、豊田、安藤

三階東側　広田、梅津、有馬

三階西側　平沼、賀屋、土肥原

五月四日　曇晴

午前入浴。東条君等は今日も出廷、昼前に帰って来た。榛葉先生の「陶宮道の本質」を読む。午後正木氏の「十三松堂閑話録」を読む。「元明清絵画の鑑賞」の章中に石涛山水冊のことが出て居る。「石涛のものには驚くべく偉いものが出た」といはれるのは当家にて譲受けた山水冊のことである。当時日本に於ける石涛説を覆すものであると断ぜられたが余程感心されたものと見える。三時半からの運動時間には東条君から色々様子を聞いた。一同は大型の立派なバスに皆乗りて輸送された。話は一向に差支なく出来た。あちらに着くと休憩室などは勝手に話していゝといふので、拘禁所内で八釜敷いふのが滑稽な位だ。法廷は九国の国旗が裁判官席の背後に立てられ、それに向って被告席二列に着席。法官はガウンを着て居るが、ソ聯の丈は軍服のまま。傍聴席は昨日は満員だったが、今日は貴賓席は三分の一位、一般席が半分位しか来て居なかった。キーナンは居たのであろうが、どの人か知らぬ。起訴状を朗読するのに仲々時間がかかり一日で済まず今日までかゝったわけで、五日には各起訴事項に対し各人より認否をいふわけだ。大川氏は精神状態が少し変で、高笑をしたり上衣を脱いだり、場所をニューレンブルグと思い違へて居るらしく、自分の頭を後ろから打ったので外へ連れ出された。木村板垣両大将は午後到着出廷したので、全員揃った。東郷松岡なども弱って居る。木村大将は方々で拘禁されて来たがマレーは待遇が一番悪るくタイは非常な好遇、マニラは中間位といふことである。なほ武藤中将の話ではビルマ辺では終戦後特に日本に対しては好感を持って居ることが顕著になって来たといふことである。米人弁護士をつけるかどうかは、日本弁護団に一任して来た。要は勝手な芝居を

仕組みて居り、日本を搾取主義だと誹謗するのは自縄自縛に陥るであろうと笑って語られた。元気は仲々旺盛。夜は同房の神戸、藤村両君に五十音のローマ字綴方を教へた。

くもりなき鏡にうつるそのときに
　はづかしからぬ心やはある
みかきてもみがきてもまたくもるなり
　これぞ鏡のすがたとぞ知れ
いかにせば鏡のくもりみがくべき
　唯おこたらぬまことのみそれ
よくもなりわるくもなるが天の道
　よくうけるこそ人の道なり
よしもなくあしきもなきが天の道
　よしあしあるは人の道なり

五月五日　曇

八時半より運動。一階東側の組に木村兵太郎大将の姿が見える。十三松堂閑話録読了。正木氏は兎に角色々なことを知って居られた。又種々の体験を持たれて居るから話が実感を持ち面白かった。夜英語の稽古綴方。

五月六日　曇

十時半より運動。午後手紙の草稿を書く。Outline of History を読んだ。

五月七日　快晴

八時半より運動。ヒストリーを読む。手紙を浄書。大塚五朗の京都風土記を読み初む。仲々軽妙の行文。内容は少ない。然し嵯峨の景色などよく写して居る。それにひかされて三津の句二つ出来た。何れがいゝか。

　朝夕にただうっとりと四季の富士
　朝夕に夢かうつゝか四季の富士

午後匆々第二十信を発送した。夜英語稽古にアルファベットをカードに書いて渡し今週中に全部おぼへることに宿題を課した。両君共熱心。

五月八日　晴

八時半よりサーヴィスあり。終って入浴。衡及雄二よりの手紙来る。第十一信に飛で居る。Outline of History を読み、午後京都風土記を読了。運動は午後、雄二の手紙に「堂々国の為囹圄に苦しむは聖者志士の特権と存ぜられ小生は寧ろ羨望に堪えぬ次第に候」とあり。快心の句なり。

五月九日　快晴

「京都散歩」を読み初む。真崎大将より田中隆吉中将の「軍閥の専横」を一気に読む。敗戦の原因は深くこゝに在りと痛烈に曝露して居る。周知のこともあるが、部内の事情を詳記し、今日ある亦宜なるかなと思はしむるものの多い。嗚呼。長衡の第八信着。忠坊が初めて書いた手紙も来た。祖母上のお写真に供へた。

五月十日　雨

屋内運動九時半より。Outline of History 及び京都散歩を読み、午後長衡への手紙の草稿を書く。忠坊にも返事を書いた、森正蔵著旋風二十年を読む。

五月十一日　曇

朝雀がさへづって居たので感あり。

　とらはれの耳に響くはジユウ（ジユウシユウと響く）なり

　　庭にさへずる小雀の声

唐松の枝より枝に飛ぶ雀

　いかに自由の楽しからまし

ひとやにて起きふす身にも天地を

　かける心にとらはれはなし

自由なきひとやにありてたましひの

　不滅をさとるけふぞうれしき

あふことのかなはぬ身には君いまだ

　いますと何のかはりやあらん

巣鴨より見れば現世も夢のごと

　夢路のきみと何かへだてん

昨日同様読書。手紙草稿続きを認む。

五月十二日　曇

朝から手紙を筆て浄書十五枚に上った。綾子よりの手紙二通入手。午後英語の試験をした。アルファベットを順にいって見ることゝ読方大文字のみで六題。藤村君は上出来で御褒美に煙草三本、神戸君はFがどうしても読めないので、煙草三分の一丈折って二本半。然し仲々勉強であった。次回は小文字。各室の扉の金具磨がすんで今日はニス塗りであった。

五月十三日　雨

朝運動後に手紙の残りを浄書し了る。Outline of History と京都散歩とを散読。「京都散歩」を読で居る内に三津のことが頭に浮び左一句あり

　朝夕にただうっとりと四季の富士

富士見台の上に碑でも建てて彫ったらばとも考へた。夕食に苺にクリームをかけたのが出たのには驚いた。夜は満月。

五月十四日

朝運動。Outline of History 及び旋風二十年下巻を読む。午後匆々発信。北浦氏の手紙入手。

五月十五日

朝サーヴィス。入浴。午後運動。読書。

五月十六日　曇晴

旋風二十年を読了。東亜に於ける風雲につき秘史を書き、相当正確な記事かと思はれる。今更寒心の外ない。午後運動中裁判の模様を東条君から聞いた。米憲法には各起訴事実を明確に指摘すること、戦争は犯罪に非ざること、裁判は遡及せざること、木村、板垣等は俘虜として扱ふべく本裁判より除くべきこと等につき、弁護士よりの抗議につき、裁判は暫く中止となりたる由、大分痛いであろう。正論は大に主張し置かねばならぬと語られた。運動後は雑誌の紙を丸めて見台作製に取かかった。夕方長衡綾子の手紙（第七、第十及第十三信）及橋本、子安、山田可雲及柴田和子さん等の手紙が来た。最早河鹿が鳴き蝙蝠《（マヽ）》が飛び出したそうだ。川で網を張って魚が十か二十位とれ、食膳を賑はして居る由、孫達は定めて喜ぶことであろう。三養荘では裏山に三十坪許を借りて大に食料増産をやり木工にも忙しい様子、代々木の下の地所は処分が出来た。第十三信には戦犯A級起訴の中に入って居ないので安心したる旨を書て来た。此上は出所を鶴首する由である。さてそううまくゆくか不明。忠坊の手紙も封入。夜は米国雑誌を丸めて見台作製にかかる。

五月十七日　曇晴

朝運動をすまし、午後は読書。夜は藤村、神田両君の英語試験。小文字を用ひてのローマ字綴六題及大文字小文字を各十字宛読み方。その間見台作製を進む。

五月十八日

十時入浴。悦子の眼鏡を差入れて来た。感慨深し。午後又差入、待望のワーナー博士の The Craft of the Japanese Sculptor を始め、観音経講義、パジャマ、パンツ、サル又、草履、ハーモニカ等入手。早速ワーナー博士の本を読む。天平文化絶讃、誠に喜ばしい意見。今回此の人か進駐軍の顧問として来朝されたるのは日本文化保存振興に寄与すること大なるものあるを信じ、その使命達成を祈って已まず。此人あるは天祐といっても過言ではない。

五月十九日

運動は朝すみて他は無異。散髪。

五月二十日

祥《〔ママ〕》月命日につき朝観音経、無礙神呪及修証義等を読誦して冥福を祈った。終日手紙の浄書。夕方井上海軍大佐入室。夜は英語雑誌中の読方及綴方試験。綴は仲々六ヶ敷と見える。Good, New York, Tire 等は両君とも出来なかった。

五月廿一日　半曇

朝運動、昼手紙発信。

午後田中　《〔ママ〕》君入室。五人となり、こみ出した。財産調査の書類配布があった。明日迄に記入のこと。夢に悦子を見る。宴会で岸倉松君の居るところに頗る健康な様子で私が悦子と一緒に行きいつもの様な心易い挨拶をした。

五月廿二日

サーヴィス、入浴。それより財産申告を記憶により大体を申告（動産は焼失し、妻死亡の為不明なるを以て記入せず）。午後運動、読書。

綾子（四月廿三日附第十二信）及（五月七日発端書）並に小林長世よりの手紙（福知山工専の件断はりたる由）あり。先方へは手紙が約一ヶ月かかり居る模様にて四月十日附のものが五月六日に到着して居る。

五月廿三日

読書。運動は午後、財産の件は一同憂慮。夜は昨年今夜の空襲の話で持切り。十数機撃墜の模様などを語り合った。感慨無量。

五月廿四日

九時三十分より運動。長章より手紙来り、侍従職退官の挨拶と見舞に懇なる心遣ひ、葬儀飾付の写真寂しさうでもあるが、花も沢山にお供へいたゞき如何にも清和な気分がうかゞはれた。依て直ちに棚に供へた。「京都散歩」を読了。仲々軽妙、他日京都に遊ぶときに行って見たいと思ふところが色々ある。

五月廿五日

朝入浴。運動は午後。ワーナー氏の本を読む。日本を激賞されて居る。同氏に期待するところ大きい。

五月廿六日　雨

朝運動をすませた。手紙の下書をした。Outline of History を読む。見台作製を進む。夜英語の試験をなす。両君非常に熱心。

五月廿七日

五月廿八日

第廿三信発送。

五月廿九日

五月十五日綾子よりのハガキ来る。サーヴィス。

五月三十日

五月卅一日

八日古奈より及十四日丹後町よりの衡の手紙入手。四十九日法事の模様、遺産相続手続の件、代々木地所の件、三養荘の件等報告あり。又十四日の手紙は好川の娘結婚につき留守番のため丹後町に泊り居り、最近の生活状況より心境の報告ありて、至極同感。就職も当分熟考のことゝした由。

六月一日

Outline of History の Renaissance 時代を読んだ。本は一応小野寺君に返した。

六月二日

朝散歩の後、手紙の準備をした。

六月三日

A級廿八名の裁判開始。一同早く出発した。正午前発信。午後長治の写真到着。早速棚へ飾った。夕方我妻君入房。六人になり満員だ。

六月四日

早朝運動、紙細工をなす。十一時頃長衡面会に来る。代々木上段の話も清水の方とまとまりかけ、下段の方は現金も受取りたる由、片がついてよかった。三津や丹後町蔵の一部は差押への由、又財産税関係で文部省丸尾氏及斉藤平安堂主人等評価に来てくれ、よい品は少いとのこと。銀行金庫の名義は衡の方が適当。埋骨のこと、住居は古奈の方が宜しかるべしと告げ、遺産の申告のこと、遺物わけ、香典返し、就職、物品売却、丹後町の埋立農地化のこと等、色々報告やら指図をなし、捗取ってよかった。刀は美術品として博物館に預けることに進捗中とのことで安心した。

六月五日

サーヴィス、入浴。紙細工と読書。同房の神戸君起訴状を受取り、稍興奮。午後窓に金網装置のため枠を取付けに来る。

六月六日

細工に消日。

六月七日　快晴

井上大佐より借りたる吉川英治折々の記を読む。

六月八日　快晴

入浴。紙細工。

六月九日

紙細工。手紙の準備。読書。近頃煮魚のときに蕗がよく出る。又枇杷も食膳を賑はす。散歩中は小野寺君と話をして居る内に、二十代三十代の祖先の数のことが出で、同君は京大で数学科の学生であるから、計算を頼んだ。夕食のときに同君の持て来てくれた式は次の通り（海軍大尉の青年が対数表を貸してくれた)。

N項迄の和をSとする 。

$S=2+2^2+2^3+\cdots\cdots+2^n$------A

両辺に2を乗ずれば

$2S=2^2+2^3+\cdots\cdots 2^n+2^{n+1}$------B

B式よりA式を減ずれば

$S=2^{n+1}-2$

これが和の一般式である 。

試みに20代前までの和を求むれば

$S=2^{21}-2$　　$X=2^{21}$ とすれば

$\log X=21\times\log 2=21\times 0.30103=6.32163$

これより真数を求むると7桁の数となり

<u>X=2,097,150 となる 。</u>

30代前までの和を求むると

logX=9.33193=<u>2,147,483,646 と</u>なる 。

年末話しをして居た二十代三十代の祖先（直系）数の正確な計算が出来た。井上大佐も何と驚くべき数字哉と驚嘆。

六月十日

朝散髪。今度は比較的早く順が来たので皆大喜ひ。手紙を毛筆にて浄書。五月廿二日附綾子よりの第十六信接到。黒磯行の挨拶やら三津へのピクニックの様子、とても可愛い。寧子さんの報告も具体的で眼に見るやうで面白い。

六月十一日

忠坊の誕生日で丁度発信日であるから、祝ってやった。又予て此日にと思って夏蜜柑をとって置いたのを祝ひに食べたのも楽しい。

A級戦犯容疑者として起訴された人達は第六棟に集結されることとなり、東条君始め皆昼前に移って行った。午後差入あり。草字彙、帛紗、ノート、ハギ取り、間宮老師の雲水物語、植原氏の「何故戦争は起こったか」、

Pholograms of the year 川崎家売立目録等が来た。午後仏教講話。

六月十二日

綾子より五月廿一日発のはがきが来た。午食にはパンにジャム大匙に一パイ。紙細工で初めからかゝった見台がやっと仕上がった。次はお厨子の作製中。

六月十三日

九時半より情報部の Isa 氏の取調あり。履歴から兄弟のことなど、井上大佐は愈々グアム行の命令あり。明後十五日の出発とのこと。羽間君の奥さんより叮寧な挨拶状を寄越された。

六月十四日

朝食から三食共パン、然しジャムとかマーマレードとかカラントを煮たものやバタ等を多量に給せられ、その都度仏様にお供へして置いた。食事は結構といってよい。大分暑くなって来たので、御手織の浴衣を着用することにした。暑いときには扇風機を廻してくれる。井上大佐は船の中のようだと思出の述懐。運動時間には第六棟の連中も散歩し居られた。皆一緒で賑かそうだ。遠方から手を振って挨拶。数日前より中庭の散歩場をやめて、裏に鉄条網張りの散歩場が出来たから遠方でもよく見える。

六月十五日

入浴。井上君は十時半出発された。あとは何となく寂しい。紙細工は盛である。忠坊と義坊へのお土産の箱を作り初めた。箱にはライフのクリスマス号の特別附録として出て居た gozzoli の Florence に在る“Adorasion of the Magi”の絵を帖ることに計画して居るが、両人共さぞ喜ぶことであろうとその顔を想像して仕事を楽しみに進めて居る。散歩のとき大倉君とお厨子の屋根を新聞からパルプに復したのを用ひようと思ふて居ることを話したところ、同氏はさすがその方の専門丈にそれは妙案だと感嘆された。餅屋は餅屋である。お医者さんに頼んでヴィタミン剤をもらった。

六月十六日

朝田中氏及神戸氏より頼まれた揮毫をした。その外にも時々揮毫の希望があるので草字彙も仲々役に立つ。運動中大倉氏と宗教談を交はす。

六月十七日
手紙を浄書す。綾子よりの手紙入手。ター坊が初めてこちらよりの手紙を受取った喜びの返事。横書が入って居たから注意をした。寧子さんの「若葉薫る頃」は一寸よく出来て居た。報告も入って来た。又此日差入物あり。「絵画の鑑賞と製作」、「禅とは是ぢや」、日華展目録、パジャマ、白パンツ、襦袢、サル又、宿所帳等。又チーフジェーラーが木版の富士を持って来てくれた。いつか差入れて来たものらしい。荷物を返送した。

六月十八日
手紙差出した。「日本の紙」を読了。盛に紙細工に熱中。富士の木版は壁にかけて好評。

六月十九日
パン食多し。入浴。サーヴィスは休み。

六月二十日　入梅以来初めて雨戸内運動。パン食は続く。配給の関係であろう。食事は概して良好。

六月廿一日
午後ＤＤＴの撒布あり。数日前よりヴィタミン錠をもらひて用ふ。Ａクラスの裁判漸く活気を呈し、海後君が調べに喚出されて居る。箱作りの底の色の配合に集中した。

六月廿二日
ＤＤＴの粉末を再び撒布。畳をあげてやった。

六月廿三日
神戸君愈々明日横浜へ明朝出発の通知が来た。餞別に煙草一箱を贈った。午後は手紙の下書。温度九十三度七分。

六月廿四日
神戸君の横浜行延期となり、当人気抜の態。返送荷物を発送した。冬外套、半靴、其他。

六月廿五日

朝発信。又差入があった。天源十二宮奥伝の巻物、団扇、ブルノタウトの本、状袋五束。昼の食事にメロンが出た。直ちに仏前に供へ、お八つに頂戴。

六月廿六日

入浴。九時半より情報係の取調あり。東亜同文会と国際文化振興会のことを問はれた。その後は雑話。毛利といふ二世で和かに教育改革の必要やアメリカがオポーチュニストに乗せられてはならぬことなどを話した。紙箱作製に時を移し、その間「茶味」を読んだ。橋本君より六月十七日附の手紙を受取った。頻りに釈放を待って居る様子、又曩に同君より送られた道海禅師の坐禅論附川合清丸先生訓話（同君手写）を読んだ。同君の好意にも感謝せざるを得ない。

六月廿七日

紙細工、義坊への箱の蓋の準備にかかる。明日は箱の身の方の組立てにかかる予定。チャーチサーヴィスあり。入浴。午後二時半より散歩の途中に情報部の訊問あり。山田及中田の両二世がアフガニスタン協会のことを尋ね、其他種々の会のことを聞かんとして居たが、殆ど関係ないものばかりであった。終ってパンとヂャムのお八つ。それより又紙細工。神戸君過日来観音経を朝晩に読誦する。大分調子がよくなった。

六月廿八日

朝食にはクリームオヴホイートと卵、コーヒー入牛乳で一同大喜。九時半より運動。時間半にして又訊問あり。情報部の仲田、毛利及新たに大地君と三人にて関係諸団体のことを一通り聞かれた。終て二三十分雑話。午後より義坊への紙箱を組合せ、夜も色々準備にかかる。今日午後神戸君弁護士と会い、色々頭を悩まして居るらしい。藤村君も過日来頭を悩まして重いといふて居る。京極高鋭君からも来信あり。

六月廿九日

食事にメロンや桃の給与あり。仲々心配をしてくれて居る。橋本君より手紙あり。気象通報にミリメートルをやめ、ミルバルを用ふることになった由。飛行機の関係と思はれるが、ヤードポンド使用と共に尺貫復活の日も近づきつゝあるを喜んで居る。二三日来の新聞に　天皇を戦犯者とはしないことに決定して居る旨聯合国側から報道され、この点丈明確になったことは何より喜ばしく、予ての信念が正に確証された。四王天中将一首を詠まれた。

　　天皇　戦犯外の確報を聞きて
久方の　天にかよへる　大君の
　　誠やあだの　心てらせる

叱正を仰ぐといふて届けられたが、素より叱正など思ひもよらぬが別に一首詠んだ。

久方の　そらにかがやく大御綾〔稜〕威
　　てらさゞらめや　あだの心も

六月三十日

連日紙箱作り。義の分の方は大分進捗。粘交ぜにする絵の選択に興味あり。忠の分と比較考案しつゝ進める。当人達の喜びを想ふと仕事も楽しい。十時半飛行機低空を飛び、ＤＤＴを撒布して居た。

七月一日

朝伊佐氏、大地氏等の取調あり。アフガニスタン協会のこと等を尋ねらる。衡綾より来信第十八信。

七月二日

朝散髪。此頃は早く廻って来るようになった。鋏を借りて爪を切った。又取調あり。今日は過日来の人が皆揃って育英会比律賓協会其他関係。第二十八信を発送。
諸団体のことにつき一通り聞かれた。

七月三日

八時半よりチャーチサーヴィスあり。終って入浴。窓の網戸取付けを了す。これにて蚊も蝿も完全に防げる。流石米国である。体重検査あり。一二七封度即ち十五貫二百四十匁、身長五呎八吋。

七月四日

午後散歩後仏教講話あり。向ふ側の各室に網戸取付の職人が又大勢来たが、その顔色は血色悪るく土色をなし、食糧失調の結果かと恐ろしくなった。

七月五日

九時半より散歩。終って間もなく長衡が面会に来た。埋葬の件を始め地所のこと、三津借地のこと（安田屋のは断はられ、その上の中村氏所有地を小松が管理し居るものを交渉）、山崎地所につき考慮、中元等につき話し、事務局太田公使と面会したるに政治的理由にて進捗せざる由を漏した。遺産相続税は財産税を可成悦子の資産にて支払ひ、その残りにつき相続税を払ふこととする考の由にて諒承。皆も元気だそうであるが食糧には苦心して居る様子（自分も当分此処に居た方がよいかも知れぬ、呵々）。此日見た新聞に大峯山の女人禁制も愈々廃止となる由、役講信徒、大阪の岩組七講は奈良県庁へ反対の陳情をしたそうであるが、現下の情勢では已むを得まい。岸田日出男氏には手紙をやろうと思ふ。

七月六日

此日の新聞にてA級戦犯裁判にて木戸侯の日記が証拠物件として抜萃が提出され、それを検事が朗読したそうであるが、その中に自分の名が数回出て居る。軍の専横振につき話合をした昭和六年頃のことである。

七月七日

八時より散歩。それより後はずっと室内にて紙箱細工に消日。蓋の仕上げに手間がかゝる。神戸君が小さな軸物を作り揮毫を頼んだから「謹於言而慎於行」と書いて贈った。今日は昼も晩もパン、但しジャムやバタは豊富、御馳走である。

七月八日

細雨に拘はらず戸外にて運動、返送品を送る（白メリヤスシャツ二枚、鼠色毛スウター一枚、大タヲル一、兎毛一枚、真綿一束、サル又一枚、ハンケチ一枚）。手紙を書く。午後二時面会人ありとてよびに来たので、太田公使かと思ふて行くと意外にも栄子が網の外に座って居た。知合の検事に特に色々頼んで面会許可証を得たのだそうである。お悔やら方々の近況やらの話あり。又こちらの様子も話し、食糧、封鎖預金のことなどの話もありて誠に嬉しかった。

七月九日

手紙を発信す。九時より毛利氏の訊問あり。劈頭にあなたは出たらば何をする考へかとの質問ありたるにつき、出来れば文化事業殊にワーナー博士にお目にかゝり、米国の指導下に日本が世界文化に貢献するやう何か努力したい旨を答へ、それより従来もっと出来なかったのかとの問につき応答し、実際問題として従来文化的事業等は等閑に附されたるが、今後は事情変り軍事費を必要とせざるゆへ文化方面に力を注ぎ得べく、又日本人に正しき教育を与ふる必要あり、従来の間違を正さゞるべからざることを話した。これで取調は一応終了の由である。入所以来使って居たスートケース入の置時計が止まってしまったので時を見るのに不便不少。ジェーラー交代して新たに来たのはシルリング伍長、年配も四十に近く温厚な人物にて今後三十ヶ月勤務する筈にて、皆に可成気持よくしてあげたいから、希望があれば何でも申出てくれとのこと。各房に伝へると皆その厚意に満足した。紙細工の義坊の分は蓋の周囲と内側に粘付ける絵とを残して一応出来上り、一周り大きく忠坊の分の作製にかかった。

七月十日

サーヴィス（出席非常に少し）、入浴あり。運動は午後二時半より。数日来暑気加はる。然し午後は日がさし込まぬから、普通にして居れば汗が出ることはないが、食事のときには熱いものを給されるから流汗甚し。紙細工忠坊の箱の身の方の作製にかかる。前よりは手順がつき幾分楽になった。

七月十一日

昨夜少々寝冷えしたものと見えて朝来二回下痢ある。粘液が出るので医師に薬を求めた。朝食は見合はせて取置きたるが、食べぬ方がよさそうなので神戸君に譲った。寝具が此の房に来てから掛布団のみ二枚であったが、一枚を敷布団に交換してくれた。中食は上等のパンであったから半分程食べた。それが済んだところへジェーラーが来て神戸君の横浜行をいって来た。急いで仕度をなし、一時半に知須和大尉河村通訳等と出掛けていった。腹工合が悪いので運動はやめ部屋に残って居た。夕方差入物が来た。丁度来る時分と心待ちに待って居たところであった。

夏紺背広、浴衣、運動シャツ、白ヅボン下、風呂敷二枚、外にブルーノタウトの桂離宮及心の花一冊。夜になっても相当暑かったが、腹工合は大変よくなった。

七月十二日

昨日は運動に出ないで室内で静養したが、大分暑く感じた。新聞によると九十三度（摂氏はやめになり華氏で新聞に各地の温度が出て居た。喜ばしい）といふことゆへ、暑い筈で、寧ろそれ程とは思はなかった位で、此の建物殊に二階の東側は最も位置がよいやうだ。何より仕合はせである。ジェーラーよりスートケースを預けるか返送しろといふことであって、不便此上なく、何とか免れたいと思ひ交渉したが駄目であった。

七月十三日

スートケースを取りに来たから、新聞切抜や「日本美術略史」「建具図案」“Photograms of The Year”二冊等差当りいらないものを入れて預けた。運動時間に真崎氏より或る弁護士より聞込むところによればキーナンは大統領に叱られ、裁判官や検事団、弁護士団の間で何かゴタ〳〵して居るらしく、独逸の裁判は失敗にて日本にてその轍を履まぬことにせねばならぬといふて居る由、A級中には黒田、牟田口、磯貝〔ママ〕等の如きビー級の人もあるが、純エーの方は、此上起訴なかるべく、目下釈放につき運動中との話なり。証人に喚出さるゝこともなかるべしとのこと。大変耳よりな話であるが、他には話せぬ。まあ佳報は寝てまてに限る。

今朝入浴のときに、巡回のお医者さんが湯殿へ来て、皆湯に入って居るのを不思議相に見て、これに入ると向ふの小さい湯槽のはどうするかと聞くので、上り湯のことを説明すると首を振って、この暑いのに湯に入るのかと驚いて居るから、皆喜んでおることを話してやった。

七月十四日

八時半より散歩、気持がよい。昼と夜と二回メロン（相当大きな切身）が出た。大に賞味した。今日も相当暑さうだが、此の建物は確かに凌ぎよい。スートケースがなくなったから紙箱（忠坊の分）の作製を急ぎ当分実用に供さねばならぬことになった。

七月十五日

数日来快晴にて暑気甚し。但し当所は外熱比較的影響少く、且東側は午後の陽当らぬため汗は出るが割合にこたへず。朝昼二食にメロン出で賞味。午後は手紙を書く。祥貞院殿墓誌銘案を稿す。

七月十六日

手紙を浄書、発送。近来皆神経稍興奮の傾にて注意を要す。

七月十七日

教会サーヴィスあり。入浴。午後運動のとき、四王天氏弁護士との会談の話あり。酒井松坂両氏の噂も聞く。北浦君より左の差入あり。木村素衛著「国家に於ける文化と教育」新約全書、郵趣速報、読書新聞。

七月十八日

今後は差入品は要求書を出したものに限る。

七月十九日

朝運動をすました頃、神戸君が突然横浜から帰って来た。あちらは独房も狭くて窓もなく、便所洗面には一々出る面倒あり。食事はビスケットに肉のみで熱さも甚しく、風呂はなく、虐待だと散々こぼす。弁護士の交渉もどうかと思はれる由で、数日取調が無いので帰されたそうである。こちらは極楽だと喜んで居る。煙草一箱を贈って歓迎の微意を表した。お菓子をお土産に持って来てくれた。好川よりの報告接到。

七月二十日

入浴。橋本、北浦両氏より来信あり。橋本君の手紙によれば大阪ビルは接収され、尺貫法存続事務所も立退き、看板は橋本君宅に出した由、昭和八年より十三年、感激無量。

七月廿一日

差入品、所持品の制限が出た。左の通り。

酒精飲料、ベルト類、瓶、菓子並チュインガム、水筒、着物掛、皿並硝子製品、懐中電灯、食料品、靴下止メ、注射器、宝石類、ナイフ、封筒用ナイフ、薬品類、鏡、貨幣、金属製容器、ネクタイ、針並裁縫用具、蚊帳、剃刀並刄、帯、膏薬類、襟巻、鋏、石鹸、トランク、ズボン吊り、塵紙、各種化粧品

七月廿二日

此辺が暑気の頂上で、新聞によれば九十三度以上に昇って居る。此の建物は外熱を受けぬから、汗は出るが裸体で居れば苦しくはない。食慾旺盛、夜もよく眠れる。今日は西瓜が出た。紙大工（忠坊の箱）に没頭。

七月廿三日　晴

手紙を朝浄書して、昼発信。

七月廿四日

教会サーヴィス、牧師替る。入浴。長衡及長章より手紙来る。初盆の様子報告、茅町其他よりお提灯のお供をいただき、美しく飾付出来た由、衡も畠仕事やら大工仕事、川漁等に多忙の由、色々の用件につき、報告があった。紙箱の身丈出来た。

七月廿五日

壁に粘付けた絵をはぎ取るやう命ぜられたので、忠坊と義坊の二人の写真も仕舞ふことにした。富士山の木版画丈はそのままかけて置いた。

七月廿六日

食事を残して置いてはいけないと申渡された。連日紙細工を急ぐ。

七月廿七日

綾子より手紙来る。食料入手漸次困難を加へ来り、女中減員につき意見を聞きに来た。窮屈の情、察すべし。自分がここに居るのも必ずしも悪くはあるまい。呵々。

橋本君より尺貫法存続聯盟事務所移転に関する通知状に近況報告あった。散髪（爪切りを借りた）。

七月廿八日

八時より散歩。大倉君と山崎のことを語る。又同君が長盛公の事蹟を知りたいといはれるので、「岸和田志稿」をお貸した。大変興味深く読まれたそうである。山崎に

行くことになれば、是非海福寺を復興したいと真剣に考へて下さったことは誠にうれしい。

七月廿九日

手紙の下書。山崎の問題につき主として書いた。本拠をどこにすべきかは考慮を要す。

七月三十日

発信が二三日延びた。差入物が来た。縮シャツ二、パンツ二、サル又二、ハンケチ一、風呂敷二、団扇六、楊枝一、月明一冊。団扇は同房四君に一本宛あげたところ、手製のとちがって冷しいよい風が来るとて大変喜ばれた。橋本君より青葉町へ戻られた通知。高嶋米峰氏より端書。

七月三十一日

サーヴィス。入浴。午後運動。差入物来る。好川が本日差入の目録付にて手箱二個、下駄、草履、各一足、橋本君よりの論語一冊にて、十六日の手紙にて申送りたる品々である。

八月一日

光陰矢の如し。最早第九ヶ月に入った。今日はB29の編隊が飛行するとのこと。米国の航空記念日とか。午後一時半よりの散歩中に丁度六機の低空飛行して居るのが見えた。皆昨年の今頃のことを追懐した。古奈でも退避で騒いだことがあった。ター坊を押入に入れ、布団を上段に積み重ね、悦子もあちこちと指図をなし、干物を取入れたり。色々思出の種である。手紙を出した。

八月二日

七月廿九日開催の欧洲講和会議の原案が新聞に出て居た。賠償問題が主であろうが、割合に軽いやうだ。日本の賠償委員会は十五日より極東委員会で開かれる由。

八月三日

七月廿九日附好川の報告に接す。入浴。

八月四日

近来あんづの給与あり。今朝は白パンにチョコレートに卵、昼はコーンビーフの煮込とステュードプルーン、食べ切れぬ程の量である。お八つに残して置き楽しみつゝ食べて居たところをリツテナントに見付けられたらしい。

八月五日

紙細工の蓋の裏の三津の景色漸く出来上った。

八月六日

八時より散歩。終って手紙を書いて居たところ、十時過に長衡面会に来た。先づ山崎の件は是非実施したいので、過日実地を見に行きたるが、江戸川堤の上にてよき場所であり、出来得れば何とか方法を講じて全部を保留したく、少くも在住地主として三町歩は確保し、その全部を直営の形式に改めたく、大倉さんにも来てもらひたく、これからお宅を訪問しようと思ふとの話であったから、大賛成の意を表して置いた。古奈には地所なく、三津は少し借入の話中とのこと。刀は博物館に送り済、何れ鑑定を乞ふ筈、盈子よりお悔の手紙ありたる由。又過日頼んだ戦争記念帖は送ってくれたよし。花の家の道具の話は中止。女中は一二人解雇の許、承諾を与へた。寧子さん眼疾にて帰って居る由。来る十六日毛利元雄子一周年につき、子供を連れて黒磯に行きたき由。用心するよう注意して置いた。又週刊ライフ、カントリーライフ、ハウスエンドガーデン等の入手を頼んだ。なほ返送品中靴が見えぬそうである。

八月七日

昨日の発信がまた延びたので、手紙を一枚書き直した。八時半からサーヴィス。入浴。午後二時半の散歩中は大倉君と山崎の話に持切り。同君は熱心に希望されるが、奥さんが現在のお宅の畠にどれ程の関心を持たれるやら。若し移ることを同意されなければ、代理として適当な人物二三心当りがあるからそれを先づやって、自分も始終行くことにするから兎に角自分のことを考へてくれとの話。然らば虫がよいと思はれる位の希望を承知して置きたいから、何か書いてもらひたいと話して置いた。帰ると間もなく衡から第二十一信が来た。食料獲得の事情、山崎の件等色々意見をいって来た。ター坊の手紙も入って居た。三津へ行って舟に乗せていただいたのが余程嬉しかったようで絵まで書いて来た。そこへ所長次席がチーフジェーラー其他を十人許引率して入って来て、部屋の整頓方につき彼此指図をなし、紙細工もどうやら止められそうな様子。これでは読書の外はない。勿論読書は大にやりたいが、更に座禅もやって見たく、又子孫への語草などを浄書したいと思ふて居る。座禅の稽古にと思ふて結跏趺座を試みて見たところ意外にも両方共に出来た。長くは辛棒出来ないが実に初めてのことである。間宮老師の禅の本でも勉強して見よう。これも拘禁生活の一収獲としたいものだ。

八月八日

朝から荷物の整理に汗を流す。午後も運動後色々包かへをなして準備をした。内容　（一）掛布団一枚、梲毛シヤツズボン下各一、縮繻絆一、縮シャツ二、白メリヤスズボン下長二枚、毛長靴下一、紺足袋一。（二）団扇一（此箱へ切抜を入れる）、茶毛布一、絵画史二冊、天心全集二冊、草履一足、見台の蔓、紙箱の蓋の裏（三津風景）、（三）鎌倉彫、随筆京都、天心全集一冊、子猫の感涙一、レヴュー一、艸山詩集二、コンビネーション一、浴衣一、以上は返送。尚ほ一包はストレージに預けることにした。麦藁細工の箱及紙細工の箱二個、衡や綾子の手紙類切抜、雑書、記録等。「随筆京都」を読了。

八月九日

返送風呂敷三個、ストレージ預け壱個（ストレージに預けあるはこれにて都合三個となる）を出す。午後からブルノタウト「桂離宮」を読み、夜に入りて、川田順著「西行の伝と歌」を読み始む。結跏趺座は時々試みて居る。

西行　衣河みぎはによりてたつ浪は
　　　　岸の松か根あろふなりけり
改　　内浦のみぎはによりてたつ浪は
　　　　岸の松か根あろふなりけり

此日午前五時馬淵大尉執行された由、又第一房の伊藤大佐釈放となる。

八月十日

長衡の誕生日である。神戸君愈々横浜に行く。

八月十一日

朝運動の後、「西行の伝と歌」を読了。左の句は悦子の思出となった。
　願はくは花のもとにて春死なむ
　　そのきさらぎの望月のころ
英国はビルマのバーモ博士を無罪釈放とした由、感服の外はない。四王天氏から頼まれた帖に「聚恵帖」と名づけ、左の一首を認めた。この帖は田中親美老の美しい紙を用ひたものであった。
　国の為人のためにとつくせかし
　　尽してつくることなきは道

八月十二日

遅延した手紙漸く発信。間宮老師の「禅とは是ぢや」を読み始む。夜満月、一首あり。
　鉄格子ひとやの窓にさす月は
　　いつにかはらず円らかにして
又
　円い月畳になげる影格子

八月十三日

今日も発信した。山崎経営につきて申送る。午後は「ブルーノタウト」の日本観（藤島実治郎著）を読む。タウト氏の観察は透徹し、忌憚なくて、極めて同感である。日本人の覚醒が望ましい。

八月十四日

田辺君から借りたWeinright著”Beauty of Japan”を読む。日本で生れ日本で育ち観察も広く、挿絵は外人のスケッチとは思はれぬ位よく出来て居り、平易で有益。此本は座有に供へたいものである。

八月十五日

八月十六日

　　Beauty of Japan を読了。

八月十七日

我妻君から借りた万葉集叢説を通読す。妻を恋ふ歌数首左に抜萃す。
　立鴨の発ちの騒ぎに相見てし
　　妹が心は忘れせぬか《ク》も
吾妹子《メコ》と二人わが見しうち寄する

　駿河の嶺《ネ》しは恋《カフ》しくめあるか
家風は日に〳〵吹けど吾妹子が
　家言持ちて来る人もなし
旅といへば真旅になりぬ家が妹《モ》が
　着せし衣に垢つきにけり
難波道を往きて来までと吾妹子が
　着けし紐が緒絶えにけるかも
大君の命かしこみ愛《ウツ》くしけ
　眞子が手離《ハナ》る島伝ひゆく
韓衣裾にとりつき泣く子らを
　置きてぞ来ぬや母《オモ》なしにして

八月十八日

颱風来と数日前から予報されて居たが、まだ天候に変化なく、快晴続き相当暑い。農作物は上々。但西日本は危ぶまれて居る。運動時には毎日大倉君と語り、今日は同君奥さんより昨日来た手紙に、山崎のことには色々考慮されて居るらしく、大倉君も耕作のみでなく加工のことを考へ協力したしとも語って居られた。
今まで気がつかなかったがパジャマのズボンの紐は小さいのをとってしまったら、長いのを楽に通すことが出来た。

八月十九日

手紙の準備。午後は浄書も半分位済ました。"The Craft of The Japanese Sculptor" を重て読んだ。ワーナー博士帰国の由、新聞に出た。面晤の機を得なかったのは残念である。十五坪の設計図を作る。

八月二十日

手紙を浄書し終り、昼発信。午後は読書を続けた。此本も大分永くなったから、再読を了り、返本することにした。

八月廿一日

サーヴィス、入浴、例の通り。運動、時々神戸君が第六棟運動場で見えた。元気に挨拶。
民法相続篇改正案が新聞に出て居るが、民主々義的になり、家の制を破壊、家督相続といふ観念もなくなり、財産は均分といふことになる。さすれば少しでも纏まってよい教育や研究の出来るやう財産を処分することが必要であるから、色々考を廻らして居る。

八月廿二日

新所長の巡視があった。好人物らしき相当年配の人。

八月廿三日

長衡よりの手紙来る。山崎の件にて大倉氏夫人をお尋ねしたこと、その他これにつきての諸方の話等、大分要領を得た報告。新聞にて溥儀氏戦犯裁判廷に証人として出で、連日訊問を受け答弁は苦しい。

こころにもなきことといふとあることを
　いはぬと何れ苦しかるらむ

八月廿四日

入浴日であるが数日来水節約の為か今日はスチームが止まって居るので、湯が湧かぬから水風呂に入ってくれとの話。東側は後の番で十時も過ぎた。その内雷雨があり、よいお湿りだなどいって居る内にスチームの音がし出した。冷水入浴では湯殿も賑はなかったが、暫くすると段々賑かな声が漏て来だした。愈々最後の組に我々の入浴の番が廻って来たが、冷水どころか湯気も盛に立ち、なほスチームを入れて湧かして居る。普段ならば最後の番は湯もよごれて居るのであるが、今日は最後のお蔭で湯に入ることが出来た。塞翁の駒、何が仕合せになるかわからぬ。南無阿弥陀仏。

午後は睡魔来り午睡。それより十五坪第二設計図を作り、間宮老師の禅の漫談を読み初む。

八月廿五日

運動は最初の番。大倉君より野口氏に山崎行を話して見ようとの相談につき、賛成して置いた。午後頼まれた揮毫をなす。西行の影　月の色に心を清くそましめや都をいでぬ我身なりせは　を書いた。論語　志士仁人…も一枚。禅の漫談を続けて読んだが、最後の「金毛の獅子」は特に面白かった。「越後獅子」の説も仲々味があったが「くるかくるかと浜へ出て見れば浜の松風音やまさる」は仏を恋ひ慕ふ状態をいったもので云々とあるので一首浮んだ。

　御仏の手にいだかれしわが妻の

たよりを伝ふたふと御仏

それより金毛の獅子とは、碧巌録に或僧が雲門和尚に「如何なるか清浄法身」と問ふたれば、和尚は「花薬欄」（牡丹のことにて庭前に咲て居た）と答へられた。僧は又「任麼し去る時如何」と尋ねた処、和尚は「金毛の獅子」と答へた。これが問題であると書てあるが、それについて思ひ出すのは熱河承徳のお寺にて乾隆帝が自分を普賢菩薩に擬した大きな像を作り、獅子に座して居るが、その大きな獅子は全身金箔をかぶせ、更に其上に塗料をかけ、針で一本一本その塗料を彫って、地の金を出し、文字通り金毛の獅子に座して居るのを見たことがあった。当時は唯贅を尽したとのみ思ふて居たが、此分〔ママ〕を見て、それは金毛の獅子であったかと初めて知ったのである。

八月廿六日

朝十時から運動で十一時過に帰った。過日来、中庭に建設中であった物乾場に今日初めて一階の人の夜具を干した。ところが十一時半頃夕立が来て、大分濡れてしまった。取込みに大あわて。午後は世界日報に米国では被占領国の芸術歴史記念物保護委員会の機能を復活するといふ報道が出て居た。是非大に活動してもらひたいものである。衡から第廿三信（十二日附）が来た。金融措置法や軍需補償打切等で大分あわてた手紙が来た。然し真剣な気持は充分窺はれた。丁度明日の手紙に色々いってやるのに好都合。夕方から少し冷え〱する位。

八月廿七日

運動時間に大倉君と山崎のことを色々話した。最初は可成土地のことを見習ふといふ気持で設備等は急がぬがよいとの意見、尤である。手紙に書き足してやった。時間が迫ったので、尻切りになった。新聞に財産税のことが出て居る。今度は個人一本建となり、超過累進となったので、計算してみると

財産額	税額
10万	25百円
20	410
30	960
40	1560
50	2160
60	2810
70	3460
80	4110
90	4760
100	5410

八月廿八日

第六十二回目の誕生日をここで迎へた。同室の三人に煙草を五本宛、羽間君に十本を心祝にあげた。

明暗も苦楽も裏と表のみ
　　何れか神の御胸ならざる

八月廿九日

長衡より二十日附手紙来る。山崎の方は事情困難多く、過日黒磯へ行ったところ、同地にて計画の案を申越した。

八月三十日

長衡からの手紙の要領を写して大倉君に示し、運動時間に話合った。処が黒磯については興味がなく山崎は狭くとも祖先以来の土地ではあるし、新たに入手するのとは気持が違ふ。狭くとも山崎の方が好ましいとの意見であり、自分も大体同感した。大倉君が三首ばかり近詠を示された。

寝さめなる夜半の虫の音高らかに
　　過せし月日教へけるかな

夏冬を過すはいとと難かりし
　　この身なからも過きてうれしき

思ひきや道をふみてそ来りしに
　　ひとやに過すことあらんとは

それに対し左の三首を送った。

月もなき夜半にも虫の声さへて
　　秋風のしむとき近きを思ふ

世の常の身にしも難き夏冬を
　　過してうれしひとやと一と世

をのか身を苦しめず世を救ひなは
　　釈迦や基督跣足なるらじ

賀川豊彦の死線を越えてを借りて読み始む。

八月三十一日

入浴日である。入浴中に羽間君が今しがた井野さんが帰られましたとの意外なニュース。昨年九月には極刑さへも心配されたそうであったのに御当人の気持は如何であろうと察せられる。中食のときに又三階から有馬さんも帰られたとのニュース。農林の当り年。丁度下に酒井君が皿洗ひに来たから三階のニュースを伝へた。酒井君から落首あり。二世とうふ大人へ。

　おそまきにやっと初めた釈放も
　　イノ一番と聞いてアリマー

九月一日

二百十日も快晴で目出度い。豊作の兆著しいので、主食増配の説が高い。これで人心も安定、インフレも減退に向ふであろう。運動のときに隣の囲に二Aの組が出て来た。岩村、小林躋、天羽、安倍、真藤等の顔が見えた。午後「死線を越えて」を読了。貧民窟の模様をよく書て居る。

九月二日

朝食から食器を揃へて出すことになってKP大混雑。運動も二組づつやることになり、二Aの連中が隣りに来た。岸、寺島、井田、石原、葛生、池崎等が見え、久々振に手を挙げて挨拶をする。第六棟A級も今日は降伏調印の紀念日で裁判休みといふので、運動に出て居た。満足な服装をして居るのは少なく、シャツにダン袋或はコンビネーションといふやうな服装に河童のやうな紙製帽が多数、珍妙不可思議である。米国にでも紹介されてはこまる。酒井君に左の返歌を送る。

　一番にイノウといふ気はアリマへん
　　ようマツサカイたのみまつそえ

九月三日

八時からの運動にキックボールが初まり、老人連の運動が出来にくくなった。昼に発信。今日からKPのときに食器を一列に置いて先づ公平によそうことになったので、大賑かである。

午後一時半より又運動。終ると仏教の講話があるところであったが、長衡が面会に来たので、講義には出ずに面会所に行った。丁度手紙を出したばかりであったから、先づこちらの方から大体手紙の趣旨を話した。ところがあちらでは黒磯の方に大体相談を進めて来たらしく、時間がなくて充分話し合ふ暇はなかったが、黒磯で農事経営よりは山崎にて差当りの農耕をやる方を勧め、一町歩位は回収出来そうだといふことであるから、小作も一町歩は保有出来、食糧確保には心配なく、将来は黒磯にて農事に没入するよりもっと大きく社会奉仕を心掛けてもらひたき旨を告げ、一時は当惑して三津に引籠りますとまでもいって居たが、山崎を手離したくないことを話し、それでは自分は山崎に移りますともいひ、その内に時間が来て、別れなければならず、当人の立場には同情を禁じ得なかったが、手紙でも見て落付いて考へればわかることと信ず。善通寺十三人組の判決の新聞を見て、皆噂とりどりである。又新規起訴もあった由、又新聞には古野伊之助氏三十一日釈放された由。そして井野君のことが出て居ないのが不思議でならぬ。

九月四日

今日から水曜の入浴は午後になり、十時から運動。その前にチャーチサーヴィスがあって、その間に布団干で私の分も他の人が運び出してくれた。長衡よりの廿六日の手紙（東京発）及古奈より綾子の第廿四信接到。衡の手紙は山崎の方は悲観的、黒磯の方は楽観的希望的の計画。このままでは大倉君に見せるのは稍恥かしい。綾子は黒磯行の記事で非常に面白い。午後の湯は新らしくて何とも気持がよい。それから、後藤朝太郎著翰墨行脚を読み初む。新聞には米ソ関係漸次緊迫を伝ふ。差入が来て、浴衣の洗濯が出来て返って来たのと便箋五冊、橋本君からの孟子及風呂敷二枚、便箋は前のが丁度なくなったところでよかった。

九月五日

運動時間が変更になり、木曜は午前午後共に二番目となり十時に出る。丁度そのとき配給物が持込まれ、過日来欠乏を痛感されて居た歯磨粉が来たので、皆歓声を挙ぐ。一両日前より金ブラシにて壁かきが始まり、塵がひどい。近来筋肉が非常に弱かくなり弛緩を感じて居たが、考へると運動の不足で散歩時間にもブラブラばかりして居るのでは運動にならぬことゝ感ぜられたから、今日は活歩することにした。一時間やると稍疲労を感ずるが必ず効果あることゝ思ふから、毎日続けようと思ふ。後藤朝太郎氏著翰墨行脚を読み、夜は宿所録を整理した。色々懇意な人の名を見る丈でもうれしい。

住所録しらべなほして友に遇ふ
　心地うれしやひとやのこの身

九月六日

今朝は廊下の白壁掃除を４Ｂの東側がやることになり、三番室よりは三人の若い人が皆出動。自分独り残留。塵が入って来るので、室内の雑巾がけを二三回やった。午後散歩時に隣りの囲には２Ａ東側が出て、色々変った顔を久し振に見た。Ａ級が非常に多い。一番先きに眼についたのは菊池男で浴衣がけの尻はしょりそれに手拭を頭にのせて一寸いきな姿。その他は谷、伍堂、青木、太田、後藤、村田、高橋、鮎川、笹川等賑かなことである。隣りの碁盤を借りて来て、三人の諸君、烏鷺を闘はす。賞品に煙草を提供した。

九月七日

九時より入浴。新らしいきれいな湯で勿体ない位。ボツ〳〵翰墨行脚を読む。岸君から久し振に手紙が来た。半歳たってのお悔である。同君も急がしいと見える。雄二からも手紙が来た。

九月八日

朝の散歩。其後は主として読書。午後は手紙の下書をなす。散歩時にＡ級の連中を見る。

九月九日

運動時間が変り、４Ｂは午前は二番目、即ち九時より、午後は一時半よりに一定された。午後手紙を浄書した。

九月十日

発信。食事に西洋梨が出る。仲々美味。運動時に酒井伯隣りの囲に来られ、立留まって話す。その内順番が来るでせうと待望。返歌の挨拶をされた。

九月十一日

水曜日であるが、チャーチサーヴィスはなかった。布団を乾物場に出した。運動時には屋根すれ〳〵に飛行機が飛び、ＤＤＴを撒く。夕方干物を取入れに行ったとき運動場にて三四人絞首刑を宣告された人達が散歩して居た。感無量。我妻君より借りた近エ公手記を読んだ。日米交渉の為に努力したことが詳しく記されて居る。毛筆三本の差入が来た。田中君のところへ電報が来て、母堂危篤とのこと、同情に堪えぬ。

九月十二日
運動は午前丈で午後はやめ、橋本君より差入の孟子を読む。特に注意すべき句に赤丸印をつけた。衡にも読ませたいと思ふて。夕食に葡萄が出た。

九月十三日
運動は朝は一番、午後は二番。その他は孟子を読み了る。又十五坪の設計を試みた。過日ＫＰのやり方が変り、お膳を並べることになったので、第三室の窓の辺まで来るので。

九月十四日
入浴日が月木の両日に変更になったので今日は無し。朝の二番目の運動時に第六棟のＡ級の連中も運動場にて皆に挨拶出来た。松井、永野両氏等は大分衰弱して見えた。広田君は白装束、平沼氏は又大分疲れて居られた。其他木戸君などは元気。一般に甚しき変りは見えぬ。午後長衡より六日附の手紙に接す。山崎の困難なる事情、黒磯のピストンリング会社の開墾地及び建物並に機具類の設備を稍詳しく報告あり。相当の価値ある如く、之れを採用する外なかるべく当人非常に執心であるから、大倉君にその要点を話して、考慮を求めた。夕方から晩にかけて手紙の下書をなす。

九月十五日
午前の散歩時に大倉君と懇談し、同君も黒磯案に賛成され、会社を設立して加工業を主として経営し、土地は同君の知る者四五家族を移して土地を所持させ、会社は双方同額出資のこと、大倉君としては妻君の令兄法元氏を代表者として経営に当らせたきこと等を話合ひたり。それを一応書物にして長衡の手紙と共に示し、午後の運動時に更に話合ひ完全に意見合致し、長衡の手紙に対しては非常に賛辞を述べられた。これを基礎として下書を終った。

九月十六日
朝入浴、新らしい風呂できれいな湯で勿体ないやうだと皆うれしがる。運動は午後のみ。大倉君と色々話し、長衡の手紙は大変賞賛された。午後手紙の浄書を大体終ったから、之れをそのまま同君に示し、気分の合致を堅くした。夜就寝前に秋祭のはやしが聞えて浮ぶ。
ひとやにて眠りの床につくときに
　祭のはやし聞くぞうれしき
ながれ来るはやしの音に神まつる
　心ぞうれしひとやの夕

九月十七日

手紙を書終り、正午発信。先之、午前運動後に大倉夫人が面会に来られたそうで、長衡から黒磯の話を聞いて居られ、こちらの話も大体されたそうであるから、早速連絡されたことゝ思はれ、定めて喜ぶことであろう。猶ほ大倉君は将来の生活の計画について考へて見たいとの話。又黒磯にて事業の傍ら那須か塩原に別荘を持つことも考へて居られるのは面白い。又農場の名称につき昨日あたりから考へて見たが、拘置所にて大倉君と岡部との相談にて進捗し、何れもＯＫであり、ジェーラーとは日に何回となくＯＫを聞かされ居ることに因み、オーケーといふ音にふさはしい字はないかと明解漢和字典を捜して見たところ、Ｏには鴨、桜、旺等があり、ケーには畦、計、京、景、契、雞、敬、慶、卿等色々あるが、どうもうまく結びつかぬのであるが、爰に一つ出来たのは応と恵で、応は「あたる」「うくる」「こたふ」等の意あり、恵は「めぐみ」「したがふ」（順）「さとし」（慧）等の意あり。即ち「応恵」、天の恵を享け、之れに順ひ、之れに和従、感通、報謝するといふ意味と解すれば、農園の名称としては最もふさわしく感じたれば、大倉君に話したるところ、欣然賛成され、一ついってやられたらばよいでせうとのことであった。尚ほ夫人の話に長衡より山崎の話はやめる外なく、多分黒磯の方にきまるだろうとのことで、それには資金の入ることをしきりに話して居ったそうで、其の点を主に話して居たそうだと笑って居られた。午後は「天平の文化」を読む。便箋五冊の差入あり。

九月十八日

八時半よりサーヴィスあり。牧師交替、オルガン無しで讃美歌を歌ふ。四王天氏よりお祭囃の歌の返歌があった。先づ、　照憲皇太后様の明治三十三年の御歌、　題里神楽
　くれ竹の葉山の宮にきこゆるや
　　森戸あたりのかぐらなるらむ

たのもしや神まつるらむ里神楽
　ひとやにきこゆ秋の夕暮

「天平文化」を読む。「万葉集」の章に大伴旅人筑紫にて妻を喪ひ、京に帰りて寂しさのあまり詠みたる歌

人もなき空しき家は草枕
　旅に益りて苦しかりけり

感ぜしめらるゝものがあった。散髪。
論語の抄録を始む。学而第一より始む。

九月十九日

入浴。論語の抄録、学而第一の章を終る。昼のKPに田中藤村両君出たあとへチーフジェーラーが来て藤村君を尋ねた。釈放令を伝へ一時出発といふことである。藤村君喜ぶまいことか、手の舞ひ足の踏むところをしらずといふ気持がうかゞはれる。荷物の片付に取かゝり、食事も咽へ通らぬといふ。皆もこれを祝し、一時を過ぐること十五分にてMPが迎へに来た。二階から他に一人、一階と三階から一人づつ都合四人である。これにて同室より釈放になった人三人目である。出で行ったあとはヒッソリとしてしまった。

九月二十日

運動の外は午前抄録。午後「天正〔平〕の文化」を読む。綾子より四日古奈発の第廿六信来る。忠坊のカボチャの絵を送り来る。全然手伝なしの作品だそうだ。それにしてはよく出来た。三度書き直した力作だ。早速オバヾサマにお供へした。

九月二十一日

朝から又壁かきが始まった。老人組は除外、扉の風通しから粉塵がヒドイから新聞で塞いだのは非常に好成績。日課は昨日と同様、論論（ママ）は公冶長第五のところまで進んだ。「天平の文化」は下巻を読了。夜点灯後窓から外を見ると第五棟の三階が従来二三室のみであったのが急に増して十三室に点灯された。どうしたことかと不審。

九月廿二日

朝は論語抄録、午後手紙の下書。

九月廿三日

朝入浴。手紙を筆書。昼食前後に論語抄録「雍也第六」。午後廊下にて運動。ジェーラーに鳴声の真似の上手なもの多く、鶏の真似はオッサンが上手にやるが一両日前から驢馬の声、山羊の声等をやる人が来て、まるで動物園のやうな賑かさである。プリゾンの観念が日本とは大分違ふ。夜になって点灯を見ると第五棟の三階は又元の二室丈になり、その代り二階に今まで十室位空室があったのが全部点灯された。数日前に田中氏のところへ英語読本の差入があってから大変勉強だ。**It is a dog** からであるが、仲々熱心。我妻君は大変な勉強家でライフでもリーダースダイジェストでも字引と文字通首引きでやって居るが、発音がよくないので、両三日前にアクセントのことを注意したところ、それに注意しだして非常によくなった。前には英語を読んで居る感がしなかったが、今晩の如きは大進歩、御当人もうれしいらしい。聞いて居てアクセントの違ふのはどうも耳ざわりになる。

九月廿四日

昼前発信（第四十信）。論語抄録。

九月廿五日

洗濯物を出す。郵便があるかと待って居たが何も来ぬ。羽間君気の毒そうな顔をした。新聞に新仮名遣が出て居る。大分実際的に簡単になって居る。これならば実行性が多い。論語抄録述而第七を終る。書違へ二枚ばかり。布団干。住友男令嬢見付かった旨、新聞に出て居た。米商務卿ワーレス辞職し、バーンスの立場強化す。第五棟には上海の判決あった沢田中将以下が入られたようだ。運動場で見かけた。

九月廿六日

入浴。論語抄録に続き「岸和田藩時代年中行事及習俗一般」の写取も初めた。先日来病気入院中の松坂氏（一階）帰所さる。大分痩せて見えた。夜我妻君及田中君の英語の稽古をする。

九月廿七日

一日〳〵と光陰箭の如し。

九月廿八日

忠坊から手紙が来た。過日送った紙巻細工三津風景を見て感心したらしく可愛手紙であった（十四日発）。早速仏前に供へた。論語は郷党第十迄抄録進む。藩の行事の方も一枚丈写す。我妻君には英語のアクセントのことを注意したので、夜読んでもらったが大分進歩著しい。田中君は又一生懸命だ。今日一階の松本氏といふ人釈放だといふので皆羨望したが、当人出所の用意を整へ玄関まで出たところ人違といふことで逆戻り、誠に気の毒なことで同情に堪えぬ。随分不注意な取扱である。

九月廿九日

日曜で何も変ったことはない。手紙の下書をした。

九月三十日

九月十七日附の第三十九信が長過ぎたためか二週間も経ってから返戻された。これは衡も首を伸して待って居た筈でもうとっくに入手したことと思ふて居たのであったが、黒磯問題に対するこちらの考を知らせてやりたかった。已むを得ぬから明日の第四十一信に概略を申送ることにして、下書をやり直した。夜浄書した。

十月一日

早くも十月になった。独逸の方の裁判々決の言渡があるそうだ。午後匆々面会人といふので、衡にしては少し早いかと思ひながら面会所へ行くと、意外にも清水皐水である。よく来られたが衡の面会が出来なくなる虞あるので、黒磯のことにつき伝言を頼んだ。清水は炭礦事業丈に大分発展の模様である。二三首出来たのを控えて置く。

水仕事土仕事にと日を送る
　ひなのくらしぞたふとかりけり
苦は楽のもとゐといへどもそは
　皆うくる身の表裏のみ
戦場の絵には死場は見られねど
　銃後の死場まのあたり見る
住みなれて都となるが常なれど
　巣鴨ばかりはよもぎ茂れる

十月二日

朝サーヴィス。運動、布団干、例の通り。今日は長治の一周忌に当る。感無量。朝と晩にお経を上げた。午後衡より九月二十日附の手紙接到。愈々近々古奈を引揚げ女中をやめてやって行く考らしい。山崎のことは六ヶ敷い非観的のことのみ申して来たが、黒磯の方の当方賛成したことをまだ知らないので心配して居る模様である。然し第四十信及清水の伝言を聞いたらば安心してかゝることであろう。久野と羽間夫人からも手紙が来た。久野は伊東の別荘に居るやうだが、隠居もして居られぬらしく何か仕事を求めて居るそうである。細々と認めた懇書である。羽間夫人もこちらのことを喜で礼をいって来られた。夜雨になった。

十月三日

昨夜の雨は日出後霽れた。入浴。論語子路第十三と藩時代の習俗を三枚程写した。

新聞にナチ判決が出て居る。大倉氏のところへも夫人から来信あり。衡が廿四日に往訪して黒磯のことを色々お話したらしく、父が反対で困るとか、この様な好条件の話はなく他にも話があるので取られるかも知れぬと心配して居たそうである。大倉君としてはピストンリング会社の話がそれ程有利なことゝも思はれず、他に毛利家から借りることも出来るべく、又東京に近き土地を入手することも考へられざるに非ず。それ等の話を次回面会のとき話されたらばといはれて居る。

十月四日

時々雨が降る。運動は戸外。室内の壁かきをやるのだといふ話で仕度をして待って居たが、ブラシが足りぬので今日は三階丈とのこと。近い内に順が廻って来るのであろう。論語の抄写憲問第十四篇を終る。岸和田習俗の方も二枚写す。夜田中氏の英語稽古。

十月五日

専ら写物に送る。論語は衛霊公第十五篇を済まし、岸和田習俗の方は完了。今週来所するかと衡の面会を待ち、大倉君も頻りに噂して待たれたが遂に来なかった。

十月六日　晴

初秋の候、誠に気持がよい。論語は季子第十六篇を写す。夜手紙の下書をなした。大倉君はピストンリング会社の話を引受けるのは必ずしも好条件とされず、他に新たに毛利家と相談するか、三島子にでも話して見るか、橋本氏に伊豆方面を捜してもらふか、更に関西方面を捜すかなど、色々考へもして手紙に笑話的に書いて見た。

十月七日　雨

朝入浴。午後運動。論語の抄写は陽貨第十七篇の半分。リーダースダイゼスト十月号を読む。近頃立たり坐ったりの運動を始めて見て居る。腰の工合がよいようだ。手紙の浄書をした。

十月八日

朝から壁こすりをやることになった。天気も晴れ。窓をあけて応援一名と合せて四人で約三時間こすった。壁の粉で室内一パイ。あとで入浴してから雑巾を盛にかけたが、仲々ザラ〲がとれない。然し壁はきれいになって、あとでは気持がよいが仲々のハードレーバーであった。午後は運動。其他は疲れ休め。昼手紙発信。

十月九日　曇

サーヴィスあり。今日は第七号室乃至第十三号室の壁かきにて田中我妻両君も応援に行った。午前中は運動なし。論語抄写陽貨第十七篇を終る。ブルノタウトの日本の建築差入あり。少し読み始む。大倉君のところへ奥さんより来信ありて、三十日朝から晩まで、衡は農林専門学校長を伴ひ大倉氏側より五人列席にて終日協議し、先づ会社経営は面白からざるべしといふことになり、次に然らば別々にやることゝして相談したところ、黒磯は遠過ぎるといふ結論になり、只衡は非常に熱心に考へて居るらしいので、それは御自由にといふことになったらしい。衡からの来信が待たれる。

十月十日

朝第一に入浴。終って論語の抄録微子第十八篇にかかって居ると十時頃面会人との呼出。長衡であった。大倉邸の打合の結果は大倉君より伝承した通りで、その後相談の結果ピストンリング会社の方の話は打切ることにして、別に毛利農場の一部を少し借り、将来拡張の場合の約束丈を取りつけて置き、最初は一町歩位の開墾からはじめ、約束家畜も漸次増す程度になし、若い独身の者二三名を傭ひて主に労働を頼み、家も当分毛利の方に厄介になることして、その内に農夫の家でも作りて、それに住むといふことになし、総経費も十万を出でぬ位にて小ジンまりしたことにしてやって行きたいと思ふから、御許をいただきたい。茅町様も村山様も信貴も此案には大賛成なりとのこと。昨日の懸念もこれで一掃し、最も望ましい結論に到達してすっかり安心したので、自分もその案なら至極結構といふことに話し、これで大体方針はきまったから、これから実地につき土地を見て専門家にも見てもらふことにしたいと思ふて居るとのこと。又電動機も半馬力位の電灯線から引ける程度のものに止めて置く考とのこと。昨夜は心配でよく眠れない位であったが、ほんとうによかった。それから財産税のことや何か色々話し合ひ、埋葬のことは暫く見送ることゝし、遺骨は丹後町の蔵の二階に安置し置き、黒磯にては位牌と写真にて祀ることに話し、至極満足して緩っくり話して別れた。猶ほ当人健康に気をつけるやう注意を与へて置いた。

午後向側の壁コスリが始まって大変な塵。今日は彗星と近接するので流星が見えるといふことであったが、早朝は曇、晩は十五夜の明月で星影さへない。

銀盆の月はかかれり大空に

仰ぐは鉄の格子を越して
明月を見る人もあり見ぬ人も
あるぞ寂しきひとやの秋は

午後の運動のとき大倉君に話したが、同君もそれが本来ならば当然の筋ゆへ寧ろ結構だったと笑っておしまひ。

十月十一日

朝散髪。丁度爪が延びて切らねばならぬ頃に散髪があるので、床屋よりクリッパーを借りて仕事の間に切る。いつも煙草五本宛をやることにして居る。

午前午後の散歩に今日は大倉君と話す話題が無くなってしまったと笑った。論語の抄写を一応尭日第二十篇で済ませた。夜句読訓点等調べて見たところ、二箇所書損じを発見した。

十月十二日

朝から論語抄録書損のあった二枚を昼過までかかって仕上げ、愈々完成した。それから般若心経の浄写の準備にかゝった。読書はブルノタウトの「日本の建築」を了る。

運動時に大倉君よりの話によれば夫人より更に来信ありゝ

て、黒磯のことにつき協同経営の案を申し来られた由、当方の話が相当進んで居た為、三十日の相談で中止ときめてしまふのも工合が悪いやうに考へられて、試案を寄越されたのではあるまいかと話した。兎に角最早信貴等の話もあり、協同経営の考は無いのであるから、次の手紙にてやめることを申送られたいと話した。新聞にジェネラルストライキが盛になって来た模様が報道され、不安な空気である。

十月十三日

日出と共に霧霽れて、朝食後には秋の暖かい日ざしが室一パイになりて、誠に心地よい朝である。運動では充分に日光に浴することが出来た。四王天氏からその御先祖が京都守護に勤められ、旧姓四方田を四天王に因みて四王天と改むべしとの勅諚にて改めたとの話を聞いた。

午後は手紙の下書をした。今回のは喜の意を充分に認めた。

十月十四日

新聞にジェネラルストライキの記事が大変少くなったのはどういふものか。衡から三十日附の手紙が来た。大倉邸に度々伺ったことから廿九日の相談会の模様、橋本氏の意見、信貴の話等東奔西走の次第を詳しく報じて来た。結局協同案はやめとなり、此の手紙ではまだ会社のものを引受くる考を持って居る。然しその奔走振から相談会に於ける態度などは仲々練れて来たことが窺はれて心強い。又遺骨は廿四日丹後町へ移したそうである。般若心経浄写の下書をした。又手紙を毛筆で浄書した。

十月十五日

手紙の追書を認めて昼発送。般若心経を一部を西の内半折を折本にして浄書した。振仮名をつけて孫にやろうと思ふ。夜は田中君の書方と読方の稽古をなしてから新古今集を見る。終日雨。運動は午後丈。

十月十六日　快晴

秋霽れでよい気持である。昨日大倉夫人面会に来られたそうであったが、ピストン会社の方は売れたそうだと話され驚いて居られた由、今の住居を売ることに熱心なそうである。二回の運動気持よく。新古今集を読んだ。昨日の新聞が配られたが、それによれば北海道の炭鉱ストライキも急転解決した由、兎に角愁眉が開かれた。農業関係の書物数種及東大寺史の差入が来た。独乙の主要戦犯者は今日処刑される。

十月十七日

朝から段々晴れて午後は快晴。よい祭日である。朝入浴してから般若心経を又一部浄写した。午後は差入の「花壇と花」及果樹、蔬菜、花卉及養畜の教科書を通読した。夜になって田中君の書方を見る。

十月十八日

「小学校青年学校の農業指導と農場経営」を読む。運動時間にビッグニュースが飛んだ。曰く此年の人が二人帰り、年末か来年一二月頃には大部分は帰されるといふことで、嘘とは知りながら皆糠喜をした。

夕方小笠原君よりの手紙が来た。入所以来始めてであるが、一日として私のことを考へ又は話さぬ日とてはないといふのはほんとうであろう。感謝の外はない。もう少しの御辛棒といふてあるが。

十月十九日

快晴で気持のよい旦である。うすら寒さが膚に感ぜられる。朝食に蜜柑が三つ、まだ青いが味は相当だ。「法然」を借りて読んだ。念仏称明の宗旨から上人の伝、逸話を集めた随筆もの。午後の運動で我妻君が倒れて大腿部をひどく打って痛め、医者が来るやら一騒がせ。夕食に又蜜柑四ケ。これから当分蜜柑攻めであろう。十月二日附衡からの手紙が来た。大倉君側と別にやることには信貴は大賛成。衡もピストン会社のを引受けることは過重とも考へ、別案にて進むことに考へ、「令息が少し偏して、考へて居られるようだ」との手紙の文句に反省したらしい。天祐〳〵。橋本五雄君からも手紙あり。菊池氏より清風全集を借りて差入れてくれるらしい。

十月二十日　快晴

「万葉集新釈」を借り、口絵の桂本の一頁を模写して、仮名の手本にしようと思ふ。それから、その本の本文歌を読んだ。午後運動後手紙の下書をした。夜田中君の英語暗誦稽古。

十月廿一日　晴

万葉集を十数種及不尽の歌等を写す。世界評論に右翼運動の記事中に朝食会がその一つとして出て居る。世の中の見方の飛でもない誤解程恐ろしいものはない。手紙を浄書した。

十月廿二日　雨

朝手紙を浄書し終る。運動は室内。夕食から又各自にお膳を持って行くことに復旧。暖かくてよい。

十月廿三日

朝サーヴィス。藩志稿の家訓藩論を謹読した。九月十五日附の長衡の手紙が遅れて入手した。黒磯のことにつき色々書てあるが、今日となりては過去のことゝなった。黒磯は今日の策としては先づ此外にないように思はるるけれど、将来そこに土着しても如何なものかとそれの解決につき色々考へさせられる。然し今長衡にいってやっても気乗を薄くさせる虞あり。他日出所の上徐ろに話し合って見ることゝするの外はないが、篤と考へる要がある。般若心経は略ほ暗誦出来た。

十月廿四日

朝入浴、最初の組できれいな湯で勿体ない位。終日雨で運動は二回共屋内。布団を壁の方に置くこととなったので都合悪し。新聞やら東大寺史を読み、八字半に寝に就く準備をした。

十月廿五日　快晴

秋日より。午後は床洗をさせられた。あとは白っぽくなった。両君がブラシでこすり、自分は拭き役。それが済んでから運動。東大寺史を読む。

十月廿六日　快晴

新古今集の抜萃を浄書す。

十月廿七日　晴

朝新聞を見る。神戸君等の七人組裁判の論告が廿五日にあったやうだ。午後長衡への手紙の下書。夜田中君の英語稽古。

十月廿八日　快晴

朝入浴。藩志稿により正綱公及長盛公二代の系図案を作る。午後手紙を浄書。「近畿名園の鑑賞」差入を受取る。

十月廿九日

手紙を出す準備して居ると、今週は出さずに来週合併することになったといふ知らせに一同失望した。午後運動のときに大倉君から簿記の話を聞いた。夜田中君の英語稽古。我妻君は盛に音読をする。時々発音の間違ったのを注意する。運動のとき西尾大将、鹿子木氏等に遇ふ。

十月三十日　快晴

サーヴィス。朝は簿記用の伝票、帳簿記入の形式等を考へた。見本を書いて大倉君と相談もした。午後匆々十五日附の衡の手紙と好川の手紙を受取った。衡は前回の面会のことを大変喜んで早速黒磯へ行き、十三日には一同を引連れて引越した。黒磯では既墾の四町八反の土地が出て来て「且つ驚き且喜び」で全く嬉しい話になって来た。好川も丹後町の方は大体出来上り、残るはブリキ屋の仕事丈となった。黒磯の仕事の大綱は農耕（主食料、蔬菜、工芸作物、薬用植物）、家畜（雞、豚、兎、家鴨、山羊、馬）、加工、果樹、花卉、製炭等多角的にやる考。又盈子から缶詰を贈って来てくれたそうで村山より届けてくれた由。兎に角黒磯の話が予想外に好都合になって来たのは何より仕合である。

夜新古今集を二枚許浄写。手紙は発送することになった。

十月三十一日　晴

夕方より雨。昨夜咽がいら〳〵したから今日は入浴をやめた。運動時には大倉君と簿記のことを色々話した。大分分って来た。田辺君から中央公論を借りて読み、又名園鑑賞の写真を楽しんだ。

十一月一日

早くも十月は過ぎてしまった。快晴。今日は雑誌「世界」を借りて見た。運動時には真崎氏と二、二六事件当時の中央公論の記事について話した。床擦りをやらされた。今後毎金曜日にやることになった。七人裁判で西沢、千須和及川村の三君が死刑と聞いて、皆愕然。神戸君のはまだわからない。

十一月二日　曇

朝から新古今集の抄写をした。神戸君は終身といふことを聞き、せめて五六年位と想像して居たのに意外とも何ともいひ得ない。再び皆驚いた。気の毒なことである。明日は憲法が公布され式典がある筈であるが、天候が気遣はれる。

十一月三日

明治節は快晴で誠に気持がよい。幸先を祝福するかのように。議会での式典も宮城前の祝典も盛大であろう。然し悲しむへく、又将来此の憲法の大精神に則って文化日本の発展を祈って已まぬ。所感一首
木がらしや千々の錦を払へども
若き芽ざしに春はふくめり

四王天氏より三首
荒浪にあやうく見えし沖の石
苔はむすとも動かさらなむ
大洋《ウミ》の岸にそひゆる離れ島
黄金花咲く時も来ぬらむ
洋の辺にそきたつ島に文の華
朝日をうけて咲き匂ふらむ

午後は新古今集の抄写に送る。又詠し侍りける。
国たちの祭の庭にわか身をば
いけにえにこそささげまほしき
新たなる国の門出を祝ふなり
われにいけにえの喜あれや

十一月四日　曇

午後三時半運動の終り頃より雨となる。新聞で見ると昨日の祭典には十万の群集が　陛下を囲んで喚呼の声を挙げ、非常に明るい光景であったらしい。米軍側も国民の真意は納得がいったことであろう。四王天氏の話によると本月末頃に吉報があるらしいとの噂。手紙の浄書をなす。

夜になって気付いたが、第五棟のあかりが大変に減った。一時は殆ど全部点灯されたが今夜は一階にも十灯位消え、二階には二灯、三階には六灯より見えない。二三日前から豊島刑務所へ移るといふ噂があったがそうかも知れぬ。

十一月五日

手紙発信。第五棟の既決の人は第六棟の大部屋に移り、第六棟の裁判中の人が第五棟に移ったのだそうだ。大倉君と伝票の形式等につき色々話した。稲垣長賢子より細字のハガキが来た。新米ながら議会で急がしい由を認め、将来は牧畜でもやろうかとの話。十月廿二日に熱海で花美会を催した由、羨ましいことだ。何時そのやうなことが出来ようか。

十一月六日

朝サーヴィスあり。新古今の抄録を終る。半紙に二十二枚となった。西行の歌が一番多い。

十一月七日

朝入浴。最初で気持がよい。藩志稿により系図案を作る。宣勝公より長慎公まで。

午後仏教講話あり。夜第五棟の三階の電灯が悉くなくなった。

十一月八日

朝床こすりありて運動なし。系図案を長寛公まで作り、更に年譜と照合して約三十頁位になった。

十一月九日

十月廿五及廿六両日附の長衡よりの手紙が来た。黒磯の方の話は非常に好都合に進展し、土地は反一百円で譲受けることになりて、四町八反程既墾地がある由、その他家や農具等につきても色々と書いてあり、去る二十七日に皆愈々引移った筈である。過日の手紙にゼンマイ仕掛ジープのことを書いてやったが、それを買ってやったところ、忠も義も大喜で親迄うれしくなったとのこと、その様子も想像されて満足した。此日は藩志稿の藩制篇、民制篇、財政篇、軍制篇等を読みて、更に系譜を補足した。

十一月十日

今日は何の都合か午前も午後も運動なし。長衡への手紙の案を書く。余り好調にて調子に乗り過ぎぬやう戒しめる必要がありと考へて書いた。

十一月十一日

第一回欧洲大戦休戦記念日で聯合軍は休み。手紙を書いた。午後系図原稿案の再調をなした。算盤と計算器の競技で四対、算盤の勝は痛快。

十一月十二日

今日は悦子の誕生日。長盛公山崎へ入部の日。感慨無量。正午手紙は発送した。系図案の浄書を始め、今日は正綱公の部丈を書いた。差入に毛布とニッカポッカーとフランネルのパジャマが来た。毛布は六ヶ敷いやうな話であったが入手出来て難有。

十一月十三日

朝サーヴィスあり。十一時頃長衡面会に来る。黒磯の方は順調に話が進み、耕地の方は話がつき、適当な百姓が見付かり六百円で傭ふことにした由、又草刈場の方はまだ話が出来て居らぬ由、百姓は器用な人にて畜舎や納屋位は建てることが出来そうだとのこと、重宝な人が見付かったものである。忠坊や義坊の名義で植林をやったらばよかろうと話し、黒磯の今度の話が初めから出なかった理由を尋ねたところ、ピストン会社の家のことが問題とされたことやら毛利家の方の考がきまらなかった等で今度行って初めて聞いたのだそうである。財産税のことはわかり次第知らせてくれる筈。志津は返って来なかった由など報告やら話合などをなし、なほ浜田に一度黒磯に来てもらふこと、長世にも希望があるなら見に来るやう手紙でも出そうかなどゝ話があり、同意して置いた。又経費につきては、黒磯の方は差当り衡の預金で間に合ふらしいやうな話であった。当人兎に角大乗気で何より喜ばしい。午後は系図原稿長盛公の分を浄書。夜は田中君の稽古。Ｆの発音 beautiful のＦＵＬに相当苦心。

十一月十四日

朝入浴。系図原稿宣勝公の分を書く。下書に色々挿入した場所が多いので、書違へをなし、二度ばかり書直した。夜田中君の稽古。何しろ勉強して二章位暗誦して来られるのには敬服。

岡部長景

昭和二十一年（丙戌）十一月十五日

朝の達しで所持品の制限を強化されることになる。毛上衣一、ズボン二、ズボン下三、シャツ二、下着三、靴下六、書籍六、布団三、毛布一、歯ブラシ二、眼鏡一等で大恐慌。終日かゝつて荷造をなした。此のノートも六冊の一つといふせちがらさである。碁でもしようかと碁盤の作製にかゝる。碁石は前に出来て居たのがあったのは仕合せ。本は茶室、タウトの本、茶を語る、観音経講義、和英字書を残した。着物は仕給《ママ》のが暖かいからそれを残すことにしたが、釈放とでもなるととても気まりが悪いことであろうと今から苦になる。呵々。

十一月十六日

朝から碁で時を消す。夕方五目置いて我妻君とやったが田中君の応援で一勝一敗。夜もいつの間にか消灯になった。

十一月十七日

我妻田中両君は宵越しの勝負を床の中で初める。午前中黒白戦。第四十八信の準備。
◎ゴルフの教訓、東流荘に「夢鶴」を届したこと、記入のこと、歴□《カスレ》の御画像のこと、思出草宮中のこと。
人は逆境苦難に処しても磨かるゝ者あり。順境欣楽に在りても己れを害するあり。畢竟各人の叡智と心構に因り運命はきま□《カスレ》
○何かあらむひとやに送る憂き悩み
　　かはりゆく世のさまを思へば
　かはり行きかはりはてねば日のもとの
　　新しき世はうまれさらまし
長衡への手紙も鉛筆で三枚ばかり、所持品制限のこと、黒羽根城に長盛公陣取られしこと、顕微鏡、天秤、図表等のこと、タウトの「日本の建築」、簿記のこと（形式は荷物中に在り）、三矢氏の意見個々について承知したし、二宮翁全集、四書五経等、差入希望。

十一月十八日

月曜で入浴。朝から碁を大分やった。Ａ級の起訴された人と容疑の人との人名を調べた。参考の為記す。
東条、木戸、平沼、島田、永野、賀屋、畑、小磯、南、荒木、東郷、大島、広田、白鳥、松井、重光、鈴木、木村兵、梅津、岡、佐藤、武藤、橋本、大川、松岡（死）
容疑検査者　岩村、井田、石原、池崎、西尾、本多、徳富、豊田、大館、緒方、太田耕、太田正、大倉、岡部、鹿子木、高橋、谷、中島、真崎、松坂、後藤、小林躋、小林順、児玉、寺島、青木、安藤、安倍、天羽、阿部、鮎川、酒井、笹川、岸、菊池、水野、下村宏、四王天、正力、進藤、桜井、村田
釈放　池田、藤原、大河内、郷古、有馬、古野、塩野、津田
手紙にてコンビネーション二三着、綿入及胴着各一、毛織下着三、裏毛手袋一を書いてやった。

十一月十九日

手紙（第四十八信）を出す。明日第八軍団長〔ママ〕アイゲンハワー中将の視察がある由、過日Ａ級法廷で鵜沢弁護人の発言の結果であろう。室内整頓を命ぜらる。終日碁をやった。

十一月二十日

朝サーヴィス。今日は日本語通訳付。十時半頃視察に廻られたが、此のフローアでは四王天氏の室の戸を開いてあったきりで他は見られなかった。布団干。午後は運動。又碁をやり、色々我妻君などから教はりもし、自分の石を殺さぬことや布石の原理を教はって稍面白くなって来た。夜我妻君とやって三勝、四目になった。ジェーラー二人で便所と洗面所の床下検査あり。

十一月廿一日

所持品整理で大騒ぎ。ジェラーが小さい箱類取集め、その間に碁をやる。碁石入を作った。

十一月廿二日

朝所持品を整列さして、岡田君の下検査。それからチーフジェーラーも下見に来る。明日カピテンの検査ある由。昼食にチョコレート出で皆喜ぶ。衡綾子よりの三日附手紙来る。

十一月廿三日

カピテンの検閲があるといふので、スッカリ出して配列して待って居たが、土曜日で午前中第一棟から初まったらしく、遂に午後は運動後まで無くてすんでしまった。碁をやって我妻君に四目置いて百三十六の勝はレコードであろう。

十一月廿四日

日曜日で検査もなく安息日の気持を得た。午後手紙を認む。下書はせぬことにした。不相変碁に時を消す。

十一月廿五日

朝入浴。今日も検査はないそうで別に整列もせず、碁と手紙を認め終る。その要旨は農村工業化は政府の方針にも適ふが生産過剰になる虞あるゆへ注意のこと、見本や雑誌を新井に頼むこと、衣類差入準備のこと、モンペイはやめること、美術或は工芸の本準備のこと、安藤との協同事業は仕事場を将来引受けるやうな場合のことを考へ置くこと、理研緒方博士の Iridescent Waves 及 Violet Rays の作物に応用のこと、子孫教養の必要なること、野菜の新鮮を保つ貯蔵法等を認む。碁は一勝一敗。

十一月廿六日

第四十九信発送。昨日も今日も検査なし。碁。

十一月廿七日

朝日本語サーヴィス。検査も無さそうな話であった。午後は散髪があるといふので運動は無く碁をして居るとチーフを始めジェーラー三人許入室。洋服のポケットから寝具、雑品棚から畳迄揚げての検査。大山鳴動針一本。然し枕は抛り出されてしまった。ゴム手袋等は無事。他の室では小刀鉄等も出たところありとも。

十一月廿八日

朝入浴。午後運動時に練瓦塀にて爪を磨く。碁は朝からやって田中君とは四目置いて三度連勝、十一月攻勢の目標たる十一月中に三目になることが出来た。

十一月廿九日

朝床こすりから碁が初まり、田中君とは三目で二敗し、三度目に五目の勝で三目の維持が出来た。好川の二十日附の手紙が来た。封鎖変更申請の写。その結果は左の通り。
〔一部省略〕
津田栄からの端書を封入して来たが釈放の誤聞らしい。橋本君も丹後町へ聞合せに来たそうである。

十一月三十日

無異。新年御題を詠む。
◎　残る星光はうすく暁を
　　　　つくる雞の声遠く近くに
話と碁をして過した。稍上達した。此の歳までに碁をやって居たならは相当の時間を費したことであろうから、当分碁に時を費してもよかろう。四王天氏より添削あり。
　残る星光はうすくおちこちに
　　　あかつきつくる鳥の音を聞く
尚自詠に　明星か光はいよゝうすれ行き
　　　　東の空にあかねさしそむ
次の題を頼み「冬枯れ」といふのを出された。

十二月一日

愈々師走を迎へることになった。今暁は霜か降りて寒いので、スチームが通り出して暖かい。碁をして居る内に、衡の手紙と交友会の寄書ハガキが来た。徳川議長官舎で、終戦後初めての由、会員廿一名参集。賑はったことであろう。一首を詠ず。
○　巣鴨にて交友会を催さば
　　　　いつもにまさる盛会を見む
大倉氏　くれないに大空ひたすあかつきに
　　　　いつこ行くらむ鳥飛ひ行く
四王天氏　ほのぼのと明け行く空におら鳥
　　　　いつくをさして急き飛ふらむ
　あかつきのまたあけやらぬ大空に
　　　　いづくやさして鳥飛ひ行く
福島氏　湍きし船いたはりつあかつきの
　　　　なほ凪やまぬ波の峯みる
あらしやみ夜はほのぼのとあけぬれど
　　　　いたみし船にたかなみのくる
まよひなき道はみえたりいさ往かむ

嶮しき山路共に越えつゝ

四王天氏　吹き荒れし夜のとばりは影うせて

ほのかに見ゆる峯の白雪

ひんがしの空白みけりいざや起き

新しき日のつとめはげまむ

宵にねし子等は早くもふしとにて

さゞめき合ひぬ雛の音をきゝ

◎思出草　物差を直接手渡せず必ず置いて受授した。

十二月二日

朝入浴より碁。温泉気分だと笑った。午後の運動なし。

手紙を書いた。要点左の通り。

農業には超科学的の面多し。古老の言に科学的説明を与へよ、研究は実績を挙ぐることを目的とせよ、子孫の養育が大切、日本の真の姿を発揮せよ、身体の発育に留意、食事の礼と作法を守れ、歯も晩に磨くこと、勤労の習慣、指導は一貫を要す、手を器用に又左手も使へるやう、仕末整頓の習慣、工具を跨がぬこと、悦子の仕末の例、知育は家庭にて常識を与へよ、外国の知識に偏せす、独善に陥らぬやう、世界的識見必要、外国文化との接触を図れ、固有文化の価値大なり、日本人自ら自己の貴き文化を知らず、徳育は大切、信仰と感恩報謝、皇恩、天地人の恩、謙抑自省の有徳人たれ、実行で導け、美術品等に親しませ興味を持たせ教養を高めよ、音楽、食事合図のチャイム、リズムを作る。チャイムは贈物。

朝　四、三、二、一、四、三、二、一、三、二、三、

二、三―、

昼　一、二、三、一、二、三、四、四、四、三―、

晩　四、四、三―、二、二、三―、一―、二、三、四

―、三、二、三―、

金属音盤が五本とせば

朝　五、四、三、二、一―、一、二、三、四、五―、

五、四、三、二、四―、

昼　一、二、三、二、三、四、五、四、三、四―、

晩　五、四、三―、四、三、二―、一―、二、二、三

―、五―、四―、

動物愛護カナリアを贈物、以上。交友会返歌。

十二月三日

第五十信を出す。十三枚。終日烏鷺を戦はす。「冬枯」につき

四　冬立てばのこる葉も見ず日はうすく
　　　山の端さしていそぎ移ろふ

大　冬かれはあはれにも見し草も木も
　　　くる春まちてしはしたへぬる

福　冬枯るゝ八女野の里に置き去りし
　　　妻子や如何に過しゆくらむ

転作　万代も色をかへざる常盤木は
　　　こがらし吹きていよゝ気だかし

十二月四日　晴

朝サーヴィスあり。観音経講義を読む。碁は今日は上出来で我妻君に三勝して五目になり、田中君に三勝して四目になった。運動は第六棟東側の広場で行はれ晴々して皆爽快を覚えた。数日前よりスティームのお蔭て室内は暖かい。

◎思出草　子供の下着に可愛ゆい縫をして喜んだ。
　　子供の洋服を縫ひシックだと喜び度々作った

十二月五日

朝入浴。午前の烏鷺戦、田中君に四目で三連敗、又五目になる。

◎　課題　かりがねの声さへさゆる秋の夜に
　　　ながおとずれを聞かぬさびしさ

雁信四　巣にこもり飛ふすべもなき老鴨に
　　　時にはよせよ雁のたよりを

午後田中君と五目にて戦ひ三回連勝で四目を取戻した。我妻君とは五目三連敗、又六目。

十二月六日　晴

朝十分間で床洗ひあり。無異。運動なし。碁をなす。東宮職角倉志朗氏より手紙来る。

雁信大　近けれど遠くへだつる心地して
　　　かりのたよりをまちて暮しぬ

十二月七日　晴

朝から碁をやり、田中氏に三敗して五目になり、午後三勝して又四目になる。猫の目の如く変る。我妻君には七目になる。運動は連日東側広場で気持がよい。久し振に

一階の酒井君と挨拶す。運動のときにA級の諸君の顔を見る。皆元気はよさそう。
◎カナリヤは粟、稗、苧の実等をやる。玉子も必要（茹玉子の黄味をつぶして板の上に置き右手で擦ると粟粒位に固まる。それを紙の間に挿みて軽く押へると油がとれる。二三回紙を取換へるとそれでよい。玉子をやらぬと元気付かず声もよくならぬ。夏は羽虫がつかぬやう水に浴させ箱などを清潔にせねばならぬ。巣について居るときは少し余分に、雛がかへったら沢山にやること。
目白、ひばり、山がらなどは雛をつかまへて子飼ひにするとよくなれて可愛らしく、外に出しても逃げない。鶉は卵をとるのはよい。
◎緑肥に酸素をかけると直ぐに堆肥が出来る。発育にもよし。鎌倉に住む老農家の発見（大倉君の話）。
◎卵を多く生ませるには玉蜀黍をやるとよし。

十二月八日

十二月九日

午前一時頃月蝕があるので起きて見たが月は高く上ったので、窓からは見えなかった。朝入浴。それから碁が初まる。課題二首。
○運動　檻の内そぞろあるきの一時は
　　動物園をそのままにして
○囲碁　湯あみして烏鷺たゝかはすきのふけふ
　　箱根熱海の昔しのばる
四王天　飯うまし煙草もうましことさらに
　　午後の運動まちてたのしむ
　　読むふみの乏しくなりて誰もかも
　　鷺と烏をあらそはせけり
大　黒白をあらそひながらやかてまた
　　欲に引かれて命はてけり
福　さばきまち球なげ走りさゞめきて
　　遊ふ若人たのしくぞ見ゆ
　　おもしろや心血そゝきつくりなす
　　碁譜風に散りあとかたもなし
一周年　四　くろがねの扉にかたくとざゝされて
　　はや一とせは夢と過ぎけり

十二月十日

入所一周年を迎ふ。感慨深し。出発に際し悦子の見送り姿は今に眼に映ず。嗚呼、過日の「歴信」の歌を思出す。然しこの拘禁、愛妻の死、皆是れ天憂、一首なかるべからずである。

○きみのためばせんにたほれしもののふの
　心をおのが心ともかな

第五十一信を出す（三枚）。

壱周年の感慨を述へ、悦子の追懐の歌「歴信」を認めた。雑件は卵を生ませるには玉蜀黍と地虫がよく、堆肥には酸素を用ひると速成されること、角倉君への挨拶、雲雀や目白の餌飼、鶉の卵用旁々飼養等。

十二月十一日

朝サーヴィス。午後の運動は広場。其他碁をやつて過す。

十二月十二日

朝入浴。長衡より来信（十一月廿九日附）。作物栽培計画立案中の由にて茄子の表を送り来る。農夫常磐と懸命に努力すべく話合ひたること、宇都宮師範の福田氏、鍋掛村青年学校長大島氏等に紹介を受けたること、加工は第二次に譲ること、早生栽培のこと、耕作者への挨拶は見合はすこと、馬のことなどを申越し、廿六日結婚記念日に招待したこと等詳かに認めて来た。又十一月二十日附の長忠の手紙も着き、黒磯にて稲こきを見たことを書いてあった。午後床磨き。

十二月十三日

朝検査があるといふので整頓して居たが、ジェーラーのみ見廻はりに来た。夕方真崎大将が第二棟へ移られたといふ話を聞いた。其他の三人は何等のお達しもなかったが不思議に思って居た。碁は十番以上やったが、我妻君と六目、田中君とは三目になった。目標に達したわけだ。

十二月十四日

朝碁をして居るところへ引越しの命があり、荷物を毛布に包んで第二棟へ移った。第八号室で太田、大館両君と三人。今度はA級の人を全部此の側へ纏めることになったらしい。午後一時よりの運動時に多勢の人と一緒になって、話も面白く大変よかった。大館君は碁の初段太田君も相当やるので、運動後対局、大館君とは井目、太田君とは五目でやった。

十二月十五日　曇

朝起きて三人分担、窓、床、便所と三人毎日交代にやることにした。大達君の囲碁全史を借読、本因坊秀策の「囲碁十訣」。

不得貪勝、入界宣緩、攻彼顧我、棄子争先、捨小就大、遇危須棄、慎勿軽忽、動須相応、彼強自保、勢孤取和

十二月十六日

第二棟の発信は月曜の朝であるから、昨日用意して置いた第五十二信を早朝に出した。大体十二月十二日に受取った手紙の返事とこちらの近況（引移りと碁のこと）を認め、僅かに三枚。それにター坊にも一枚書いて、封筒は三人連名にして出した。ター坊はうれしがるであろう。こちらに移ってからは三人で朝の掃除を分担、毎日順番にその仕事を交代で、床拭き、窓拭及便所といふ風にきめた。食事は向ふ側で三食共ＫＰをやってくれる。食器は金属皿とアルミのカップのみ。汁物は食べにくい。洗濯物が返って来たが302と間違ひ代品をくれた。

◎和紙風土記（京都河原町四条北　河原書店）

室内の掃除を特に命ぜられ畳をあげて床を塵払ひ拭掃除迄した。酒井君其他Ｓ．Ｔ．の人々も引移り来りて全部揃った。西尾大将下村大将及谷君は遂に加はらず、午後運動後長衡来る。

耕地は四町八反三畝を譲受くることに決し、反当り百四十四円、計六九六〇円。尚採草地十二町歩（反当り六百円、立木四〇〇円、計十二万円）も譲受け、山林は少し離れ居れども四十町歩許あり。交渉中なるが親族会議の関係にて未定。山林はくぬぎなれば、之れを売りて将来は何にすべきか研究したく、名義は子供達丈の名義にせむかとも考ふとのことなりしが、体裁上半分を親、半分を子供名義位がよからむと話し置きたり。馬車を買ひ（一二〇〇〇）たるが稍重き為、九州の馬にては負荷過大につき、相当の馬を求めむと捜し、黒羽根にて見付けたり（三〇〇〇〇）。馬耕には六十日位にて足りるゆへ、小運送に使用することゝし、一日二万円位の収入となる見込とのこと、従って手紙に書いた来年の仔馬は必要なくなるわけ、牛乳も仲々値があり牛を一匹買ふことも考ふ、一万五千位なるゆへ収支つくのふ筈、雞も買ひたし。

子供達も雛がよいかと思ふ。保険は取調中、シロフォーンを三津より運びたし、等の話あり。こちらよりは目録を黒磯へ、希望品は使ってよく、蔵等は整理、（資金は株の処分、信貴と相談）、裁判には第二起訴あるべしとの噂もある由、真偽不明、然し当所A級集中のことを話し、それでは間違ひですかななどゝ話し合ふ。
第二棟二階東側に集まったA級の人の配置左の如し。
⑴鮎川、天羽、安藤、青木、⑵安倍、後藤、伍堂、井田、⑶池崎、石原、石田、岩村、⑷菊池、岸、小林躋、⑸小林順、児玉、川辺、⑹黒田、葛生、真崎、⑺松坂、村田、永友、⑻大達、太田正、岡部、⑼太田耕、大倉、正力、⑽酒井、笹川、進藤、⑾四王天、高橋、寺島、⑿豊田、田村、横山、⒀鹿子木
夜碁をして居ると笛がなったので、房の中央に立って居たら見廻り将校が窓からのぞいてOK。

十二月十七日

入浴。往復に行列をする。

十二月十八日

Stark 大尉巡廻に来る。爪取りのことを話したところ、一時間程経てから自分で鋏を持て来てくれ、使ふ間待って居るといふ親切振、感謝。今朝医者から例の通りヴァイタミン錠をもらったところ、Sick call の者は運動をさせぬとのことで閉込もる。夕方から夜へかけて囲碁。

十二月十九日

無事。ジェーラーの見廻りもなく安堵す。碁に進歩ありといはれた。

十二月二十日

朝サーヴィスあり。入浴、碁、運動例の如し。夜大達君より朝鮮五目を教はる。二目連なったのをはさむと取る。五目連なると勝になるは普通だが、揚け石が十になっても勝となる。又五目ならんでもその内を次に相手に取られては勝てぬ。仲々面白いものであるが、何度やっても大達君には勝てなかった。うっかりすると二目取られるので、結局十目取られて負けることが多い。

十二月廿一日

十時頃ジェラー二人で検査、眼鏡のサックと屑入を取上げられた。外には実害なし。午後より碁を初め、太田君には二勝した、但し八目置いて。橋本五雄君より手紙来る。毎日観音経講話を読む。

◎鉄拐、千代能、北条実時の子、鎌倉円覚寺開山仏光国師に学ぶ。妙体禅尼、

　ちよのうがいたゞくおけのそこぬけて

　　水たまらねば月も宿らず

◎まゝごとで食事の作法を躾けるがよい、男の児でも。

◎瑞松院殿東瀛観堂大居士

◎「郷土産業開発の跡」、日本トーリストブューロー、博文館発行。

十二月廿二日

手紙を認む。段々に大がゝりになることを戒め、信貴と相談すること、次回財産税の件話を聞きたきこと、カナリヤ、写真、シロフォーンに讃美歌のこと、差入品は無之とも当分差支なく心配無用のこと、鶴見左吉雄、福井菊三郎、菅原通敬諸氏霊前に供花。今日は碁の出来がよく、太田君とは二番（八目）にて一回は五点、二回は十四点の勝、大達君とは夜二番（聖目に百のこみ）にて一回は三十七迄、二回は一迄の勝。又検査をやって居るので、皆兢々。

十二月二十三日

朝第五十三信を出す。今朝又検査に来たが極めて簡単にすみて安堵す。碁は大分碁らしくなったといはれ「切違ひ一方伸びよ」及び「死は端に在る」の手を教はった。衡よりの手紙（十二日附）来る。

十二月二十四日

入浴あり。運動は二時より。碁をした勝敗あり、大達君の見たところでは初め頃よりは五目位強くなったと。

十二月二十五日

クリスマスだけれど何事もない。雪空で寒い為、運動は第三棟でやった。碁は出来がよく太田君に三勝した。

十二月二十六日

今日の検査は無事。碁は太田君には三勝して一目減らそ

うといふ。まだまだ。大達君とは晩二番して一回は八十二、一回は八十九、少なかったが百のこみゆへ勝ちとなった。三々打込に対する受け方を教はったので大に都合よくなった。

十二月二十七日

午前午後ジェーラーの検査でズボンの紐を取られた。

十二月二十八日

両君と碁を打ち、大達君には百目のこみで六十、八十位の敗に止まる。太田君とは七目になったが敗が多い。「ポン抜き三十目」「大なか小なか」を教はる。

十二月二十九日

無事。運動時に伍堂氏より釈放に関する藤井弁護士の話を聞く。衡への手紙を認む（四枚）。馬車、馬、財源、土地、山林、農具、リヤカー、倉庫馬車小屋の建築等につき諒承を与へ、座談会及管理法につき注意し、麦踏の注意、関西地震見舞□〔カスレ〕等。午後検査、大したことはない。晩の席にて一番は大達君に快勝。

十二月三十日

第五十四信発送。和歌課題「歳末」

◎　悲しみと苦しみの歳はくれにけり
　　　たまみがゝなむ夢の世とても

四　振かへり見れば今年は国の憲
　　　あらたまりたるゆかりある年

〃　年の瀬の迫るにつれて扱ひも
　　　寒さと共にきびしかりけり

大　すぎぬればこの一とせのおきふしも
　　　重荷をのせし心地こそすれ

一昨日提出した差入申請書（本と碁）の許可があった。
◎緬羊メリノ種は食用羊としては臭気がある。蒙古人は好まぬ。

十二月三十一日

朝入浴。運動は取やめとなったので碁を盛んにやったが、太田君と七目で五目の勝、大達君とは晩に井目百のこみで打ったところ一番は芇《ジ》碁となった。これで二十一年の目標に一応到達したわけである。夕食はうどんで歳越。

〔一月一日〕

昭和二十二年丁亥の年を迎ふ。曇天。世相を映するが如し。皆の関心浅からぬ祝膳の御馳走は餅三切につゆは昨年と同じ、それに蒲鉾、いんげんのきんとん、大根とにんじんの三ばい漬とみかん四個。午食にはにんじん牛蒡のおせち、夜食には塩鮭一切で舌鼓を打つ。運動無く、終日囲碁。新年の成績は太田君に七目置て十六目の勝は蓋しレコード、大達君とは普通百のこみでは大抵勝った。京都美術大観をまた読み初めた。

一月二日

空は明るくなり雲間に蒼空を見る。朝食に又餅が出た。碁は成績不良。靴紐を取上げられて皆唖然。

一月三日

天気よく風寒し。湯槽破損して入浴なし。皆ガッカリ。食事は普通になった。運動はtoo coldといふので第三棟にてなす。碁は成績稍良。太田君には一面二十八目の勝、大達君とも五六十位の敗ですんだ。建築図案を作製。

一月四日　快晴

風なく日本日和。碁は太田君には二十四目の勝一回、これはレコード。その他は惜敗数回。大達君とは惨敗数回。茶室建築の本を見て設計図案を練った。

四王天君元旦の歌　雨雲の深くとざせるこの朝も

やがては晴れて青空を見む

◎悦子思出　三津往復のとき道具入つゞらを風呂敷にて包むとき底が不潔になるので板をあてることにした。

一月五日　曇、寒空

無異。衡への手紙を認む。酒井令息の小鳥店、国華予約、差入許可証（草屋根と碁）、冬の野菜の育て方、漆の樹、手を乾燥タオルで拭くこと、コドモエバナシ、丹後町の家の図〔図面・省略〕

実線十五坪、点線附設、床裏に浅い棚、控室に丸爐、茶室に爐を切る。台所湯殿、土間。

一月六日　快晴

第五十五信発送（六頁）。

一月七日

好川の報告（十二月十八日附）及午後には衡より廿五日黒磯発の手紙が来た。馬を連れて来たこと、馬耕のこと、馬夫のこと、電気引入のこと、会社経営の件信貴に研究依頼のこと等申越し、下野新聞に衡の記事あるのを同封して来た。菊池氏の手紙も封入。今朝は七くさの意味か海苔巻のすしが出た。間取図を色々作って見た。縁側は畳、床の裏に浅き棚、点線は附設。〔図面四図・省略〕

朝から碁をやった。大達君との一番は馬鹿にうまく行って僅かに十二目の敗といふ成績、レコードとして記し置く。大体隅を取られなかった。

一月八日

碁は太田君に二十八目の勝はレコード。数日前よりスプーンを供給さる。但し箸の無いのには稍不便。永野元帥急死の報に一同哀悼。

一月九日　快晴

碁は大達君との一番を太田君非常に興がった。但しレコード的敗北に終った。A起訴の噂あり。但しA級裁判にて派生のものなりとのこと。好川より報告来る（丹後町建築完成北浦宅）。

◎悦子思出　お茶の水時代の波多野先生には級生一同敬服して居り、御命日には青山へお墓参りによくいった。又同先生から往来を歩くとき手をつないではいけないと常に注意され、学習院よりは先生に権威があった。

一月十日　快晴

朝サーヴィスあり。リーダースダイゼスト一月号を読む。

一月十一日　小雨

太田君の依頼にて建築図を書いた。碁は太田君に第一回で七目、第二回が十三目の勝、第三回は三十二目の大敗。然し二連勝はレコード。午後運動後三回は不成績。夜大達君と手合はせをなし、第一回は三十二目の大勝を得た。然し第二回目は気分穏かならずして大敗。

一月十二日

手紙を認む。（馬夫のこと、馬耕は一人にてやること、ピストン会社へ貸与の報償、会社経営につき研究の理由如何（悪質株主に悩まさるゝ危険）、菊池君へ挨拶、大八洲出版会社へ「日本の紙」及「短歌歳事記」買入、建築図等）。碁は太田君とは二ヶ所に大石を屠りて中押となったのはレコード、大達君とも面白い勝負だった。

一月十三日

朝雑誌「太平」を借覧。日本古代史（白柳秀湖）に古事記豊玉姫産屋に入られたとき「なべてあだし国の人は子産みするときになれば本国（もとくに）の形となりて生るゝものぞ」とあり。火遠理命（ほをり）は隙よりうかゞひ見たるに鰐の形となって悩んで居られたといふ。大わだつみ民族の祖先が鰐の住むところなることを知るべしといふ。

第五十六信発送。碁は先づ上出来、稍碁らしいものがあった。

一月十四日　晴

朝入浴。碁は太田君と二番、第一回は十八目の小敗、第二回は五目の小勝、然し勝つことは珍らしい。

一月十五日

この棟ではＫＰは殆ど西側の人のみが之れに当って居るので、東側Ａクラスの老人達あまり無関心でも居られぬから、過日来煙草でも少し割愛してはと話したところ賛成多く、第七房から二十、第八、九、十から各十、合計五十本を第一回として今朝斉藤君に渡した。大変に感謝された。午後運動中面会あり、栄子でビックリした。元気であるが財閥征伐に困らされて居る様子、釈放後は駒沢に来てくれと親切にいってくれた。太田君との碁は二十目内外の敗、大達君とは夜三回内一回は二十目の敗は上出来。

一月十六日

午後の運動後に長衡来訪、財産税につき話あり。大要は左の通。

〔一部省略〕

ピストン会社にて二千円をかせぎ、馬車収入は月六千円はある見込、会社組織は同族会的のものとのこと、シロフォーン、カナリヤ、ガソリン、写真、小崎師、系図作製のことなどを話し、割合に長く話せた。

一月十七日

朝サーヴィスの後、入浴前に便通、嘗て記憶ない位い太いのが相当多量に非常に気持よく出た。近来概して便通が非常に良い。ヴィタミンを毎日服用する為もあろう。碁は太田君と四番の内三勝、大達君とも三番の内二番は五十目以下の敗で、進歩著しいといはれた。

一月十八日

建築設計参考に京都「茶室」を精覧。碁は太田君と一勝二敗、大達君とは大分奮闘。

一月十九日

朝から太田君と碁で大敗。午後運動の後ストーム。建築図を大きく書く。夜大達君と四番、二度は百目を越え、二回は四五十。

◎太田君三津に鹿追をすゝめらる。手紙を認む。山林の問題、岸和田二の丸のこと、碁差入のこと、等。若いジエーラーが日の丸の国旗を持って来て皆に署名を求む。珍らしい気持の人。

一月二十日

朝から部屋掃除をやらされて居り、運動後此の部屋にも順が廻って来た。畳をあげて床を拭き、壁を掃ふ。それ丈で済んだ。建築図を更に浄書し、又仕様書を書いた。第五十七信発送。

一月廿一日

午後仏教講話あり。堂内が特に暖かいので睡魔に襲はる。建築参考の整理をなす。碁は朝太田君と二勝一敗。

一月廿二日

無事。碁は太田君とやって惨敗。夜大達君とやって三十一目の敗。

◎米をたくのに超短波を使ふと三分でたける(島田町島田化学研究所)。

酒の醸造にX光線を用ふると短時間で出来る(東大志村教授)。

一月二十三日

碁石のはり替へをなす。「茶を語る」を読み、雛祭の茶事を読む。

◎山田徳兵衛氏に木目込雛人形を依頼すること。今日は運動場に石盛があるのでエキサーサイスなし。夜張替への出来た眼のさめるやうな烏鷺で戦はしたが成績不良。綾子からの手紙（十二月廿九日附）が来た。牛肉、鮮魚、野菜、牛乳等潤沢にあり、牛骨を煮て骨粉を作ること、野菜貯蔵のこと、伊東二郎丸君二男のこと、忠坊が雪すべりをうまくやること、餅つきのこと、衣類のこと、書籍のこと、津軽夫人マーケットに店を出したこと、等々、皆元気の由何より喜ばし。菊池君よりも端書来る。

◎尾形乾山は下野佐野にても作陶せり。

◎小田原征伐のとき秀吉陣中にて茶会を催せり、研究のこと。

◎三津富士見堂を瑞祥庵と命名すること。

一月廿四日

建築仕様書の整理をした。

一月廿五日

碁は太田君として成績良好、一面は三十二目の勝。夜大達君との勝負で僅かに三目の敗はレコードもの。

一月廿六日

手紙を認む。綾子への返事。蛋白過食の注意、茶のこと、カナリヤ、酒井令息の話等。

一月二十七日

第五十八信発送。大達君と二面手合は、第一回は例により百目碁となったが、第二面は六十二対二十一で四十一目の勝は大石を殺した結果空前である。恐らく当分無かろう。

一月二十八日

朝入浴。温泉気分で太田君と碁を打つ。二敗一勝（十九）。衡より手紙来る、一月三日附。馬が挽索力強いのに満足、忠及義も喜び居る由、将来役立つだろうとのこと、忠坊が肥ったことを幾度となく報告して来る、何より結構。建築の仕様書整理成る。大体下の如し『(居間）墨蹟窓をあける、出書院をつける、東側襖は低く、欄間障子を入れる、長押をつける、天井は三津の松を用ひては如何。（茶室）床三尺八寸、奥行二尺、板床、墨蹟窓を南側につけること、囲を作り爐先窓を作り、給仕口を高くし、茶道口は方立、丸窓、天井は三段、出炉。（控間）床裏に棚、丸炉、水屋及押入は二尺二寸、水屋に窓、板引戸、濡縁。（玄関）床裏に棚、外壁に窓、踏敷台、庇を出し、東側は袖壁、西側に柱、袖壁に焼瓦を塗込む、洗面台を縁側戸棚裏に。（女中部屋）肘掛窓、窓外に張出、鴨居上にも押入。（縁側）畳敷、ガラス戸、廻し戸、東側壁に窓、濡縁、天井は化粧屋根裏。夜大達君と打つ。三面共百目にならず、第三回は四十三目は上出来の方、尻抜けを注意した結果。

一月二十九日

忠坊より汽車と馬車の絵を送り来る。設計図を作る。茶室を東の隅に置くことにした。碁は目を作ることに注意したので成績稍良。〔図面・省略〕

一月三十日

無事。夜大達君と四面して一回も百目にならなかったのも一進歩。一面は四十二目敗。
◎奈良玉井に在った屏風（軸物をかける）。

一月三十一日

無事。第二回の仕様書を作る。

二月一日

「重要商品につきて」を読む。

二月二日

モーパッサンの英訳を借りて読み始めた。ジェネスト禁止となった由、総司令部の声明で運動時の話は持切り。紐を取上げらる。「草屋根」の差入が来た。同時に申送った碁盤は来ない。次便で重ねて督促。近頃米が不足と見えてパンが増して来た。寧ろ好評。夜の大達君との三面は太田君の助言もあったが大好成績。第三面は中押となった。

二月三日

手紙を認む（今度から火曜日発送のことになった）。三日附の手紙及忠坊の絵のこと、窒素肥料施肥の注意、三津富士見堂を拭くこと、ニッケの木を植えること、碁道具差入のこと、忠坊へ手紙。太田君との碁は普通、夜大達君とは四面で、四五十の敗、第二面は七十五目の勝はレコード。運動の時に池崎君より詩の話を聞く。

二月四日

第五十九信発送。洗濯物も出し、入浴。「草屋根」を読む。ジェーラーが又紐を取りに来た。大倉君から握飯を作るには成るべく固く握り、胡麻塩をすっかりつけて焼くとうまく、又長くもつといふことである。
◎立春になると卵が立つ。

二月五日

大分ストームがあったが此辺は無風。碁は上の方。

二月六日

観音経講義とリテラリダイヂェスト及び手紙数通を返送した。

二月七日

朝サーヴィスがあってから入浴。碁は太田君と一勝二敗。
◎高橋三吉君石龍子の観相の本を所持す。借りて見ること。

二月八日

数日来快晴続く。寒威甚しからず。池崎君に借りた名家俳句集を読み始む。
（梅翁宗因）新春の御慶はふるき言葉哉、朝霧に海より出づる海辺かな、富士は雪三里裾野や春の景、山家なれど膝をゆるりの巨燵《ママ》哉。（西鶴）ことし又梅見て桜藤もみぢ、なんと世に桜が咲かず下戸ならば、雪の峯山見ぬ国の拾ひもの、長持に春かくれゆく衣更、大晦日定めなき世のさだめ哉、三味線も小歌ものらず梅の花。（来山）春雨や巨燵《ママ》の外に足を出し、是れほどの三味線暑し膝の上、水踏で草で足ふく夏野哉、松の月枝にかけたりはづしたり、熊野から南はどこにけふの月、お奉行の名さへ覚えず年暮れぬ、秋風や男世帯になく千鳥。（鬼貫）春の日や庭に雀の砂浴びて、花散てまたしづかなり園城寺、鵜も共に心は水を潜りゆく、ひらひらと木の葉動きて秋ぞ立つ、行水の捨て所なし虫の声、露の玉いくら持たる薄かや、ゆがんだよ雨の後の女郎花、雁がねの跡に飛行くむら鳥、野の花や月夜うらめし闇ならよかろ（踏では花をやぶり踏まずしては行く道なし）。（病後）しみじみと立て見にけり今日の月。（旅泊）膝がしらつめたい木曽の寝覚かな、燃る火に灰うちさせて念仏かな、（清見寺に登りて）秋の日や浪に浮きたる三穂の辺。昨夜から消灯がやめになり、何時だか見当がつかなくなった。

二月九日

名句集を読む。碁は中の下。紅松雄二より年賀状来る。

◎とらはれて何かお国に役立つならば
　どんな苦痛もいとやせぬ

二月十日

俳句集、芭蕉翁発句集を読む。

黄鳥や餅に糞する縁の先、山里は万歳おそし梅の花、春もやゝけしきとゝのふ月と梅、春なれや名もなき山の薄霞、（二月堂に籠って）水とりやこもりの僧の沓の音、何の木の花とも知らず匂ひかな、ながき日も囀りたらぬ雲雀かな、山路来て何やらゆかしすみれ草、（草庵に桃桜ある門人の其角嵐雪あり）咲きみだす桃の中より初ざくら、さま〴〵の事おもひ出す桜かな、花の雲鐘は上野か浅草か、（露沾公にて）西行の庵もあらん花の庭、山吹や宇治の焙《ホイ》炉の匂ふ時、（招提寺にて鑑真和尚の御影を拝し御目の盲させ給ふことを思ひつゞけて）青葉して御目の雫ぬぐはゞや、さみだれをあつめて早し最上川、昼見れば首筋あかきほたる哉、静さや岩にしみ入るせみの声、（無常迅速）やがて死ぬけしきは見えず蝉の声、（木節亭にて）秋ちかき心のよるや四畳半、蜻蛉や取つきかねし草のうへ、いなづまや海の面をひらめかす、あけぼのや二十七夜も三日の月、三井寺の門たゝかばや今日の月、榎の実ちる椋鳥の羽音や朝あらし。衡への手紙を認む。紀元節の感想、草屋根の心付き、内藤博士の文化史研究差入のこと、写真引伸等のこと、資産処分につき相続税のことを忘れぬこと等。夜は大達君と三面、一回は十八目の勝、但し太田君の助言が少しあった。第二回は百三目の敗、第三回は六重目許、その辺が中の出来か。

二月十一日　紀元節　晴

寒からず。朝入浴。太田君との碁は一面で十八目の勝。モーパッサンの短編小説を読む。鉛筆の配給があったので、設計図を仕上げた。芭蕉名句集を読む。（恕水別墅）籠居て木の実草の実拾はゞや、里ふりて柿の木もたぬ家もなし、しぶ柿や一口はくらふ猿のつら、蕎麦はまだ花でもてなす山路哉、枯枝に烏のとまりけり秋の暮、人声や此道かへる秋のくれ、京にあきてこの木がらしや冬住居、（深川大橋成就せし時）ありがたやいたゞいて踏む橋の霜、はつ雪や水仙の葉のたわむまで、箱根こす人もあるらし今朝の雪、（去年のわび寝をおもひ出で越人に贈る）二人見し雪は今年も降りけるか、（寒山画讃）庭掃て雪をわするゝ箒かな、寒けれど二人旅寝ぞたのもしき、によき〳〵と帆柱寒き入江哉、旅寝して見しやうき世の煤払、（旅寝ながらに年のくれければ）としくれぬ笠着てわらぢはきながら、盗人にあうた夜もあり年の暮。運動時間に菊池男より「コヽセ」のことを聞いた。即ち碁を打つときいつでも一回黒が白に対し打つ場所を指定出来るといふ方法、夜大達君と一面それでやって見たが星目置いてやったら大勝した。宮中御宴の光景を語り草に。桜の笛を仕立てること。

二月十二日

昨夜村田氏盲腸にて入院。七日大達君母堂逝去。ながき日も囀りたらぬ雲雀かな、（佐藤庄司が旧跡の寺に義経の太刀、弁慶が笈をとゞめて什物とす）笈も太刀も五月にかざれ紙幟、あの中に蒔絵かきたし宿の月、鬼灯は実も葉もからも紅葉哉、（江戸を立出るとて）旅人とわが名よばれむ初時雨、初しぐれ猿も小蓑をほしげなり、（平田明照寺木立物ふり殊勝に覚えければ）百年の景色を庭の落葉かな、「山口素堂、方々へ身も分けられず花の頃、（鎌倉一見の頃）目には青葉山郭公はつ鰹、三日月に必ず近き星一つ、（いつくしま）廻廊に汐みちくれば鹿ぞ啼く、（三保夕照）網さらす松原ばかりしぐれ哉。今日散髪あり。夜は例により囲碁。天羽君独房に移さる。懲罰の為めらしい。

二月十三日

其角発句集を読む。うぐひすに罷り出でたよひきがへる、柳には鼓もうたず歌もなし、猫の子のくんづほぐれつ胡蝶かな、（二月十五日発足）西行の死出路を旅のはじめ哉、からかさに塒かそうよぬれ燕。紺色作業服給与。

二月十四日

朝サーヴィス。入浴。運動時に釈放につきて色々の情報を話合ふ。

二月十五日

昨夜相当に雪降り運動は室内で三十分。建築の増築の設計をなす。太田君より借りた文芸雑誌八雲を読む。各房の釘を抜かれた。パンをお八ツ。

二月十六日

真暗なうちに起された、三十分早いのだといふ。何が何やら。俳句集を読む。（其角）（好鏡坊より桜送られしに）文はあとに桜さし出す使かな、これは〳〵とばかり散るも桜哉、地うたひや花の外には松ばかり、（憶芭蕉翁）月花や洛陽の寺社残りなく、（惜花不掃地）我奴落花に朝寝ゆるしけり、越後屋に絹さく音や更衣。晩の碁は二勝二敗、一面は殆ど助言無しで十一目の敗は自分でもうれしかった。

二月十七日

朝キャプテン来室、キャップの小さ過ぎるのを直すことを心配してくれた。衡への手紙を認む（地方習慣の尊重、顔付の注意、新築図作製方藤井に依頼のこと、原田男著書、三津田舎家の屋根の松葉掃除、果樹植込等）。

増築設計は上図の通り、又居間を八畳にする設計を二通り作る。左図の如し。甲案は出書院、乙案はビワ床に平書院。

〔図面三点省略〕

午後長衡来訪。財産税につき左の如き話あり。

〔一部省略〕

予貯金、株金全部及岸和田、山崎を提供して多少不足ゆへ、丹後町が道路敷に取らるゝゆへ、その部分を提供し、残るはその残部と三津並に動産といふことになる。平価切下、新円封鎖等の噂消えず、品物の方が残すによいと信貴等の意見の由賛成して置いた。衡の分は多少変更ありたる由、山林は十六町歩譲受けることになり、馬も働いて居る由、一月には六千円余かせぎ二千円位残った由、岸和田処分のことは村山に頼み交渉してもらふことになった、長章が出資を希望の由大体同意を与へて置いた、安藤とは話が合はぬので工合が悪いらしい、事業の協同などは望めず家を建てたい考の由、会社とすることも異存なき旨話して置いた。仕事の分散を防ぐ為め適当であろう。又将来頼りになるのは近親であるから纏まって居るのもよかろうとの意見、悪くはあるまい。碁の道具のことは更に催促して置いた。(泉光寺のお墓は倒れたもの修理さす)部屋に帰るとキャプテンが来てキャップを持って来てくれた、今度は別製丈によく合った。仲々行届いた人で礼を述べて置いた。手紙の追伸を認め合名会社の場合の注意をなし、又工芸品製作に水の注意肝要なことを認め、又丹後町提供につき残部のことを考へるやう注意した。建築のことは抹殺、但し図面もそのまゝ送ることにした。晩の碁で又大達君に全然助言無しで十目の敗は上々の出来、夜中ジェーラーが入って来た、錠の音に目が醒めると頭からタオルを被り顔も見えないからとの注意、各部屋を廻った様子、頭が寒く電灯がまぶしいので自然包んでしまったのであった。

二月十八日

両三日前から起床時間が早くなったらしい、まだ暗い内に起されてしまふ。第六十一信発送。入浴。(其角)帆をおろす舟は松魚か磯がくれ、馬士起きて馬をたづぬる麦野哉、(田家)早乙女に足あらはるゝ嬉しさよ、早乙女のよごれぬ顔は朝ばかり、なよ竹の末葉のこして紙のぼり、花あやめ幟もかほる嵐かな、鵜につれて一里は来たり岡の松。

長衡よりの手紙来る。皆元気ター坊の血色特によきこと、会社組織のこと、電力及家畜のこと、卵のこと、馬車収入、落葉掻、耕耘、開墾、物価安、種子種薯等入手等の報告あり。昨日の話と照応して事情一層明かとなった。橋本君よりの手紙は座禅を勧めてくれる。午後紺服の検閲あり、皆着用キャップも被って整列、キャプテンの検閲を受けフィットしないのは一々記して行った。好川よりの報告来る。水仙が咲き出したのを先づ御霊前に供へる由、誠にうれしい、北島来訪、まき手紙、せつ結婚、橋本、北条、境氏等の見舞ありし由、泉光寺は震災あり稍傾きし由、豊島の遺産分配のことまで報告あり。青木氏に信州で蕎麦のたべ方を聞く。大根（秋大根の辛いのがよい）をおろしてしぼりそれへ味噌をすって加へると甘味が出る、それに葱を薬味に入れ、そのつゆでたべるとうまい、味が強過ぎると雉のスープで薄める。紺の作業服を着て整列せよとの命令あり、一同廊下に列ふ、葛生君の姿最も珍妙、腹が太くて上着の合はぬ人多くチーフジェーラーが直してくれた。

二月十九日

朝新らしき建築設計をなす。丹後町の残地所に納まるや調査を要す。朝は太田君と二面で二勝一敗、午食後作業服の再検閲あり。運動後司令官の検閲があるとて皆整列して居たがそのまゝ解散。昨日高橋大将tier leaderに指名さる。連絡世話役の設置は結構。夜大達君との碁は中の出来、大分強くなったと頻りに賞讃された。書籍の差入は禁止となってしまった。夜食お代りて鱈腹。太田君に和歌の話を聞く、万葉と古今、新古今との相違、それで万葉巻頭の「たまきはる宇智の大野に馬雙《ナ》めて朝踏ますらむその京深野《ヌ》」の話から本歌取りで左の一首を作った。

○三津のうら朝の海にスカル浮けて
　いざ漕ぎゆかむ狭霧かきわけ

〔図面・省略〕

二月二十日

朝の碁は太田君と二面、最初は中押となって勝、第二面は廿四目の敗。その内にチーフジェーラーとＭＰ三人とがドカドカ入って来て紐の徹底的取調、何もかも取られてしまった。俳句集を読む。（其角）はれて候又くもり候富士日記、百合の花折られぬ先にうつむきぬ、母の日や又泣き出す真桑瓜、（豊年）ぬか味噌にとしを語らむ瓜茄子、（雨乞するものに代りて）夕立や田を見めぐりの神ならば、夕立や法華かけこむ阿弥陀堂。太田君より万葉の内から額田王の「茜さす」その返歌「紫野」及び人丸の歌、「潮騒に、東の」及び「采女の」を聞き、左の二首を添削してもらった（去年悦子より紅梅の写生を送ってくれたことを追想して、

○春立ちて紅梅の香はさびしけむ
　写してめづる人のあらなく

吾妹子の袖に薫れる紅梅の
　今年の春はいたずらに咲く
更に小さい建築図案を工夫して見た。碁は不出来。

二月二十一日

朝入浴。サーヴィス。図案を書く。碁は午前に太田君と二面連勝。夜大達君とも四十目乃至二十四目位の敗にて大出来。衡より一月十七日及廿九日両日附の手紙来る。第二信（十七日附）の方には、馬耕は自分でやり稍習熟、堆肥集積、骨粉製造、小麦加工、種馬鈴薯の入手、帳簿、地価のこと、山林購入は躊躇、乳牛は当分見合はせ、将来の事業の空想等、第三信（廿九日附）は高孟の来訪、長章の興味あることから協同出資の件、簡易なる加工芸的仕事、家畜（豚五、雞五百、其他兎、家鴨、緬羊等試育）、目白よりヤマト種苗到着等。又好川より二月三日附の報告来る、乗文氏来訪の由、ヒルウォースより手紙来る。太田君より歌の話を聞き、又一首古奈の思出を詠む。「狩野川べ堤にのぼりかへり見すれば愛《ハ》しけやし孫たづさへて妹の袖振る」前口の人丸及志貴皇子の句を借りて旋頭歌とした。又、岡麓先生の内海の歌の本歌取りをして三津を詠んだ。

〇内浦のくひこみ岸に立つ松の
　幾もゝとせの御代を経ぬらむ

二月二十二日

太田君より万葉序歌の話を聞く。人麿の「日並みし皇子」の歌、坂門人足の「巨勢山」の歌、日並皇子の「大名児を」の歌等。それに因みて次の二首、長衡の馬耕を詠む。

〇那須のはらこほる朝にこますゝめ
　畠たがやす時は来向ふ
雪のあさけ息さへ凍る那須の野に
　畠おこしてこらはあせなす

〔図面二点・省略〕

二月二十三日

アラヽギ十一月号を読み歌趣湧く。

〇空襲のはげしささけて孫とふたり
　妹は送りぬ三津に古奈にと
×顧みば楽しきが内に悩めりし

妹五十九の齢終りて
白パンをわがおすなべに思ひづる
病に臥せる妹が欲りしを
在りし日のわれ待つ妹の偲ばるゝ
しばし閑《シツ》まる好みみ蔵内《ヌチ》
焼野原高き低きと図見せば
江戸百景の昔あらはる
スティームの通る囹圄の朝なさな
たゞ思はるゝこらのおきふし
過ぎたるは及ばざるに如かずとふ
いにしへ人のうべ宣らせけり

午後手紙を認む（計画も進み過ぎるな、協同事業とならば出資に対する利潤分配限度の協定、帳簿は簡単に補助簿、果樹植込、主任的とし専任的とするな、牛の舌や尾を用ひよ、増築案甲及乙、歌十三首、忠と義に俳句一句、○「雪橇や雪合戦や雪達磨」。夜大達君と三局、第三回目は大出来で中押となった。夜のジェーラーは起さなかった。

二月二十四日

菊池男より瀬越七段著囲碁読本を借りて読み研究を始めた。太田君と一局、奇勝を博《タケ》し二目の勝。（其角）顔あげよ清水をながす髪の長、何と羽織縮緬は重く紗は軽し、（布袋の讃）寝たうちを子ども起すな夕涼、海を見て涼む角あり鬼瓦、此人数舟なればこそ涼みかな、すゞしさや先づ武蔵野の流れ星、涼しいか寝てつむり剃る夢心、（自棄）たがためぞ朝起きひるね夕すゞみ

二月二十五日

第六十二信発送。一昨朝よりシックコールの役をすることになった。入浴。俳句の本を読み、歌の話を聞きて詠じ、囲碁読本を学び仲々急がしい。今日は軍王の「山越しの」、舒明天皇の「夕されば小倉の山」、人丸の「淡海の海」、実朝の「おほ君の勅をかしこみ」東の国にわがをれば」山はさけ」の三首、「み山には白雪ふれり」「大海の磯もとゞろに」等を聞きて詠ず。

○×おほ君にわびまつらむとちゝわゝに
心わくとも人にいはめやも
○　おほ君の勅をかしこみ国の民
たゞ一すぢにみ国守らむな

又好川の報告に水仙を御霊前に供へ又野菜も先づ初物を供へる由を聞きてうれしさのあまり

○　焼けあとにかそけく咲ける妹めでし
　　　水仙の花御仏にさゝぐ

ジェーラーの依頼にて宗教調をなす。カソリック五人、英語プロテスタント十一人、日本教二人、仏教五十五人。天羽君帰る。

二月二十六日　曇

（其角）岡釣のうしろすがたや秋のくれ、（こまひき）甲斐駒や江戸へ江戸へと柿葡萄、燃杭に火のつきやすき月夜かな、名月や畳の上に松のかげ、にはとりの卵うみすてし落穂哉、雞の下葉つみけり宿の菊、雨重し地に這ふ菊をまづ折らむ、うれしさや江尻で三穂の十三夜、松原のすきまを見する時雨哉、使者ひとり書院へ通るさむさ哉

○自詠　氷とけて庭の池水動きけり
　　麦畑汽車行くあとは春霞
　　朝早く鶯鳴くや庭の梅
　　お社の広庭はいま花盛

廿七日

綾子よりの手紙来る。忠坊が丸坊主になり近頃大変自信がつきしっかりして来た由喜ばし、勝太郎君無事の由之れ又目出度し。忠坊が日記を送って来た。非常によく出来て居る。ジェーラーに万年筆を借りて碁石の黒のはげかゝったのを黒く塗ることが出来た。碁は太田君と二面、大達君とも晩に二面、悉く勝碁となったのは新レコード、囲碁読本の効果もあるらしい。

○　きさらぎの雪とけきらぬ朝日うけ
　　　軒端に二羽のふくら雀見ゆ

二月廿八日

サーヴィス。入浴。（其角）初雪やうちに居そうな人は誰、めづらしいものが降ります垣根かな、うどん屋へゆく念仏なり夜の雪、すゝはきや諸人がまねる鎗踊、千観の馬もせはしや年のくれ（千観は橘敏貞の子、三井寺に上りて学び後摂州の田中金龍寺に住す、時々淀口に出でゝ自ら馬夫となりて行人を恵む、永観元年寂年六十六）。太田君とは大分攻勢だったが惜敗。

○忠坊のたよりし見れば一月の
　二十九日に初卯うむ
丸坊主二人はなめていろりべに
　馬の話に余念なきかも
馬を追ひ田を耕しつ車ひきつ
　わこのいそしみ千観偲ばゆ
大達君とは一面丈、五十三目の勝は大きかった。X光線を撮影。

三月一日

太田君の話にて千観の歌三首を作る（第三首は昨日のもの）。
○第一　御仏ののりをかしこみ千観は
　馬を追ひ追ひゆきゝたすけし
　第二　千観の植えてしならむ金龍寺
　とほつみをやのめでし桜や
○春旦木陰に雪の見ゆるなべ
　麦の若葉の早や萌え出づる
◎川《スミ》と見ゆ富士ゆ押来すこれの水
　夢の淡島み廻りて往く

俳諧集は其角を終り、嵐雪の玄峰集になる。元日やはれて雀のものがたり、白雲の龍をつゝむや梅の花、（箱根にて）帰る雁関とび越ゆる勢なり、うまづ女の雛かしづくぞ哀なる、鶯の来てそめつらむ草の餅、草餅にあられを炒るやほろほろと、大勢の中へ一本かつをかな、（南無観世音菩薩と声よくうたひ連れたり）桑笑むや名とりの老女娵達者、（端午）しだり尾の長屋〳〵に菖蒲哉、文もなし口上もなし粽五把、行燈で来る夜送る夜五月雨、照つけてひかりも暑し海の上、（輸士に尻するゑよとて）根のつくやさきさきへ飛ぶ石荷《ユキノシタ》、黄菊白菊その外の名はなくもがな、琴は語る菊はうなづく籬かな、あさがほの花ほど口をあくび哉、（凩）木がらしに梢に柿の名残かな。夜大達との碁局は一回は中押、一回は五十三目で何れも勝、読本の効果か。

三月二日

朝手紙を認む。孫達古今中外の文化教養、字や言葉も大切、自由学園と学習院のこと、桜は山桜、仙台桜、丹後町分割分の伐木、水仙の歌、好川のこと、ボタンのつけ方、忠坊に梅と桜の二通の手紙等、歌は八首。俳句集

（丈草）ほとゝぎす誰にわたさむ川向ひ、鹿追ひの寝入るや藪の杜鵑、子につれて返る青みや去年の竹、はしりこむ蛍の中や谷の水、血を分けしものと思はず蚊の憎さ、朝日さす紙帳の中や蚊の迷ひ、白雨に走り下るや竹の蟻、突立て帆になる袖や涼舟、精霊も出てかりの世の旅寝哉、寝がへりの方になじむや蟋蟀、（芭蕉を悼む）水底の岩に落つく木の葉哉、守り居る火燵を庵の本尊かな、惟然坊、若葉ふく風さらさらと鳴りながら、（芭蕉翁に侍りて）見せばやな茄子をちぎる軒の畑、ふけ行くや水田うへの天の川、（有千斤金不如林下貧）ひだるさに馴れてよく寝る霜夜哉、天鵝毛の財布さがして年の暮、しぐれけり光り入りけり晴れにけり、粟の穂をこぼしてこゝら鳴く鶉。

○紫ゆ朝日の富士は紅を

　　そゝぐと見る間うつる白妙

三月三日

夜寝るときにはあごより手一つ丈下げて布団をかけろとの注意。去来の発句集を読む。元日や家に譲りの太刀帯かむ、鶯の朝日まつ音や谷の底、うぐひすのまだ啼くまいか今朝の雪、姑の気に入る人は柳かな、いくすべり骨折る岸の蛙かな、小袖ほす尼なつかしや窓の花、郭公なくや雲雀と十文字、ほとゝぎすきのふ一声けふ三声、湖の水まさりけり五月雨、町筋は祭に似たり夕すゞみ、鎧着て疲れためさむ土用干、（妻におくれたる人の許にて）寝道具のかた〳〵やうき魂まつり、朝夕にかたらふものを袖の露、（長崎に旅して）ふるさとも今はかり寝や渡り鳥、松茸や人にとらるゝ鼻の先、（翁の病中）白粥のあまりすゝるや冬ごもり、（翁の病中祈祷の句）木がらしや空見直すや鶴の声、応々といへどたたくや雪の門、青柳や覆ひ重なる糸桜。」蕪村句集、三椀の雑煮かゆるや長者ぶり、鶯の声とほき日も暮れにけり、うぐひすの鳴くや小さき口あけて、出る杭をうたうとしたりや柳かな、（あらむつかしの仮名遣ひやな字義に害あらずんばアヽまゝよ）梅咲きぬどれがむめやらうめぢややら、春水や四条五条の橋の下、春雨や人住みて煙壁を洩る、春雨やものがたり行く蓑と笠、帰る雁田毎の月の曇る夜に、畑打や木の間の寺の鐘供養、兀山や何にかくれて雉のこゑ、春の海終日のたりのたりかな、大和路の宮も藁屋もつばめ哉、閣に座して遠き蛙をきく夜哉、近道へ出てうれし野のつゝぢかな、嵯峨へ帰る人はいづこの花に暮れし、菜の花や月は東に日は西に、みじか夜や枕に近き銀屏風、蚊屋のうちに蛍はなしてア丶楽や、五月雨の大井越えたるかしこさよ、水桶にうなづき合ふや瓜茄子、鯰得て帰る田植の男かな、石工の鑿冷したる清水哉、落合ふて音なくなりし清水哉、我宿にいかに引くべき清水哉、河骨の二本咲くや雨の中、大仏のあなた宮様せみの声、すゞしさや都を竪に流れ川、日帰りの兀山越ゆるあつさ哉、つと入るや知る人に逢ふ拍子ぬけ、魂棚をほどけばもとの座敷哉、朝露や村千軒の市の音、名月や雨を溜めたる池のうへ、三度啼て聞えずなりぬ鹿の声、（老懐）去年より又さびしいぞ秋の暮、父母のことのみおもふ秋のくれ、秋風や干魚かけたる浜庇、小鳥来る音うれしさよ板びさし、秋の灯やゆかしき奈良の道具市、甲賀衆のしのびの賭けや夜半の秋、村百戸菊なき門も見えぬ哉、起きて居てもう寝たといふ夜寒かな、冬ごもり灯下に書すとかゝれたり、大兵のかり寝あはれむ蒲団哉、磯千鳥足をぬらして遊びけり、打ちよする浪や千鳥の横あるき、待人の足音遠き落葉哉、木枯や鐘に小石を吹きあてる、麦蒔や百まで生きる顔ばかり、めし粒で紙子の破れふたぎけり。午後インズペクションあり、紺服にて廊下に整列すること二時間、大尉の巡視があった。その為運動はやめ、俳句集を急ぎ通読して居る。夜の碁は一勝一敗、江の浦八景の歌を詠む。

三月四日

第六十三信発送」――太祇　げにも春寝過しぬれど初日影、はねつくや世ごころ知らぬ大またげ、梅つけて月とも侘びむともし影、虚無僧のあやしく立てり塀の梅、こゝろゆく極彩色や涅槃像、野を焼くやあらくれ武士の煙草の火、遅き日を見るや眼鏡をかけながら、雉子追ふて呵られて出る畠かな、花稀に老て木高きつゝじかな、蚕飼ふ女やふるき身だしなみ、東風吹くや道行く人の面にも、鴬の目には籠なき高音かな、つみ草やよそにも見ゆる母娘、あながちに木ぶりはいはず桃の花、山独活に木賃の飯のわすられぬ、塵はみな桜なりけり寺の暮、身をやつしお庭見る日や遅桜、長閑さに無沙汰の神社回りけり、見初ると日々に蝶見る旅路かな、物堅き老の化粧や衣がへ、帰り来る夫のむせぶ蚊遣かな、蚊屋くゞる今更老が無調法、やさしやな田を植えるにも母の側、蚊屋つるや夜学を好む真裸、蚊遣火も見ゆや戸ざゝぬ門並び、下手乗せて馬も遊ぶや藤の森、低く居て富貴を保つ牡丹かな、切る人やうけとる人や燕子花、深山路を出抜てあかし麦の秋、列立てゝ火影行く鵜や夜の水、扇とる手へもてなしの団扇かな、怠らぬ歩みおそろし蝸牛、折あしと角をさめけむ蝸牛、蚊屋釣ってくるゝ友あり草の庵、世の外に身をゆるめゐる暑さかな、朝寝しておのれ悔しき暑哉、釣瓶から水呑む人や道の端、虫干や片山里の松魚節、あしらひて巻葉そへけり瓶の蓮、先づいけて返事書くなり蓮のもと、かたびらのそこら縮めて昼寝かな、夕顔やそこら暮るゝに白き花、夕立や膳最中の大書院、夕立や戸さしにもどる草の庵、初秋や障子さす夜とさゝぬ夜と、月入て闇にもなさず天の川、城内に踏まぬ庭あり轡むし、行先に都の塔や秋のそら、畠から西瓜くれたる庵かな、遺言の酒そなへけれ魂まつり、魂棚やぼた餅さめる秋の風、乞ひければ刈てこしけり草の花、二里といひ一里ともいふ花野哉、蜘のいに棒しばりなるとんぼ哉、静かなる水や蜻蛉の尾に打つも、(京へのぼりし時)蕣に垣根さへなき住居かな、浅川の水も吹き散る野分かな、畠踏む似せ侍や小鳥狩、(今朝の新聞にニセMPの記事を読で面白し)、うら枯れていよいよ赤し烏瓜、泊り居てきぬた打つなり尼の友、剃て住む法師が母のきぬた哉、縁端の濡れてわびしや秋の雨、引けば寄る蔦や梢のこゝかしこ、町庭のこゝろに足るや薄紅葉、残る葉と染かはす柿や二つ三つ、長き夜や余所に寝覚し酒の酔、玄関にてお傘と申す時雨哉、爐開きや世に遁れたる夫婦合、それぞれの星あらはるゝ寒さ哉、足が出て夢も短き蒲団かな、夜明けぬと蒲団剥ぎけり旅の友、河豚くひし人の寝言の念仏かな、頭巾脱いで戴くやこのぬくい物、菊好や切らで枯れゆく花の数、木がらしの箱根に澄むや伊豆の海、淀舟やこたつの下の水の音、足つめたし目に面白し手にかがむ、寒月やわれひとり行く橋の音、(雅因を訪ふ)年のくれ嵯峨の近道習ひけり、あら手きて羽子つき上げし軒端かな、万歳のゐぼし姿やわたし舟、散るなどゝ見えぬ若さや初桜、すみの江に高き櫓やおぼろ月、勝雞の抱く手にあまる力かな、巣を守る燕の腹の白さかな、凧持て風尋ぬるや御伽の衆、山路きて向ふ城下や凧の数、家内して覗きからせし接木かな、あまた蚊の血にふくれ居る座禅哉、濃く薄く奥ある色や谷若葉、麦を打つほこりの先に聟舅、泥の干る池あたらしや杜若、うつす手に光る蛍や指のまた、早乙女の下りたつあの田この田かな、古き代を紋に問はるゝ幟かな、蝙蝠や傾城出づる傘の上、とりにがす隣の声やゆく蛍、松蔭に旅人帯とく暑かな、ひとり言いふて立ちさる清水哉、屋根葺は屋根で涼の噂かな、かたびらの癖はつきよき腕まくり、涼風に角力とらうよ草の上、水打て露こしらへる門辺哉、暁の籠をぬけけむ虫の声、よく見ゆる寺のたき火や冬木立、一番は逃て跡なし鯨つき、十月の笹の葉青し肴籠、つめたさに箒すてけり松の下、霜おける畠の冴えや鍬の音、木がらしや手に見えそむる老が皺、かさの雪たがひに杖で打ちはらひ、くらがりの柄杓にさはる氷かな、腰かけて紅葉見つらむ炭俵、猟人の鉄砲うつや雪の中、楼に歌舞伎の真似や煤払、居風呂の底ふみ抜くや年の暮、すゝ払（ハイ）てそろりとひらく持仏哉、すゝはきの中へ使やひねり文、煤払のあら湯へ入る座頭哉。運動中池崎君より説明を聞いた句の中、（其角）後の月松さながらに江戸の庭、はつ雪や門に橋ある夕まぐれ、（丈草）杉なりにせり上りたる田植かな、（蕪村）雛祭る都はづれや桃の月、花に舞はで帰るさにくし白拍子、不二ひとつうづみ残して若葉かな、以上」次に麦水の句集、古里の山にも似たり朧月、日最中の花静かなり虻の声、門に待つ駕の欠伸や藤の花、鍬の刃にはね出す石や雉の声、松原に日はおさまりて蛙かな、雨の日に使は来たり木の芽漬、初音皆心に対《コタ》ふ是春か、春も老いてかゞめる竹や水の上、雉追うて叱られて出る畠かな、夏草や今は何しに那須の原、蚊帳ごしに月の曇や時鳥、山につき山にはなれつ秋の雲、秋の蛍露より薄く光りけり、霜多き山路になりぬ猿の声、（郷のしたしき人々に会す）冬枯やうつゝの末の富士筑波、兀山のところどころにつゝじかな、葉桜や今は鳥居の色ばかり、湖は里へひろがる青田哉。碁は太田君とは一勝一敗、夜大達君とは殆ど一人で打って四目宛二勝。

三月五日　快晴

夜の寝方の為めかシックコールに病人激増。麦水句集を続けた。椿落ちて一僧笑ひ過ぎ行きぬ、若草や水を隔てゝ馬の声、朝風や蓮の散りたる蓮の上、大根の肩あらはれて夜寒哉、行く秋や日なたにはまだ蟻の道、軒近く鶲うかゞふ巣かな、遠近や世に轟きの餅の音。無腸、さくら／＼散て佳人の夢に入る、見上ぐれば月に声あり峯の松、月は入りぬ波朝霧の明石潟、冬がれてゆかしげもなき都かな、鶯の隣へ逃げて初音かな、鶯の二度来る日あり来ぬ日がち、鶯の何がこはうて逃げじたく、しら梅に余寒の雲のかゝるなり、比良の雪大津の柳かすみけり、犬に逃げて庭鳥上る柳かな、手をそへて引せまゐらす小松哉、着だふれの京を見に出よ御忌詣、正月や胼《ヒビ》いたましき采女達、野も山も冬のまゝぢやに春の水、落ちぬべき西山遠しおぼろ月、紫に夜はあけかゝる春の海、一休は何とおよるぞ涅槃の日、傾城に崑蒻くはす彼岸哉、水に落ちし椿が氷る余寒かな、桐油くさき駕に蛙をきく夜哉、そゝこしきあるじが接木おぼつかな、雪信が屏風も見えつ雛祭、うら店や簞笥の上の雛祭、桃の日や雛なき家のすさまじき、淵青し石に抱きつく山桜、松伐りしあとの日なたや山桜、雪を踏む山路に雨の桜かな、大坂の遊女か知らず桜狩、花に来て侘びよ嵯峨野の草の餅、うちとけて我に散るなり夕ざくら、長き日や宿替の荷の殿す、菫踏で今去る馬の蹄かな、時鳥あとは松吹くあらし哉、月よりは上ゆくものか時鳥、小棲より針ひねり出す袷かな、此寺の牡丹や旅のひろひもの、葉桜に一木はざまや若楓、瀧見して袖かき合す袷かな、麦歌や野鍛冶の槌も交へつゝ、さみだれの夜は音もせで明けにけり、川越えし女の脛に花藻かな、広ごらぬ網や貴人の肱白し、抜身かと鞘のひかりや夏の月、手に持てば手にわづらはし夏羽織、禰宜ひとりみそぎするなる野川哉、やはらかに人わけ行くや勝角力、胸あはぬ衣かへぎけり角力取、又平が絵もぬけ出でゝ躍かな、稲妻や山城の水河内の河、（東城より帰るさ）伸上る富士のわかれや花すゝき、鳴神のたえ間や夜半のきりぎりす、霧こめて途ゆく先や馬の尻、新月は蕎麦うつ草の庵かな、（湖上）明月や辛崎の松瀬田の橋、草の戸や秋の月落ちて秋の月、（悼太祇）十六夜ひとり欠けたる月の夜、何いそぐ家ぞ火とばす秋の暮、衣着よと母の使や秋の暮、指うちてしばらくとやむ砧哉、井伊殿の御拳見ばや小鷹狩、渋鮎を炙り過ぎたる山家哉、（加賀千代尼身まかりしたより聞き）来る雁にはかなき事を聞く夜哉、色かへぬ松のはれ着や蔦紅葉、何の木ぞ紅葉色こき草の中、朝寒に鉈の刃にぶき響かな、茸狩の柴に焚かるゝさくらかな、初しぐれ今日庵のぬるゝ程、羽織着て出かゝる空の時雨哉、散りはてぬ紅葉もあるを冬の梅、畳むとて主客争ふふとん哉、土までも枯れてかなしき冬野かな、晴るゝ日や雲を貫く雪の富士、いたく降ると妻に語るや夜半の雪、出づる日や風に吹かるゝ薄ごほり、胼の手を真綿に恥る女かな、うづみ火を手して掘出す寒かな、人住まずなりぬ柱の古暦、春泥、五条まで舟は登りて柳かな、落ちなむを葉にかゝへたる椿かな、底たゝく音や余寒の炭俵、生海苔の波打際や東海寺、はじめから声からしたる蛙かな、幢の仏間へ這入る燕かな、みづうみの浅瀬覚えつ蜆取、春深く和布の塩を払ひけり、雀子や書写の机のほとりまで、耕に馬持てる身のうれしさよ、いで花に君粮包め我は酒、いとゞしく花に怠る箒かな、やぶ入の枕うれしき姉妹、松遠し苗代水に日の当る、文ぬれしことはりいふや春の雨、はるさめや谷の古葉も流れ出づ、月更けて桑に音ある蚕かな、なの花や此辺までは大内裏、莟には皺をみせたるつゝじかな、陽炎に美くしき妻の頭痛かな、橋守の銭かぞへけり春夕、ゆく春やいづこ流人の迎舟、たんぽゝも今日白頭に暮の春、行春に流しかけたる筏かな、野に山に閑人春を惜みけり、うぐひすの箱根や伊豆の子規、馬場乗の背中ふくるゝ袷哉、痩麦や我身ひとりの小百姓、麦秋や聟殿ことしはじめぢゃの、青梅や黄なるも交る雨の中、ことし又おと子うみけむ幟数、日もくれぬ人も帰りぬ水雞なく、さみだれの石に鑿する日数哉、笠に入れて燧うちけり五月雨、あさましく蝿打つ音や台所、侘しさや寝所ちかき魂祭、庭ゆくも露に裾とる女かな、一本の荻にも秋のそよぐ音、秋風や蚊屋に刀の鎮置かむ、秋の蚊や黙々として喰ひ行く、山霧の梢に透る朝日かな、めでたさよ稲穂落ち散る路の傍、稲ぶさや誰むすび置く宮柱、後の月何か肴に湯気のもの、降出して茸狩残す遺恨哉、天文の博士ほのめく冬至かな、客去て寺しづかなり夜の雪、何を釣る沖の小舟ぞ笠の雪、夜着を着て障子あけたりけさの雪、冬枯の里を見おろす峠かな、消炭に薄雪かゝる垣根哉、紙子着て嫁が手利をほゝゑみぬ、袂なる頭巾さがすや物忘れ、身に添はで憂しやふとんの透間風、大原女の足投げ出して囲炉裏哉、寒声や京に住居の能太夫、追儺うらの町にも聞えけり、名の高き茶入も見けり年の暮、むつまじや炬燵の上の小盃、蘆陰、春が来た梅ぢゃ芝居ぢゃうかれ人、雙親の日に当りたる彼岸かな、耕や世を捨人の軒端まで、海も帆にうづもれて春の夕かな、（西行庵にて）人去てあたら桜のわか葉かな、酢茎見て茶漬所望の御医者哉、夏草や枕せむにも蛇嫌ひ、すゞろたつ秋や翁が珠数の音、蜻蛉や施餓鬼の飯の箸の先、釣瓶にてあたま破れし西瓜哉、夏からの蚊屋はづしけり今日の月、おもひ出て菊作りけりことしより、はしなしや火箸ゆがみて炭われず、山畑や麦蒔く人の小わきざし、橋守よ霜掃きおろす誰が為、われに又帰る庵あり冬ごもり、年のうちに春は来にけり朝月夜、わが頼む人皆若し年の暮。シックコールの間に太田君の事件あり、飛だ誤解を受けて迷惑された。夜大達君との碁は二勝、一面は大石を取って二十目の勝となった。

三月六日

俳懺悔を読み初む。水取や井をうち廻る僧の息、衣擣てばかへり来よ雁かへり来よ、大旦那となりけり春の雨やどり、片隅に鍬の光るやはるの雨、いかのぼりどちらへ落ちむ安芸黒田、(浅野黒田両侯の大名屋敷が霞が関に在った)、世は花になるとも知らぬ奥吉野、(一蝶八丈島へ流罪のときのむろといふ干魚に笹の葉を入れた話)いなさ吹く弥生の末や六がつを、都へは人して菊の分根かな、(ちぬの浦)行くはるや堺のうらのさくら鯛、行く春や江戸は牡丹に杜若、向ひ同士物いふ夏のはじめかな、琴の春三線の夏となりけらし、庭吏に木鋏の音かすかなり、紙子着む音たのもしきのぼりかな、よしきりのよし一株に高音かな、ほとゝぎすくゝり枕の茶も匂、(京都の往返五十度に及ぶ)百不二や月雪花にほとゝぎす、千観が馬洗ふなりかんこどり、(恋)夏痩せと問はれて袖の涙かな、媒のほめ残したる田植かな、丸裸これほど暑きことはなし、(祇園会)我子にて候あれにほこの児、ほとけとは魚狩るときの心なり、三五粒蓮に落ちけり夏のあめ、風月より家業は重し傘の雪、一とせの月を曇らす今宵かな(之れは宗祇の句)水流れ人去て唯月ばかり、寺のきぬた念仏にあはで月白し、留守の砧江戸へひゞけと打たりけり、水鳥のかしらならびし朝日かな、花すゝき吹かれながらに日は入りぬ、そばの花峯は浅間の夕烟、花とよぶ鯛より鮭のもみぢ哉、馬牽て菊一本の所望かな、師走野や鶴追ひのけて麦を蒔く、鳴きながら霜ふるひけり明がらす、猟人の火蓋をはしる霰かな、あら寒し〳〵と浅間見あげたり、あづかりし人の小判の寒さかな、一茶(富士の絵)初春や千代のためしに立ち給ふ、袴着て芝にころりと子の日哉、折てさすそれも門松にて候、ちいさい子麻上下や梅の花、梅の木のある顔もせぬ山家かな、(団十郎)呟いたりな江戸生えぬきの梅の花、(島原)入口のあいそになびく柳かな、寝て起て大欠伸して猫の恋、雀の子そこのけ〳〵お馬が通る、角落ちて恥しげなり山の鹿、田に畑にてん〳〵舞の小蝶かな、木の蔭や蝶とやどるも他生の縁、春風や牛に引かれて善光寺、おとろへや花を折るにも口まげる、花の木のもって生れた果報かな、ありやうは我も花より団子かな、苦の娑婆や花が開けばひらく迚、（御所にて）棒突が腮でおしへる桜かな、（桜草）我国は草も桜を咲きにけり、（東西の花に散りたてられてこゝろも山に移りゆくといふ日は三月廿日なりけり）煤くさき笠も桜の降る日かな、（根岸にて）山吹をさし出しさうな垣根かな、（人間）咲く花の中にうごめく衆生かな、年とへば片手出す子や更衣、永き日にかわく間もなし誕生仏、扇にて尺をとらせる牡丹哉、昼の蚊の来るや手をかへ品をかへ、年寄と見てや鳴く蚊も耳のそば、（粒々皆辛苦）もたいなや昼寝してきく田植唄、大蛍ゆらりゆらりと通りけり、侍に蝿を追はせる御馬かな、

キャプテンが又爪切りを持って来てくれた。三人の切る間待って居てくれるので、その配慮には感謝させられる。畳の大き過ぎるのを取替へてよくなった。リーダースダイヂィストが来た。キャプテンに図書館協会より図書の寄贈をさして見ようと思ふと話したら、喜んでチャプレンライン師が来て手紙を取次いで出してくれといふことである。太田君の問題は無事に片付いたらしい。夕方赤十字の用紙と罫紙が一人五十枚の配給があり、配布に仲々手数がかゝった。一茶、涼風も隣の竹のあまりかな、米直段ぐつぐと下る暑かな。

新所得税法による税額

〔一部省略〕

三月七日

朝図書館協会への手紙、それにつける長衡と小笠原君への手紙を認めサーヴィスのときにチャプレンライン師に渡す。入浴後温泉気分で太田君と二面、何れも惜敗。鉛筆の配給があって前のは取上げ、若し残して持て居ると三日の労役を課すとのこと。一茶の句集の続き、（草鞋ながら墓参して）息災で御目にかゝるぞ草の露、（亡妻新盆）かたみ子や母が来るとて手をたゝく、（魂送）おれが場もとく頼むぞよ仏達、べったりと人のなる木や宮角力、露の世は露の世ながら去りながら、藪むらや灯籠の中のきりぎりす、六十にふたつふみ込む夜寒哉、（豊

秋）二軒家や二軒餅つく秋の雨、今日からは日本の雁ぞ楽に寝よ、おちつくと直に鳴きけり小田の雁、足枕手枕鹿のむつまじや、姥捨はあれに候とかゞし哉、（後の月）月の顔年は十三そこらかな、柿の木であいと答ふる小僧哉、秋の夜や障子の穴が笛を吹く、（おのが姿にいふ）ひいき目に見てさへ寒きそぶり哉、大根引大根で道を教へけり、尼寺や二人かゝって大根引、朝晴にぱちぱち炭の機嫌かな、焼穴の日に日にふえる紙衣かな、汝等も福はまつかよ浮寝島、来る人が道つけるなり門の雪、犬どもがよけてくれけり雪の道、（古郷に入る）是がまあ終の栖か雪五尺、雪舟《ソリ》引や屋根からはふる届状、五十にて鰒の味を知る夜かな、福豆や福梅干や歯にあはぬ、隠れ家や歯のない声で福は内、いくつやら覚えぬ上に年忘れ、おのづから頭が下る神路山、（念彼観音力）稲の穂よ南無稲の穂よ稲の穂よかゝるみのりの秋はあらじな、木曽おろし雲吹き尽す青空のはづれにけぶる浅間山かな、こちあちの風のまに／＼吹けば飛ぶ塵の身にさへせはしなり世や、ながらへば帰らむ事もしら川の関を越えゆく老の身なれば、

玉藻集、松葉集、元旦や掃かぬ嘉例も松の塵、乃龍妻、はご板を子にかこつけてもらひ皃、肥前紫青、初梅や文書くことを思ひたち、園女、いそがしや菫を摘めばつく土筆、羽紅、春雨のあがるや軒に鳴く雀、山桜散るや小川の水車、園女、松山の間々や花の雲、夜桜や太閤さまの桜狩、吉次母桃女、沖にけふ足跡つくる汐干哉、園女、衣更みづから織らぬ罪深し、はや膝に酒こぼしけり更衣、尚白母、時鳥風鈴はづして待つ夜哉、居るやうなり木の下闇の時鳥、交りを紫蘇の染めたる小桜哉、夕立やいとしい時と憎い時、りん、涼しさや髪結直ち朝きげん、辰下、くらべあふ服の太さや庭涼み、なか、たそがれの物とや団扇一重帯、園女、負うた子に髪なぶらるゝ暑哉、紫塵母、子供等にいざ京見せう祇園会、たつ、見るもうし独住居の魂祭、園女、兀山の秋のとりつく山もなし、秋色、初露に風さへしめる扇哉、智月、案山子にも哀さまけじ尼仲間、そめ、どの色を分けて折なむけふの菊、武士の紅葉にこりず女とは、みほの、偽とこちは思はじ初時雨、夕霧、児の親の手笠いとはぬ時雨哉、万里、慰めし琴も名残や冬の月、雪に思へ富士に向はじ故郷の絵、智月、わざとさへ見に行く旅や富士の雪、秋色、十徳の袖は涙の氷かな、智月、酒盛や一雫にて年のくれ、俳句

集を一通り読過す。夜の碁は大達君と二面、一面は中押、第二面は十八日で共に勝つ。

三月八日

朝から蕪村句集を再読。鶯の声遠き日も暮れにけり、うぐいすの鳴くや小さき口明いて、二もとの梅に遅速を愛す哉、梅散るや螺鈿こぼるゝ卓の上、梅遠近南すべく北すべく、春の夜に尊き御所を守る身かな、折釘に烏帽子かけたり春の宿、さしぬきを足でぬぐ夜や朧月、草霞み水に声なき日ぐれ哉、春雨や人住みて煙壁を洩る、春雨や小磯の小貝ぬるゝほど、帰る雁田毎の月の曇る夜に、畑打や木の間の寺の鐘供養、きじ鳴くや草の武蔵の八平氏、大和路や宮も藁屋も燕かな、閣に座して遠き蛙を聞く夜かな、誰がためのひくき枕ぞ春のくれ、行春や選者をうらむ歌の主、洗足の盥も漏りてゆく春や、鞘走る反切丸やほとゝぎす、牡丹散てうち重なりぬ二三片、寂として客の絶間の牡丹哉、短夜や同心衆の川手水、絶頂の城たのもしき若葉哉、富士ひとつうづみのこして若葉哉、蚊屋の内ほたる放してあゝ楽し、花いばら故郷の路に似たる哉、青梅に眉あつめたる美人哉、さみだれや大河を前に家二軒、水桶にうなづき合ふや瓜茄子、そのゝめや鵜をのがれたる魚浅し、殿原の名古屋顔なる鵜川かな、二人して結べば濁る清水かな、雨乞に曇る国司のなみだ哉、大粒な雨は祈の奇特かな、暑き日の刀にかゆる扇かな、貧乏に追つかれけりけさの秋、つと入るや知る人に逢ふ拍子ぬけ、飛入の力者あやしき角力哉、薄見つ萩やなからむ此ほとり、山は暮れて野は黄昏の薄哉、女郎花そも茎ながら花ながら、なかなかにひとにあればぞ月の友、名月や夜は人住まぬ峯の茶屋、去年より又さびしいぞ秋の暮、かなしさや釣の糸吹く秋の風、秋風の動かして行く案山子かな、水落ちて細脛高きかゞし哉、欠けて欠けて月もなくなる夜寒哉、起きて居てもう寝たといふ夜寒かな、夜を寒み小冠者寝たり北枕、秋風や酒屋に詩うたふ漁者樵者、爐びらきや雪中庵の霰酒、蕭条として石に日の入る枯野哉、西吹けば東にたまる落葉哉、こからしや何に世わたる家五軒、皿を踏む鼠の音の寒さ哉、きのふ去にけふいに雁のなき夜哉、遅き日や雉子の下りゐる橋の上、海手より日は照りつけて山桜、鶯のたまたま啼くや花の山。

三月九日

囲碁読本を読む。星の定石を見て今までの出鱈目が恥かしくなった。両君との二面は何れも不出来。長衡への手紙を認む。俳人の軸物、藩志稿を池崎氏□〔カスレ〕、江浦八景の歌の予告、好川の家の模様替如何、新刊書調、祥貞院殿位牌のことなど。

三月十日

囲碁読本を勉強し図を写し筋の研究をなす。日用品が珍らしく要求通り来たので一同大喜び。

　宝舟つくや獄にもうめの春

三月十一日

入浴、第一室のとき剃刀の刃が折れて小さいのが見当らず、一同にて捜索、通訳に呼出されて手伝ったが見当らぬ。土曜日インスペクションのとき床がきたないし、指摘されたので、今朝石鹸とセメント粉とで洗ひ見違へる様にきれいになった。運動時間に池崎君に難解句の説明を聞いた。几董の句「衣擣てば雁かへり来よかへり来よ」といふのが李白の「子夜呉歌」に出で居るとのことであった。九侍は、

長安一片月　万戸擣衣声　秋風吹不尽　総是玉関情

良人手胡虜　何日罷遠征

碁の手の図を写し取る。女中のぶ（入口）より手紙来る。

三月十二日

囲碁読本を見る。太田君に添削を頼んだ江の浦八景の歌漸く出来た。同君も静岡県の郷里であり、此辺の風景に親しみあるので熱心にやってくれた。

◎江浦八景

スミ　内浦の老松　内浦のくひこみ岸に立つ松の
　　　　　　　　いくもゝとせの御代か経ぬらむ

西浦の桜花　西浦の磯こす波はたゆたひて
　　　　　　花の下かげかもめ飛びかふ

静浦の漁舟　名にかゝる静浦の辺にいさり舟
　　　　　　へさきをそろへ浜になみゐる

廿四日後出

淡島の大謀網　花もみぢうつる鏡の浦の廻に
　　　　　　　大謀網のかけ声高し

大瀬の大観　富士箱根愛鷹赤石身延山を

　　　　ゆびおりては天城よ三保よ
後出　千本の長沙　年を経し千本松原打よする
　　波のならびに立ちならぶかも
　我入道の帰帆　黄瀬川をあはせつ下る狩野川や
　　　にはよくあらし帰る帆のむる
　二叉の魚洞　みむなみの洋ゆわたれる鯨など
　　　こゝのまほらにうろこ光れる

部屋の整理あり。十一、十二号二室は皆出て、寺島氏四号、高橋氏五号、四王天氏六号、豊田氏七号、横山氏八号、田村氏九号に移された。日本橋白木屋ビルにNangoku Motor boat 会社等

三月十三日

江の浦八景の中千本松原の一首丈は重複が多いので稍不満足の嫌あり。色々考へて見たが今朝ふと左の一首浮ぶ。
◎田子の浦ゆ広らに続く真砂原
　　松の緑に波うちよする
太田君より左千夫全集中の梅雨金閣の叙事連作歌を示された。
　八十国のつかへまつりて作らへる
　　鹿苑院は青葉せりけり
五月雨に寂し池水鴛鴦二つ
　　将軍いまだ朝寝ますらし
とりよろふ衣笠山を吾が林泉の
　　奥の見立と好み高かり
ひむがしの松の林の渚辺に
　　立てば眼に入る衣笠の山
金閣を囲む池水池水を
　　かくむ木立や君がおもかげ
おばしまに手弱女倚れる金閣を
　　霧らふに見れば夢に似るかも
女の童二人おり立ちなぎさ礒み
　　雲間うかゞふ衣笠の山
五月雨の北山殿にまゐりたる
　　公達いまだ目どほりを得ず
将軍の　にかしづく手弱女が
　　二人端居に立ちてさむらふ
お広間は寂と神さび花瓶を
　　四尺の青磁対に据えたり
私の謁を賜はる明の使者

北山殿に物たてまつる

公の職はやめつ今日よりは

閣のあるじぞ山ほとゝぎす

絵だゝみは馬遠夏珪の墨絵をと

君望ませど未だ得まさず

さみだれの降り出でし午過を

君閣上に明兆を召す

かゝやくと黄金かゞやく高閣に

仏の御影を拝し給はゝ

金閣は歌舞にふさはず林泉の

高き好みは見るに潔《サヤ》けし

み灯霞む鹿苑院の沈の香や

山ほとゝぎす閣近く鳴く

奢名を君に着せつゝ万代の

人はめづらむこれの殿居は

リーダースダイヂェスト三月号を見る。碁の研究も進む。死活の考へ方を写す。

三月十四日

サーヴィスに入浴あり。過日来三津の歌を詠んだのと添削。

◎「スミ」　春霞海とも空ともわかちがて

夢と浮き立つ富士の霊峰

スミ　紫ゆ朝日の富士は紅を

そゝぐと見る間うつる白砂

スミ　三津が浜水際に高き松が枝の

魚見の櫓絵にかゝまほし

スミ　焔かと眼さむるばかり赤々と

つゝじ咲き競ふ木間岩間に

スミ　磯を打つ波にたゆたふ藤の花

一つ二つは岩にかゝれり

スミ　岩角の苔むすほとり皐蘭の

しげるを見れば豊女忍ばゆ

スミ　岩をきざみ山越なせしおもかげは

今に翁の語草かも

スミ　その昔人の住みけるしるしにや

そちこちに見る穴居のあとを

スミ　小田原を攻めし軍もこゝの海

そこの岸辺に押寄せけるか

スミ　ことしげき空襲逃けて海岸に

まもりのそなへとみにも進む

スミ　海辺とは思はざりけり岩角に

幾百年の松のそびゆる

スミ　川と見ゆ富士ゆ押来すこれの水

夢の淡島みめぐりで往く

◎又江の浦八景の淡島の大諜の歌の下句を改めて見た。

花もみじうつる鏡の浦の廻に

呼び声高く網曳きするかも

三月十五日

九時にインスペクションあり。朝は歌を作る。午後は俳句を再読す。夜囲碁。

三月十六日

無異。太田君との碁は二面共中押となりて勝。俳句を再読。夜の大達君との碁は中押と六十七目の二勝。江の浦八景を俳句に改作して見た。

三月十七日

午後手紙を認む。古奈女中の写真のこと、千観の歌を池田谷へ送ること、静岡古蹟発掘のこと、を認めたるに、丁度二月廿四日及三月六日の手紙及好川の報告到着、それにつき丹後町の図面、黒磯の電気温床、研究費支出、退職手当積立、原価償却は利益中より、補助簿と損益計算書のこと、家を建つる時機のこと、江浦八景の歌等。夜大達君と二面、第二回目は助言無しで僅かに二目の敗は上出来、太田君拝して、空前……絶後だろうと。

三月十八日

第六十五信発送。入浴。囲碁読本を写す。碁の成績不良。江の浦八景の俳句を池崎君に添削してもらひ更に相談した。

三月十九日　快晴

キャプテンより皆呼集められ倉庫に預けある荷物を家に送り返へすとのこと。運動は午前にすむ。午後長衡来訪、事業は大体無異、豚を買ひ十匹の子が生れた由、オガ屑で建築用材製造の話あり、財産税は拘禁者は延期の事等話あり。帳簿のこと、原田の本の事

釈放の風聞高し

三月二十日　快晴

一周忌。朝の勤めのとき観音経□《〔カスレ〕》を□《〔カスレ〕》した。運動は朝になった。囲碁読本を一応読了。

◎囲碁十訣　一不得貪勝、二入界直緩、三攻彼顧我、四棄子争先、五捨小就大、六逢危須棄、七慎勿軽速、八動須相応、九彼強自保、十勢孤取和〔レ点等・省略〕

◎思出やら三津やらの歌を詠む（長衡ヘスミ）

　陶宮に導かれつゝ世なげする
　　妹が心のたふとくもあるか
日は落ちてかそけくのぞむ三津の浜
　　木の間にもるは我家の灯かも
唯今と家の金戸にわが立てば
　　孫ともなひて妹の出迎ふ
かへり見ば内浦のあたりしぐれたり
　　妹は孫らの衣縫ふらむ
暁《アカトキ》と夜鳥なけばわきもこは
　　衣そゝぎてアイロンかけて
コトコトと音する夜明妹ははや
　　あかりの下に文したゝむる
一とせは囹圄のうちに過ぎてけり
　　妹にあへぬは妹いまさぬか

三月二十一日　小雨

囲碁読本、布石の通則を再読、図を写す。午後床の洗濯を命ぜらる。運動は室内。

三月廿二日

朝インスペクションあり。午後運動、池崎君に添削を頼んで置いたを返してくれた。江の浦八景

内浦の老松　春霞岬の松の高さかな
西浦の桜花　磯の花ちるやかもめの飛ふ夕
静浦の漁舟　浜風に舳そろへていさり舟
千本の松原　土用波打ちよせて松の翠濃き
淡島の大謀網　網曳や紅葉をうつす島のかげ
我入道の帰帆　川口に帰帆の見えて秋晴るゝ
大瀬の大観　富士は雪箱根愛鷹天城三保
二又の魚洞　くひこみのほらに潮吹く鯨かな

三月二十三日　快晴

◎運動時には多少風あり。太田君に見てもらった歌数首。

スミ　我庵は三津長浜のあひの鼻
　　　　松の林の中にいとなむ

スミ　三津の荘営みくれし仰木老
　　　　喜寿には茶席大喜庵成る

スミ　見せばやな富士のみ雪に朝な夕な
　　　　日光《カゲ》うつろひて紅にやくを

スミ　高々と東の山にいま登る
　　　　月の光に葉末珠なす

スミ　ゆあみしつ窓べうつらふ波の外に
　　　　さやかに仰ぐ上弦の月

スミ　山の端をはなれし月の枝かはす
　　　　松にかけしか又はづせしか

（来山の句　松の月枝にかけたりはづしたり）

スミ　いさましや寒さに堪えずなりぬれば
　　　　海に飛込む漁人はも

スミ　秋ふけて千葉の彩とゝのひぬ
　　　　落ち散る葉なみ錦あやなす

スミ　ひぐらしのまだやまぬとに入相の
　　　　鐘の音かそか海わたり来も

スミ　雁の声さえわたりゆく秋の夜に
　　　　ながおとづれを聞かぬさびしさ

（此の最後の一首は去年の詠歌添削）

三月廿四日

配給品を配る。トイレットペーパーは特に感謝される。囲碁読本は読写て終り、高橋君に転貸。菊池君より続篇を借り受く。運動時間池崎君よりの話に、或る弁護士はあなた方は仕合せで、一番不愉快な風の吹いたときには社会と没交渉にて、入所によりて従来の因縁を潔斎し、而かも一般の追放でなく一応取調の上釈放といふことになれば特別の存在となり、旁々仕合せだと語りたる由、面白い見方である。

三月廿五日

第六十六信発送。事業を堅実に経営すること、横山氏のこと、返送荷物のこと、三津の追憶歌等十首。太田君との碁は一勝一敗。入浴の後ストームあり、但し呑気な検査振で一同喜ぶ。モーパッサンを少し読む。夜は大達君と二面、一面は独力で僅か三十一目の敗、二面は太田君の助言ありて六十一目の勝。

三月廿六日

無異。

三月廿七日

無異。

三月廿八日

サーヴィス。入浴。

三月廿九日

今日はインスペクションなし。無異。

三月三十日

朝雑談はづむ。歌数首添削出来た。

◎スミ　澄みとほる底のしげみの海草に
　　　　琉璃の小魚見えかくれしつ

スミ　波もなくうすくもかすむ海の面に
　　　　浮びつ飛びつかもめむれをり

スミ　アセチリンの灯にてらさるゝ岩の根に
　　　　モリにつかれて銀鱗きらめく

スミ　カヌー浮け音なく運ぶ櫂のあと
　　　　夜光虫の光するどし（のこれる）

スミ　高き松に結べる魚見子を思ふ
　　　　鶴の巣籠るさまも見るかも

スミ　愛鷹や富士の高嶺のたふときに
　　　　天の乙女の天降り思ふも

二三日来第一棟より移って来た人三十人許、谷、西尾、木原の三氏も第十一室に入って来て安心して居た。谷氏南京にて一ヶ月拘禁され、其間お潤つきといふ好遇振にて、去るに臨み何応均氏より面会を求められ、是非日本と提携して行きたいといふのが要人間の共通意見なりとの話が特にありたる由を聞き力強く感じた。

三月三十一日

朝配給品を全部配る、皆満足。午後運動の後手紙を認む、横山氏のこと重ねて認む。歌は次の十三首「川と見ゆ、我庵は、三津の荘、ゆあみしつ、岩角の、いさましや、その昔、小田原を、高き松に、愛鷹や、海辺とは、ことしげき」。忠坊義坊へは「麦畠雲雀は空に鳴きやまず」を送る。

四月一日

結婚記念日。第六十七信発送。黒田中将マニラに立つ。入浴。無異。新聞に財産税額が出て居た。三井高公（六二）、岩崎久弥（四八）、岩崎彦弥太（四一）、服部玄三（三八）、細川護立（三五）、中野重孝（三二）、前田利建（三〇）、三井高遂（三〇）、三井高修（三〇）、三井高陽（二七）、古河従純（二六）、池田宣政（二五）、野間サイ（二四）、三井高長（二四）、三井高大（二二）、岩崎孝子（一九）、山口誠太郎（一九）、鍋島直泰（一七）、徳川義親（一六）、大倉喜七郎（一六）、阿部正直（一四）、浅野長武（一三）、伊達宗彰（一二）、内藤政道（一二）、徳川家正（一一）、島津忠重（八・六）、鮎川義介（七・二）。

四月二日

無異。

四月三日　快晴

横山氏の取調あり、一週間以内に実施さるゝ由。又松坂氏弁護士は総選挙後に徐々に釈放あるべしとのこと。歌の添削成りしもの七首。

スミ　道ばたの草むらに咲くがんぞうの
　　　花の一枝折りて戻れり

スミ　海底のしげみをめでつわたりゆく
　　　竜宮丸に人影まねく

スミ　朝まだき海づら滑めて伝へ来る
　　　大謀網の網曳きするらし

スミ　松近み淡島越えて遥かなる
　　　眺めあかなき富士見堂かも

　　　潮の干てあらはれ出でし磯づたひ
　　　青海苔を掻く海女の乙女ら

スミ　潮風は山ふところに吹きつけて
　　　枯木林の枝なりひゞく

スミ　長閑なる日に照らされて白百合は
　　　うつむきがてに小ゆれだもせず

スミ　おのが身に苦しみ受けてたふとくも
　　　釈迦基督のみあとしのばゆ

スミ　老のさき孫のそだちを楽しまむと
　　妹の望みの今は空しき
スミ　いなさ風帆をかたよせてタッグすよ
　　ヨットは向ふ内浦の廻に
スミ　あみあさる網曳の蜑士のいさり舟
　　音なく榜ぎて岸により来る
スミ　一とせをひとやのうちに過し来て
　　右の臂へはひた破れすも

横山君と将来につき語り　亭〔ママ〕のことも度々話に出た。

四月四日

入浴。運動時に谷君と語り何応釣の伝言を聞く。横山氏と再び語る。

四月五日

朝インスペクションあり。大分和かになって来た。太田君の添削出来た。

スミ　潮のひて磯岩角をふみしめつ
　　青海苔掻くは海女のおとめら
スミ　月もなく夜膚を寒み沖遠く
　　釣舟の灯のほのに連なる
スミ　波の音静もる宵のふけゆけば
　　かけひの雫さやかに聞ゆ
スミ　わすれじと鶯来鳴く田舎家の
　　軒端に近き梅盛りなり
スミ　風をはやみ沖の白波立ち立ちて
　　綿雲の切れ蒼空をゆく
スミ　山かつの斧かとまがふ啄木鳥の
　　ねのみしひゞく裏山のへに
スミ　朝網のさかなをおろす妹はしも
　　鰭とり背割り甲斐甲斐しくも

京都八坂塔の桜の絵端書を壁に飾った。春の気分を味ふ。

四月六日　快晴

春らしい空。絵端書で花見。
運動時間中に各室大ストーム。

◎スミ　日に異《ケ》にもかはきてありし松の根の
　　苔の色さゆ一しぐれかな
スミ　櫟さへ薄霜降りしあしたには
　　黄葉するなりこゝの海辺は

スミ　花をめでし桔梗も秋の色づきに
　　　黄金なすとは知るよしもなし
スミ　丹那すぎ伊豆の山なみ眺むれば
　　　田方のあたり夕日あかるし
スミ　沖見れば白波さはぐ風の日も
　　　内浦の面は縮緬なすも
スミ　たそがれてそがひの松にふくろうの
　　　なき声きこへ月朧せり

酒井君が臂破れのスケッチを書いてくれた。太田君の白い襟、横山君の後髪なぞもうまく出来て居る。基督教十講を読む。「近世文芸と基督教」の章殊に面白し。

四月七日　快晴

右十講の内本冊末に抜萃を写す。今日は米国陸軍記念日とかで運動もなし。

四月八日

釈尊降誕日。歯磨楊子をおろす。太田君の添削。

◎スミ　秋なかば先づもみぢせるはじの葉の
　　　落ち散る枝に頬白一羽
スミ　南うけし岸辺にしげる赤椿
　　　しぐれに花のもろく散るかも
スミ　三津の海や朝釣舟に吾妹子は
　　　そうだかつをのむをめでおり
スミ　淡島ゆ驟雨流らふ二叉の
　　　鼻かくろひつ薄暮れてゆく
スミ　笠雲のいたゞくを見ば風出でむ
　　　住みもなれたる村人の言

横山氏より釈放の近きを風聞す。酒井、太田、大倉、正力、小林順、進藤、田村、太田耕造の名を連ねた。

四月九日　晴

無異。横山氏の話進捗してある由。夜チーフジェーラー来り、明朝九時横山氏外出につき鬚を剃れと注意して来た。何の為かわからぬ、釈放か取調か面会かと色々皆で想像を逞ふしたが恐らく上級の誰かゞ会ふのであろうといふことにて、碁二面して寝に就いた。

四月十日

朝横山氏外出が葬式の為といふので皆意外に驚いたが、

誰もそのやうな話もなかったのにと暗雲に閉された。これも想像がつかぬ。チーフジェーラーは立かはり入って来て鬚剃を気にする。大尉も来た。昨日小笠原君より来信あり。近く釈放を待つとのことで喜ばしい。朝食にパン、スープ、バター及び初物のホイートフレークに砂糖入牛乳、その上今早朝多数南方へ出発者ありて食料余り追加配給で超満腹、大満足、恐らく入所以来のレコード。夕食後横山君帰る。令妹急逝された由、同氏はフライシャー中尉及他一人迎へに来て司令部に到り、サントン中佐に面会、書類はスプリームコムマンダーの手許に在り一週間以内に決すべしとの話ありたる由、それより茅ヶ崎に走り、五時間余在宅を許され、司令部側と話をする機会あり、深き理解あり、立派な態度なりとて大満足。又令甥がおっかさんの逝去で悲しんだが叔父さんの元気な様子を見てうれしくなったとのこと、誠に心強い。十時過まで話し続けて遂に寝に就いた。

四月十一日

サーヴィス。入浴。過日来ジェーラーは各階専属となりB階のは比較的よい人が多くて仕合せ、碁の手を写す。

四月十二日

朝綾子及陶道会よりの手紙来る。文化事業のことにつき話し合った。運動の時谷、横山両君と話し、谷君が横山君の歌舞伎の訳解を読んで感心し、シェークスピーアの調子が出て居るとの評に横山君スッカリ喜んだ。

四月十三日

配給品調をなす。碁譜を写す。午後運動時に四王天君検事より貰った桜の枝を持ち来る。皆観賞す。

四月十四日

無異。手紙を認む。歌十三首。配給品を配る。

四月十五日

第六十八信を発送。入浴。室友将来の活動の心構え、司令部の諒解、婦人の協力、名称等種々話合った。午後運動なく仕役にキャプテンの室の清浄をやった。池崎氏に頼んだ俳句の添削。

ひらひらと花にたはむる胡蝶かな

蝶舞ふて昼閑かなり菜の畠
麦青し菜の花黄にさゆる日々
雪はなほ那須に残るや桃の花

四月十六日

朝所長の巡検あり。又非常呼笛の達あり、二声のときは直ちに伏をなすこと、三声は解散、平生の点呼は一声にて終了のときは電灯を点滅すること。会名につき色々話出で思付の一としてFuji Fraternityを提出した。太田君が歌の添削をしてくれた。

◎スミ　春くれば花をまちける吾妹子が
　　　　心のはえてのどかなるらむ
スミ　過去帳に書込み終へて吾妹子は
　　　　日毎朝ごとみ経さゝげぬ
スミ　巣鴨にて罪も穢れも潔めつゝ
　　　　清らなる身に清らなる世つくる
スミ　時をへて夢に浮ぶかあはれ妹
　　　　われを呼びけりまたむかへけり
スミ　ショパンの葬送曲を聞くごとに
　　　　口すさむごと妹思ふかな
スミ　煙たつ破風の草屋のいろりより
　　　　菊の花なす松毬のもゆ
スミ　春鳥の巣鴨こもりゐ花見なみ
　　　　八坂の塔の絵端書をめづ

運動の後非常呼笛の練習が行はれ、房内にて伏したり、廊下に整列したり、又廊下に伏したりした。初め解散の三声のとき四ン這になるものなどあって大笑。鶴首して居た横山君の呼出はとうとうなかった。明日を楽しむ。衡からの第六信（三月廿五日附）と好川の五日附報告が来た。手紙には二十日御法事の模様、長章の出資見合せのこと、テックス工場協力のこと、英彦戦死のこと、図書館協会へ手紙のこと、御位牌のこと、馬車、温床等。好川よりは矢張御法事の模様、電話の件、鹿村さんへ衣類を届けたこと、それから四人の写真と丹後町の地図を送って来た。写真はよく出来て居り可愛ゆい。夜は碁もなく話し通した。

四月十七日

明け方ジェーラーの寝方検分が荒くて睡眠を破られた。

太田君より添削をもらった。

◎スミ　明星の光はうすし遠ち近ちに
　　　　暁つぐる雞の声

スミ　かり雁〔ママ〕のさえわたりゆく秋の夜に
　　　　ながおとづれを聞かずあるかも

スミ　妹とたちあかず眺めし月の出も
　　　　今は空しく窓押してらすも
　　ゆあみして烏鷺たゝかはすきのふけふ
　　　　箱根熱海の昔しのばゆ

スミ　悲しみと苦しみの日を重ねつゝ
　　　　外《ト》のうつし世も変りにけらし
　　君がため馬前にたふれしものゝふの
　　　　心をおのが心ともがな

スミ　巣鴨より巣立つわが身はやがて来む
　　　　新たなる世に生れ出でめや

丹後町への建築の話出でたので少し大きく設計して見た。
横山君への来訪呼出は午前中はなかった。午後運動が始まり村田君と比島裁判の証人調のことなど話し合って居ると横山君の呼出があった。千秋の思ひをして居たので同君飛ぶが如くに出て行った。運動がすんで汗を拭いて居ると横山君が圧へ切れない微笑を含めて帰って来た。愈々裁決があったそうである。同君安心と興奮が覗はれる。

〔図面・省略〕

四月十八日

サーヴィスは休み、入浴。囲碁読本「打込の筋」を写す。午後運動の終りたる後、長衡来訪。泉光寺の破損は玉垣と灯籠丈とのことで壱千円位で修理出来る由なるゆへ命ずることゝした由、農場は好都合に運び居るが畠は一町歩ばかり譲受六ヶ敷なったらしい、長章不参加のこと、チャイムは蔵にあった、シロフォーンは送った、住居は駒沢とすること、横山氏のこと、二ノ丸保有のこと等を話し、帰還不遠ことを内話して置いた。夜は政局についての話で持切り。

四月十九日

無異。衡は今日一日滞京を延ばしたが何事もなく過ぎた。運動時間に正力君より後藤伯より援助を受けた話を詳しく聞いた。

四月二十日

午前中この図を作った。運動時間には村田君と話し、横山君の寺子屋の訳解に大変感服された。高橋君は大分違った観察をして居る。

〔図面・省略〕

四月二十一日

何となく手につかぬものがある。衡、綾への手紙を書いた。丹後町の建物設計のこと、農地入手方の希望、孫の養育方針（文化的に又米華方面に活躍し得る人物として）等。それに歌十二首。然るに午後になって四月八日附の衡からの手紙が来た。電気温床の設備出来て四月一日より初まったこと、電気孵化器は停電の場合成否不明のこと、春蒔の準備研究、試験等に書物と首引きのこと等にて、従来の生活と一大変化あり、生活に安定を得て愉快にやって居ること等詳報あり。下図の如き設計第三案を作って見た。丹後町の地形に適合せしめるため。

〔図面・省略〕

四月廿二日

朝入浴。無異。何事もなく過した。三土氏選挙辞退につき横山君非常に落胆、参議院議員選挙の結果につき色々意見が交換された。

四月廿三日

無異。横山氏の勧進帳の英文解説を熟読して数ヶ所気付の点を述べた。勧進帳を読み出すとき、He starts とあったが、それに solemnly と加へてはどうか。富樫が引込んで義経上座に着く段は区切りをつけて書いては Heike-Family は Taira Family としてはいかゞ、いかゞなど、皆快諾された。

〔図面・省略〕

四月廿四日

国体と神道及真宗等につき話が交換されて面白かった。又図面を作製した。納戸と控間とを兼ねることにして蔵との間の余地を作ることにした。

四月二十五日

入浴。サーヴィスはなし。今日は衆議院議員。谷君から頼まれた図面を作った。左の上図の如し。又丹後町の家を又第四案を作った。控間をやめて建坪を減ずることゝした。蔵の位置も考へて西北隅を可成引込ました。

〔図面・省略〕

四月廿六日

無異。太田君と二面の碁を打ち、二勝を得た。少し上達を自覚する。大尉が近く帰国する由でジェーラーは大変落付いて来た。夜又碁を写す。

四月廿七日

横山君より東橋新誌を借りて読んだ。同君頻りに読書を勧める。囲碁読本の盤及門を写した。

四月廿八日

配給品があった。鉛筆が半分、歯磨楊子が皆無、其他は請求通り来て皆に喜ばれた。東橋新誌を読了。石原君の「近代文化清算期に於ける新日本発足」の論文を見た。要は人口過剰が世界平和の癌で十五億以内にならなければならぬ、それには米蘇の衝突か国内騒乱の結果である。新時代の人物は之れを乗切る体験を持たせねばならぬとの意見で日本の家族制を絶対として居る。横山君が仕役に出てその後で腰と膝が急に痛み出して大変悩まれた。新聞で総選挙の結果社会党が第一党となったので種々意見交換。「ほうとう」の作り方（甲州）、手打うどんを茹でずにそのまゝ汁の中に入れて煮る、汁には必ずかぼちゃを入れる、野菜を沢山つかひ肉を入れると殊に甘い。

四月廿九日

天長節であるが所内は平生と変りはない。横山君の痛みは大変よくなって、政治論が大分出て来た。固疾になることを心配されて居たが一夜でかく軽快に赴きこんなうれしいことはない。それにしても昨日痛いときに大達君がそれを押へ冷静そのもので「コヽハ痛イダロウ」といはれて押されると堪えられぬ痛さ、「コヽハ痛クナイダロウ」と二寸位横を押えても少しも痛くない。痛いときは床から遁げ出してとうとう壁に頭を押しつけて顎がマルクスの本に乗って居たと、その話を何度となくされた。今日は食事はＭＰの人が運んで来てくれた。自分は丁度配給品の方で在室しなかったので昨日のその光景は見なかったが、太田君などはその真似をして散々からかひ、横山君声を小さくして一等酒を贈りませうと口止めをする。とうとう四月二十八日を記念日とすることゝし天長節の前日だから憶えよい。進藤君から借りた「苦楽」を読み、囲碁読本の石の下を写す。

四月三十日　晴

散髪。神戸君がやってくれた。今度は鋏があるので大分よくなった。進藤君から「平凡」を借りて又読んだ。晩食に金属製の椀が出て汁物を注くことになって大変食へ易い。夜太田君と碁三面、一勝一敗一面は芇であった。

五月一日　晴風強し

囲碁読本「征」を写す。"Balcony Empire" リーダースダイヂェスト五月号を読む。

五月二日

入浴、サーヴィス、例の通り。「小説と読物」を借りて読んだが、正親町季董君の話が長く出て居る。午後運動の後に太田君と三面打ち、三度共立てつけに二十二目の勝。囲碁読本「二目にして捨てる場合」を写す。

五月三日

憲法実施日。夜来雨は天の泣か。

インスペクションなし。建築図を浄書す。午後運動なし。"Balcony Empire" を読む。横山氏の待人来らず。

五月四日　晴

朝横山君著の人物評尾崎行雄論に演説の芸術的価値を述べて居るのは面白い。話術にも色々指サを得た。午後運動あり。西側の藤木氏の似顔写生と中君の歌数首をくれた。返歌、

ふしきなるなかとやいはん朝な夕な
　　こもゐにくらするゑにしおもへば

横山氏チーフジェーラーの感情を害し運動を差止められた上医師に見せて使役させられた。

五月五日　端午節

配給品が来た。状袋は一人に六枚宛は間違かと疑はれた

位。タオルも九枚来て皆大満足。午後運動に出ると谷君が場を横断して真直にやって来たので何の話かと思ったら、同君令閨が朝面会に来られて舎弟を村山へ養子の縁談があるとて相談があったそうである。美智子さんの養子問題も新聞経営と無関係に物色することが出来るやうになったので大分楽になり、右舎弟は電気専攻だそうだが学習院から東大と優等の成績の由、谷君は長挙君のことは調べる必要もなかろうとて賛意を表して置いたとのこと、どうか成立すれば結構であると話し合った。又運動中横山君呼出があった。同君両三日来稍沈んで居たが俄かに血色がよくなった。約一時間もして帰室、参事官が明日午後ファイナルデシジョンを知らせることが出来やうといふて居たとのことで吉報日が待たれる。バルコニー、エムパイヤを読む。囲碁読本「二目にして捨てる場合」を写す。夜手紙を認む。三津紹介のこと、国立公園伊豆に拡張のこと、返送荷物の着否取調等。横山氏は今晩は疲れが出て新聞を読む気もなくなったとて横になった。猶ほ運動のときに谷、寺島両君より聞くところによれば両君共昨朝夫人来訪の際の話に、最早追加起訴なきことは一般に考へられ、裁判所側も非常に倦怠を来し現裁判は九十月頃判決あるべく、その為め証拠の却下も多くなったとのこと、又現拘禁者中相当数は近く釈放になるべしとのことにて、寺島君はそれは六月に入るべしといふ風説ある由で、横山君の話と合致するところ多く耳よりな話である。

五月六日

入浴。囲碁読本抄写を終った。第七十一信を発送した。午後運動時間二時間位であった。横山君の面会があった。憲法実施、華族制廃止等につき詠歌数首、又所内生活につき。

スミ　大君のたみにかはりのあるべきや
　　　　たまはりし位のあるもあらずも

スミ　たふとくも賜ひし位わすれまじ
　　　　新たなる世にたつ日思ひて

スミ　君がためつくす心をみがゝずば
　　　　新たなる世もおぼつかなまし

スミ　よもの海波静まるの日のあらむ
　　　　心の波の騒く限りは

スミ　朝のパン週に二回のゆあみのみ

ひとやずまひの忘れえなくに

スミ　日用に何不足なきあけくれに

自由得られぬことのうれしき

スミ　日用の品を配りて喜びの

友の顔見るげにも楽しき

スミ　モーターの音なき宵の静もりに

碁を打つ音のゆたけく聞ゆ

スミ　まちわぶる人のたづねてよろこばむ

よそ人ごとゝおもはざりけり

スミ　あらひもの出さんかなとおもひつゝ

今日も見合はすこゝろおかしき

スミ　いくたびかのばしのばして過ぎけるに

今日も見合はすあらひものかも

運動が済んで帰ると横山老も帰室して居た。ファイナルデシジョンについて何んな話があったか皆聞きたがって居るのだが、問をかけるのを遠慮して居る。老人は口を開かぬ。とうとう夕食までは一言も言及せずに過した。食後雑談の後太田君が碁をしようとそらせた機会に、余より先づ碁よりは横山君の話を聞かうかと口を切った。同君皆から尋ねるのを待って居たので、そこに喰違があり、一二の応接の後、余は前出「まちわぶる」の一首を披露し皆の考はこの通りだと笑ひ、「いくたびか」をも追加して同老の気分を和やかになしたので、開口、今一人の書類を整へて居るので金曜か土曜頃には書類を当方に廻し得べく土曜の午後位にはお帰りになれるだろうとのことをいって居たと。先づ予定の進捗を見つゝあるようである。それから色々雑談に移り、あまり大笑をして居たのでジェーラーから注意を受けた。太田君と三面打ち、二敗はしたが、第三面で見事に名誉回復。

五月七日

朝は家訓の草案を書いて見た。午後運動の後太田君と二面打つ。二回共惜敗。夜は雑談に時を過し結婚問題で諸君は皆同情的関心を寄せられて居る。然し自分としては悦子のことを追懐せばあの気持を破りたくない。又純真なる家庭を複雑なことにしたくない。又戦犯を訴追されて居る友人達の身上を察すると同情に堪へず。彼此思と鰥孤の生活は戦争の犠牲と考へれば不便位は堪え忍ばねばならぬところではあるまいか。兎に角今日はその様な考は全然無いから温やかに否定的に答へて置いた。

五月八日

午前は家訓案を浄書した。午後運動時間に石原君と語り、氏の体育尊重の意見を聞き、尚ほ令息の農耕につき成功を期せざるが必ずよき体験を受け裨益するところ可不尠とのこと、何れは発展性ある仕事に従事さす考なりといふ話あり。長衡のことも話したが将来相談も出来る。兎に角京都に行ったらば訪ねることにしよう。碁譜を並べて研究した。夜はバルコニーエムパイヤを読み、後大達君と一面の碁で五十目許りの敗。

五月九日　快晴

天候回復温度も高まって来た。朝サーヴィス、入浴。それより太田君のところへ来た東久邇宮殿下の新著「私の記録」を一気に読了。その卓見には一同驚嘆した。碁は太田君とやって一勝一敗。運動は随分長く小林大将より裁判のことや開戦時に於ける海軍の不徹底な態度についての当時の事情を聞いた。夕食に小鯛が出て鯛の鯛が二つ揃って出で太田君も一つ出たので幸先よしと喜び合った。夕食後太田君と又二面、一面は中押で勝、二面は一目の負。それより進藤君より借りた「蘭平捕物秘帖」を読み初む。四月廿九日附好川よりの報告が来た。丹後町の果樹を植換へて居るそうである。野菜は初物を御仏前に供へて居る由、鈴木供岳、村上等来訪してくれた由等。

五月十日　快晴

「蘭平捕物秘話」を読了。大達君神経痛で大分悩まる。インスペクションが久し振であった。大尉が帰京したから、午後運動があってから横山氏の待人を待ったがとうとう見えなかった。夜は極東理事会議長アチソン氏の米国が日独と単独に交渉を進むべしとの意見につき、今後の日本は非常に幸運に会すべしとの同君の観察につきて語る。九時頃入床、直ぐに眠ったので、皆に笑はれた。大達君神経痛で悩む。

五月十一日

朝配給品の要求を聞きて出したところ一時間許して皆来た、大喜であった。午後家訓案につき考へて書き改めた。夜二面の碁は皆敗け、近頃太田君とやって兎角不成績である。

五月十二日

朝一号室から四号室まで壁掻きが初まり大変な塵、老輩には大苦役。午後横山氏に令息来訪。司令部より参事官が土曜に来られず尚ほ二三日遅れるならんとの伝言をする為め今朝特に招かれた由にて報告あり。横山君も安心の態。太田君聖書馬太伝にて一本の毛と雖白くも黒くも出来ぬといふ一句を発見、常に白毛染を勧誘する横山君一言もなく大笑。夜太田君と二面戦はせ一敗一勝（五十二目）の成績。夜手紙を書く。太田君に頼んだ添削数首（再出あり）

◎何かあらむひとやくらしの憂けくとも
　　せち辛き世のさましおもへば
スミ　パン食すと清きゆあみゆあがるとき
　　ひとやくらしの忘れえなくに

五月十三日

第七十二信発送。晴。入浴。午前より午後運動後にかけ家訓案を練る。壁掻は仲々捗取らず、第五号室まで。夜太田君と碁二面共敗る。衡よりの手紙（三日附）来る。温床のこと、仔豚のこと、馬車収入、綾子、義等おた福風のこと等。

五月十四日　快晴

朝から壁掻が始まった。今日は隣りの第七号室よりであったが、大達君は神経痛依然甚しくて歩行出来ぬ為め遂に此の室は後廻しといふことになった。家訓案の訂正、バルコニーエムパイヤの通読等、石原君が随筆を書いて居るので歌がほしいといはれ、左の五首を提供してその内から選択してもらふことにした。

何かあらむひとやこもりの憂けくとも
　　巷くらしの世のさま思《も》へば
日に異にも心をみがき錬へつゝ
　　清らなる身に清らなる世つくらむ
パン食すと清きゆあみゆあがるとき
　　ひとやくらしも忘れえなくに
日用の品を配りてみなも顔
　　喜ばしもよ見れは楽しき
モーターの音やむ春の宵すぎて
　　碁を打つ音のゆたけく聞ゆ

五月十五日　晴

今日も壁掻き無くて済んだ。午後運動は短かくて、その後は明日司令官の視察の予行演習数回あり。その後に洗濯物の返給をさせられた。

五月十六日　快晴

サーヴィスあり。アイケルバハー司令官のインスペクションがあるといふので入浴半ばで整列したが見合はせとなり泰山鳴動だと笑ふた。午後読書、夜は "Making The Movies" を見る。碁は一面丈は中押の勝、大達君X光線とる。

五月十七日　晴後曇

バルコニーエムパイヤを読む。ジェラーのインスペクションで横山老整頓がよくないとて隣室を手本とせよと連れられて行く。運動時に巣鴨座の興行の話をして大笑ひ。

五月十八日　少雨後快晴

無異。バルコニーエンパイアーとメーキングムウヴィーを読み、家訓案を更に加筆。昨日から耕作が初まった。経験ある希望者を集め所の西北隅の一角を耕耘初めた、よいことだ。

五月十九日

配給品が来た。用便紙以外は請求通りに潤沢、紙は少ないので追加を要求した。衡が午後に面会に来た。家を町より毛利家に贈られたのを譲受けたいとの相談、畠は話が面倒になって来た由。吉川英治著「アルプス大将」前半を読了。夜太田君との碁は第一面廿七目敗、第二面中押で勝。夜手紙を認めた。面会後故簡単に二枚。横山氏は鉛筆で手紙を出したことは無いと常にいって居られたが近頃参事官も来ず連絡の途が無いので留守宅に「十二日来訪の際の件其後何もなし」と認められた由、色々の感想が往復して居るらしい。

五月二十日

第七十三信を発す。洗濯物も出した。二三回出さずに置いたが大分汗になったので、シャツ、ズボン下及ズボン等を出した。百姓隊はトマトを植込んで居た。夜太田君との碁は二面共連勝、考えるのが長いのと横山君があまり喝采するのでO君稍不機嫌。先づO君と打って居るときよく隙をねらはれトン〳〵となって大失敗をすることが多かったが、近頃それが大分六ヶ敷なって来て、殊に取りにかゝって失敗すると他に向ってアセッて打つのでこちらは打ち易くなる。中押となることも往々あるが、結果を聞かれるときに中押で勝ったといふと数を算へなかったが中押〳〵といはれてはこまるといふ。手を考へることが長いといらだって来る。サーやりませうと初まる。考へたあとはいゝ手でないからその内に自分も打ち直したくなると。今晩は結果の悪いせいか、又はY君があまり勝利を謳歌した為めか、敗けた方の身としては不愉快であったろうと思ふ。まあ二三日はやめませうといふのは同君初めての言葉。また待ったが随分多いのはどういふものか、殊に石を置かして居る者には、近頃囲碁読本を非常に熱心に勉強して居られるが、応用は時にうまく行かぬことがあるようだ。「取らう〳〵とするのがよくないのだ」と自覚を述べられる。色々面白い。後は光風霽月。

五月二十一日

Balcony Empire を読了。午後太田君から碁を申込まれた。三面立続けに大勝、六目にしようかといはれたがもう少しやって見た上でと敬意を表しておいた。内閣組織につきて話し合った。

五月二十二日

朝は借用図書の Paul de Kluif 著 “The Male Hormone” を読む、皆からかふ。午後は Clifton Fadiman 著 “Reading I've Liked” の緒言を読む。夜太田君と碁を二面した。今日から六目にしようといふのでやったが、第一面は大敗、第二面は七目の勝。

五月二十三日　快晴

サーヴィス、入浴、例の通り。それより読書 “The Male Hormone” を読みたるが、仲々六ヶ敷、午食後運動の少し前に待ちに待たれた参事官が来た。運動では大倉君が太田君より歌の話を聞く。帰室すると横山君まだ帰って居なかったが三十分許りして帰って来て腕を張って「成功」といふ態度、段々の話にて遷延の理由はハウスアレストの条件撤去と政況の推移を少し見送って居たとのこと、Y君はそれを先づ紙片に認めて伏せて置き話を聞いた上でその予想が適中したのを同官も非常に驚いて居た由、兎に角日曜日には又来所する由、最後の日取決定の報告があるかも知れぬとのこと、又四王天君は昨今両日検事の取調があったそうだ。

五月廿四日　薄曇り

朝スペック大尉巡回に来て近々二ヶ月の予定にて帰国することゝなりし由挨拶あり。後にインスペクションは後任のメリー大尉が簡単にすました。運動のとき田村君より南方の話を聞いた。同君はシャム人が一番頼りになるといって居た。仏国は搾取最も甚しく日本はそれ程ではないが余り干渉するので非常に嫌はれる。ボルネオには未開の土地が多いよし。

五月廿五日

朝日用品の要求を聞いて廻った。"The Male Hormone"を読み心臓病に対する効能を知ってうれしく感じた。出所後は研究の上実施して見たく思ふた。午後から夜にかけて又設計をした。丹後町の蔵につけて過日の設計替、大分落付きよさそうだ。大尉が帰国したのでジェラーも寛大になり話声が方々で賑かだ。今日は参事官は見えなかった。夕方から雨となる。

五月廿六日　雨

朝配給品を配る。Toilet Paper が潤沢でなく、人口に応じて配当分配するのは大分手数だった。カルタ君恋文の翻訳を頼みに持って来た。信頼して居るものと見える。メールホルモンの本は読了。夜碁をしたが敗。午後横山君の来客あり。政変が延び条件はなくなった由。

五月廿七日

入浴。建築図を書き、「支那の夜」の翻訳を頼まれ、午後 Lewis N.Cotlow の "Passport is Adventure" を読む。

五月廿八日

朝寝具一枚返還させられたが、自分は配給のは二枚丈で毛布は私有品二枚なので何にも持って行かれなかった。尤も来週私有品は返送せよとのことで毛布一枚を別にくれた。さてどうなることやら。"Passport is Adventure"を読む。寝具干しをした。横山氏廿八日の朝日に「不老長寿会」糸川欽也博士（熱海）の話が出て居るので大分乗気。

五月廿九日

朝から又設計、十二畳半を増しての図。午後運動無し、ガラスの破損調をなす。横山氏の面会あり。政局混乱に当惑の様子。夜碁をして二敗、六目では勝味が少ない。

五月三十日

サーヴィス、入浴。読書。横山君の面会朝からある。大分困って居ることが察せられる。午後も又来る。運動には酒井君と語る。夜横山氏茅ヶ崎の亭の図を設計す。

五月三十一日

無異。朝インスペクション。破損ガラスの調等をやる。午後運動なし。倉庫預けのスートケース二個及風呂敷返送につきリスト一通来た。

六月一日

横山氏茅ヶ崎の茶席設計を改む。この方好評。午後運動に酒井君と語る。ジェーラーが横山君の新聞を七号室へ持ていったのを届めて大事になり、運動後もドナリ込まれて一騒動。

〔図面二点・省略〕

六月二日

朝配給品の配り方で大分時間を取った。マッチも要求通りで皆大満足、塵紙は二束で充分に分配出来た。終って横山氏の家の絵を二つ画き、同君は大乗気。出所後に早速着手しようと張切る。三月堂を参考とす。第七十五信を書く。荷物返送のこと、丹後町塀のこと、村上養子の事。

〔図面・省略〕

六月三日　夜雨

少し風邪の気味で咽がイライラしたので、温まり大分よくなった。朝の入浴も差支なかった。"Passport is Adventure"を読了。横山氏の令息来訪。参事官よりの伝言にて今週中あすにも来るといふこと、吉報か。夕方より横山君の亭に便所への通路をつけることにして大変好評。晩食に鯛の鯛がまた出た、吉兆。夜床に入るとせきが大分出た。太田君から咽喉を温めてはいけないとの注意を受けてからよくなった。

〔図面・省略〕

六月四日

司令部のインスペクションがあるとジェーラー觸れ廻る。十時頃紺制服で整列。インスペクションは誰かわからぬが将官級らしい人を先頭に約二十人ばかり、初めての大規模なものであった。豪洲の将校も大分混って居た。午後読書。夜横山氏建築を又別に一棟客舎を画いた。八畳に四畳半、玄関三畳。

六月五日

朝製図。午後散髪、終るやサイレン鳴る。近火らしい。散歩なし。

六月六日　曇午後細雨

朝入浴、新聞に時を移す。時に孫の教育に右の如き線が道路或は鉄路としてどう見えるかは観察力の試みとして面白かろう。

〔図・省略〕

六月七日　曇

朝運動があった。午後リーダースダイゼストと Cliffon Fadiman "Reading I've liked" を読み始む。横山君のところへ参事官の来訪は必ずあるだろうと皆心待ちにして居たが遂に見えなかった。好川から五月廿七日附報告が来た。

六月八日　晴

朝日用品請求調。横山君建築の絵及仕様書等をかく。午後運動あり。酒井君と語る。横山君は午前も午後も面会あり。セヴェラルメンにつき種々話合ひたる如し。夜建築のことから文化事業につきて語る。

六月九日

朝A級一同説教所へ連れられ身元調の書類を受けてきた。

午後運動なし。天候午後晴。向側へ大勢詰め込み六人宛になった。身長と体重を計る。身長六七吋半、体重一三〇ポンド。第七十六信を書く。読書、設計のこと、酒井君孫誕生、村山縁談中止、丹後町のこと、岸和田劇場破壊死傷見舞。

六月十日

新聞配達。入浴。読書。運動。調査報告記入。横山氏の面会は午後の約束なりしが来らず。

六月十一日

忠坊の誕生日。朝読書"Clandia"を読み始む。宗教調、新聞配等。午後調書を提出。読書。夜調書用の紙の残りに設計図を書く。

六月十二日

無異。

六月十三日

サーヴィス。入浴。読書。夜製図。横山君より講和会議の話あり。

六月十四日

朝より読書。午後運動。横山氏の来訪あり。未だ要領を得ず。夜談合。

六月十五日　細雨

横山氏の面会、午前午後共マ元帥やト大統領等の批判もあった由、ソ聯の行動には驚愕の模様、横山君や久原氏はルーズヴェルトやチャーチルと同様トリッキーであると評して居た由、釈放の話は大体決定したらしい。依頼の設計はシャワーを付けることに改む。少し読書もした。中食に鯛の鯛が二つ出た。

六月十六日

配給品は物により潤沢ならず。鉛筆は皆無、石鹸は半分、トイレットペーパーは非常に少いので分配に骨が折れた。昼食に大根が出たが筋ばって居る。太田博士「なぜこんなに筋が多いのだろう」、大達君考へ物の題を出す「マッチ箱の対角の長さを計れ」。大工に話したら即座に答へた。新聞に賠償割合の米国案が出て居た。
◎ China 28% U.S.25, P.1.20, U.K.11, France 5, 其他 Russia, India, Netherland 等で一一%。
太田君に添削してもらった詠歌。

差入の本にはさめる枝折にも君が細かき心うれしくも

右左臂の破れに綿もよれ下着の臂さへあらはなりけり
(ま□□《カスレ》に見えける)

たよりには振仮名すかと君の問ふ
　心くだけどわれはとはずけり

外の主食月に十日と思ほへば
　こゝの安けきなみだぐましも

のみしらみ南京虫はいはずかも
　蚊さへ蝿さへこゝにともしき

第七十七信を書く。書籍二包到着したその内容、新築家屋の新壁注意、開墾地葛利用、人糞肥料注意、本間氏の展覧会談、歌四首を認む。横山君依頼の建築図を仕上げた。

六月十七日

朝郵便を出す。入浴。読書。運動時には加納君と潜航艇戦の話を聞く。又蛔虫のことも詳しく聞いた。夜横山君と懇談す。

六月十八日

朝より読書。横山君依頼の茶亭の設計にシャワーをつけ屋根を切妻の小屋根をつけることに改めて図を書いた。夜同君と人事等につき懇談。九時頃衛生兵が蛔虫の薬を持って来てくれた。

六月十九日

今日より十日間代用食にするとのこと。七時に虫下し。十時半に下剤を飲み朝食ぬき、昼食は軽くすます。一回水射、昼前に又一回ですっかり掃除が出来た。読書パールバック女史の「アジアの友へ」を借りて通読。借りて居た本は一応皆回収された。午後長衡面会に来る。綾子と忠、義共上京して来た由。家は大工が新築して交換のことに交談中とのこと、畠は二町五反は播種済、ピストン会社の土地一町二反許借用の由、今度子安より豚三匹雛三羽を譲受けてトラックで荷物と一緒に送る由、泉光寺修理、嘆願書のこと、衣類売却のこと等を話し合ふ。

荷物は詳細報告するやう話した。スートケース等は着いた由。

六月二十日

本が無いので「茶を語る」を再び取出して読んだ。トイレットペーパーの追加配給を要求したらくれたので皆大喜び。サーヴィス、入浴は例の通り。午後運動には出ず痔が少し痛む。横山君面会から帰りVery badといふ、何やらわからぬ。参事官は明朝も来るそうだ。夜は話もはづまず早く寝る。

六月廿一日

横山君の面会、ド、メリアム氏来る。

六月廿二日

朝は配給品の請求、窓の網戸調、第六棟より移りて来た人達の洗濯調等。午前中かゝった。午後は丹後町の家の設計図と鳥瞰図にかゝる。

六月廿三日

朝は無異。午後配給品ありて急がし。運動中に所持品検査があったらしい。当室は軽微。夜手紙を認め、両君囲碁中横山君と語る。

六月二十四日

第七十八信を出す（家のこと、作物の報告、シロフォンチャイム、カナリヤ問合、当方の食事事情等）、入浴後配給品の残りの便箋及トイレットペーパーを各房の要求に応じて分割して配る。又新聞の配達もやった。午後運動時に大達君一身上の話を打明けられた。夕食後又設計変更、丹後町の尺度入図面を好川の手紙で送って来たからこれを記入して見た。

六月二十五日

朝シックコール例の通り。横山君ソ聯に対する米支の態度硬化し満洲より国民軍の撤退を重視することの話あり。将来の国策の重要なるを語る。午後カードチェッカー等の調べあり。近くライブラリーを各階に設くる由。夜雑談。設計図を改む。伍堂君が病院でペニシリンの注射（一本十弗）を三時間隔てゝ十日間計八十本してもらひ精力を回復したと話したところ、横山君大喜是非試みるとのこと。

六月廿六日
「茶を語る」を読了。建物の仕様につき考案。衡よりの六月一日附手紙来る（学問の実際化の必要、経営の規模を大きくする必要、発芽状況、豚鶏等入手のこと、ピストン会社の土地共同利用計画等）。運動時には酒井君と農業大規模経営のことを語る。夜横山氏と語る。代理のこと、伊之助のこと等も語に出た。設計図を又変して見た。

〔図面・省略〕

六月廿七日
サーヴィス。入浴。野村胡堂「丹次捕物帖」を借りて読む。丹後町の家の設計も湯殿を西側に持って来た。この方がおさまりがよい。

六月廿八日
横山君の面会、午前も午後もズット。「茶室」を再び翻読。

〔図面・省略〕

六月廿九日
シックコール例の通り。日用品の希望申請を取った。「茶室」を再び続ける。午後運動なく、ウォークに真鍮磨き。囲碁が初まりかゝったところ止めてもらひたいとの希望との間にゴタゴタがあった。夜角煮のことから支那料理のことやら和やかな話に時を移した。

六月三十日
朝配給品あり。鉛筆、石鹸、レターペーパ、状袋、歯磨粉、楊枝等は潤沢であったが、マッチが要求八六に対し三〇しか無いので大分苦労し半箱位に分けて分配、又トイレットペーパは相当であったが廿四室に分配するには相当手数かゝり午後に配給出来た。郵便物沢山に午後に来て別に配った。夜手紙を認む、農業経営法につき大規模の困難を認めた。横山君の読書の必要のこと等。或雑誌より

腹も立ついつも人桓《〔ママ〕》乗物に

人桓つくるその人桓を
敗れての後の心にくらぶれば
昔は物を思はざりけり
これやこの行くもかへるも窓からは
入るも入らぬもこみあひの汽車
天津風紙幣の通ひ路吹きとぢよ
物の騰貴をしばし止めん
官公署ひねもすのたりのたりかな

七月一日　梅雨らしい陰雨

朝入浴。「東橋新誌」と新聞を読む。午後新聞と郵便の配布及鉛筆削をやった。大達君に食事の注意をして大変皆の間が平穏になったのは喜ばしい。

七月二日　曇後晴

朝より「東橋新誌」を続けて読む。横山君の令息来訪あった。運動時に色々話した。夜安岡君の噂をした。

七月三日　快晴

大分夏らしい。朝「東橋新誌」読了。老兄評して曰く。読み方がゆっくりして熟読されたらしいと適評。「古市老」の支那行のこと大に考へさせられた。散髪。午後より夜にかけて訓諭を書き直した。一日に衡の手紙を受けた。家のことが多い。近頃夜分ジェーラーの取締大分寛大になり話声が賑かだ。歌の声さへ聞え拍手も飛出す。

七月四日

米国独立記念日。平日と異ならず。代用食は大分悪い。サーヴィス、入浴例の通り。訓諭を書く。

七月五日

無異。運動中田村氏の発作には一同ビックリ。

七月六日

無異。訓諭を書く。配給品申請をなす。昼食のときジェーラーが和服でとりに出てはいけぬとの命、不可解。

七月七日　晴で暑し

無異。配給品来らず。夜になってチーフジェーラーに頼んでトイレットペーパーをもらった。数日来睡気甚しく倦怠を感じたが夕方頃より恢方に赴く。

七月八日　晴

暑し。入浴。訓諭の再考。午後配給品来る。要求通りで仲々繁がしかった。皆に感謝さる。虫眼鏡で煙草の火を取るのに横山君成功（発芽に施肥したからであろうとは笑止）。夕方日暮が鳴く二声。

七月九日

キャプテンステック帰任す。朝新聞配布。午後図書室が出来、借りに書籍を浴室側のベンチと戸棚に列べて各室の人に選ばせセライブレリアンを仰付けられ非常に多忙で暑かった。横山君の来訪者あったが話はわからぬ。藤木君から漫画三枚送ってくれた。

七月十日

借りた Contemporary American Painting を読む。雑誌の追加が来たので又配った。午後横山君より、四日に参事官に、従来の仕方に顧みると信用出来ぬが、自分が安心出来るやうな方法をとらるれば先に出てもよいと話した由。それに昨日来て一人先なり、一緒なり何れに定まるもあなたの満足されるように取計ふとのこと等、非常に真剣な話であった。こんな話もされたそうだ、「人生は迷ひか迷ふが故の人生か、迷を断づるの途は唯寂滅か、寂滅のみこれ為楽か」、大分深刻な話である。昨日二回、今日一回白米が給されて皆大喜。夜は「バルカン」小冊子及「妖棋伝」を読み始む。

七月十一日

サーヴィスなし。入浴は午後。

七月十二日

下着で食事を取りに行くなとのこと。数名の釈放があった。元２Ｂ＝７に同室の久保君も帰った由。

七月十三日

珍しく運動午前、酒井君と話す。

七月十四日

朝ＤＤＴの消毒あり。夕方より第八十信認む（家のこと、

丹後町井戸、畠作麦の広巾薄蒔、返送品、北浦氏、蔵の屋根、図書館協会、Contemporary American Painting 取寄、忠坊の手紙)。

七月十五日

◎朝配給品が多少不足で骨が折れた。午後2Aへの引越があった。先づ総ての物品を入れる袋をくれ、寝具は別に持出し、其他は毛布から靴下駄迄を袋に入れて外の大廊下に持出して両側に整列。第一棟の方へ導かれたので独房かと心配したがそうではなく、その辺で全裸にされた。両側に裸群像の整列は奇観。それから新しき夏衣と敷布団と毛布及び破れ靴一足を支給されて2Aの同じ八号に四人そのまゝ入った。壁は白く冷しくて悪くはない。P印の衣類に皆苦笑。襦袢が半袖のに当り仕合せ。トイレットペーパー、楊子、石鹸等丈持参したので大した不自由はなかったが、それを持って来なかった人は大よわり。

七月十六日

袋に入れて置いて来た書物、書物《〔ママ〕》、等につき各方面より苦情出る。とう〳〵袋を又房の前へ運ばせてくれ、午食後返送品と残置品との区別をなしてまづ安心した。丁度その頃大廊下に女警官二名通る。昨日の整列のときであったらどうであったろうと色々の笑話。ライブラリーより借りた真山青果選「木村長門守」及「乃木大将」を読む。

七月十七日

未明激震あり。チーフジェーラが転んだ由。朝食後図書の交換をなした。運動時間中に内山中将の呼出があり、明日より裁判開始で他棟へ移られるのである。嗚呼。

七月十八日　数日来快晴

朝サーヴィス。借りた「夢声漫筆」を通読、又 New York Post を読む。Verneer の模写の記事あり。午後入浴。衡が来た。家のこと契約した由、八月中に落成の予定といふ、ピストン会社は売却され研究所になるので長世の話をしたところ所長として招きたい由、蔵の屋根タール塗のこと、女中のこと等。泉光寺お墓の修理出来の報告も来た由。

七月十九日
Contemporary American Paintingを読む。午後インスペクションの予行演習あり。横山君の来訪者午前午後二回、結論に近づきつゝある如し、同君稍得意。

七月二十日　快晴
A階は何といっても冷しい。朝アイゲルバーク一司令官は米国記者団を伴ひて巡視に来た。横山君来訪は今日午前もあった。話が大体きまったそうだ。夜産業組合の話が賑はった。

七月廿一日
配給品で午後まで急がしかった。横山君の来訪者矢張一人先にといってきまらぬ由。借りた「尊徳翁夜話」を読む。第八十一信を書く。家の建築に手を抜かぬ様注意した。

七月廿二日
発信。運動午前。入浴午後。A階の名簿を整理す。鈴木洪岳氏より恵林寺参詣記念の絵端書来る。

七月廿三日
朝図書の交換を行ふ。午後は南東の庭に出でゝ布団干と同時に自由時間約二時間。横山氏の来訪あり。又迷宮入。衡より一日附の手紙来る。家のこと、仔豚のこと、雞のこと、仔兎等。

七月廿四日
朝運動と読書。Cartoon Cavalcade、尊徳翁夜話、リーダースダイゼスト等。午後自由時間にも読書。疲れて早く寝る。

七月廿五日
朝運動。午後入浴。読書昨日に同じ。夜のインスペクションは下着のまゝでよいといふので皆大喜。

七月廿六日
朝運動。午後自由時間。其他読書如例。

七月廿七日

無異。

七月廿八日

無異。配給あまりよろしからず。第八十二信を認む。家のこと、豚、雞、兎のこと、天井裏利用のこと、丹後町の蔵の窓の庇、追放切手、鈴木洪岳への返事、皇太子殿下のお写真入手のこと等。

七月廿九日

入浴、石鹸の配給が二週間無いので皆困る。発信。午後自由時間三時間。横山氏の来訪あり。セベラルをオールにせんかとの話もあった由。夜「二宮翁夜話」を読了。

七月三十日

図書の交換をなす。運動の後続けて昼までかゝる。大分疲れた。午後図書借入リスト整理の後読書。リーダースダイゼスト七月号を終る。

七月三十一日

無異。Cartoon Cavalcade 其他を読み見る。小笠原氏より懇書来る。

八月一日

今日も暑気酷し。サーヴィス。読書。午後入浴。町田氏釈放につきインタープレターの用事多し。夕方より横山君の徹底せる意見を聞く。プリゾナーの数が合はぬとジエーラー二人やって来た。リストを持って各室につき調べた結果三人の台湾人陳君が他へ移されたことがわかって終了。

八月二日　快晴　炎暑

運動。午後自由時間。読書。無異。

八月三日　快晴

無異。夜近ヱ公につき話す。

八月四日　快晴　炎暑

朝運動の後配給品。但し鉛筆、石鹸等皆無で皆困る。午後自由時間。後新聞二日分配達に骨を折る。夜第八十三信を認む。返送荷物、小笠原君手紙、四王天君等の感謝の歌。

何くれと諸人のためまめやかに
尽すを神のよみせざらめや　四王天

身を忘れ人の為にとひたすらに
いそしむ大人ぞ尊かりける

朝夕に身をば忘れて世の為に
尽す誠のとふらざらめや　真崎

朝な夕な身を忘れつゝ尽さるゝ
君がみ影のいとも尊とき　葛生

八月五日

朝発信。洗濯物を出す。無異。

八月六日

朝図書交換に二時間位かゝった。午前と午後庭で自由時間、太田君より二十名位の話。

八月七日

朝の運動に出たら雨が降り出した。真に滋雨。読書等に一日を過す。好川よりの廿六日手紙来る。

八月八日

サーヴィス、運動は午前。入浴、自由時間は午後。橋本君の七月十五日附手紙入手。ラヂヲで尺貫存続運動の話を放送したことを知らせてくれた。

八月九日　快晴

朝運動。石原君から租税米納の意見を聞き、総司令官へ提出の意見書の目次の翻訳を頼まれ夜までかゝって書いた。禅の漫談を読む。

八月十日

長衡誕生日を遥かに祝ふ。無異。横山氏来訪あり。本月中に手続運ぶべしとのこと。

八月十一日

司令部の巡視があるといふので朝から大騒。運動、布団干等もあった。午後一時過参謀長が来た。一同P服で整列、なんとも暑い。新聞も二日分配達。支給品はトイレットペーパー丈。夜第八十四信を認む。家のこと、建前の技術、煙筒注意、豚、雞、胡瓜、茄子、三河台のお墓、長世の話不成功、橋本氏よりラヂオ放送のこと、酒井令息等。

八月十二日

朝入浴。石原氏の意見書を見る。新聞配布。

八月十三日

図書交換昼までかゝる。午前午後二回横庭で自由時間。石原、酒井君と米納制度を語る。大分疲る。

八月十四日

朝寝具干、運動、配給品来る。午後運動。夕食に白米とカラント入味付パン附の御馳走、大喜悦。裁かれる戦犯第一輯を読む。

八月十五日

終戦記念日。民間の自由貿易開始、五億弗借款許さる。印度の独立。朝入浴して居ると面会の通知。衡は今月は早かった。家は屋根葺、毛利の嫁さん離縁、田八反入手の話、北浦氏のこと、山本の脱腸、財産の管理解除の噂、財産税納付のこと、長世のこと、豚のこと、返送荷物、二の丸保有のこと、酒井君令息のモルモットの話等。新聞を読み「月明」及「維新を語る」を読む。

八月十六日

朝運動三時間は疲れた。午後読書。無異。

八月十七日

朝シックコールの後配給品申請を聞く。午前中運動あり。午後 Bromfield を「Pleasant Valley」を読む。夜九時稲光りあ〔り〕、夕立模様の処突風にて室内埃甚し。

八月十八日

朝大に掃除をなす。運動、午後自由時間。夜第八十五信を認む（貴重な経験、功を急ぐな、家の保険、果樹、桜）

八月十九日

発信。午前運動。午後入浴。大達君市谷行。新聞にアチソン大使の死を報ず。痛悼の至り。

八月二十日

朝図書の交換をなす、午後までかゝる。午前運動。午後リクリエーション。夜「維新を語る」を読む。

八月廿一日

無異。

八月廿二日

サーヴィスなし。朝運動の後図書調査をなす。中食後入浴、但水風呂。リクリエーション。「維新を語る」を読む。大達君が食事に後向になることを注意した。雷鳴あったが雨遂に来らず。むし暑い。

八月廿三日

無異。「維新を語る」を読了。週刊誌を見る。

八月廿四日

無異。Pleasant Valley を読む。完全咀嚼を始む。午後散髪、午餐にドロップとビスケット少し、皆喜ぶ。

八月廿五日

朝運動後配給品来る。午後までかゝる。新聞も二日分の配達、仲々急がしい。伊藤信男君の著作権についての意見稿を見る。歌舞伎の問題は六ヶ敷。房内の空気沈鬱。参事官の来ぬ為か。夜第八十六信を書く。栄養のことにつき抜萃。

八月廿六日

発信。無異。本河君夫人重態の電来る。十一の女を頭に三人の子供が残る。その心境や如何。

八月廿七日

図書交換を行ふ。整理は午後までかゝった。夕方から雷鳴あり。食事頃より渇望の雨となる。相当降った。涼しくもなり皆大喜。

八月廿八日

誕生日で横山、太田両君牛乳のカップで祝ってくれた。ジャムとフィッグの甘煮にコーヒー。白雨沛然と来る。雷鳴は祝砲の如し。水の不足も解決か。午後戸内運動。ステック大尉横山氏の所に来た。プレテスーンの話。夕食の魚の骨を残して楊枝代用とすることにす、妙案。徳川義親君より見舞の手紙来る。

八月廿九日

朝から壁こすりが始まったので埃が甚しい。午餐後入浴してからリクリエーション。読書はPleasant Valley、向側の十八号室の信沢、十九号室の本荘両氏昭南行。柴田和子より見舞状来る（廿五日附は早かった）。

八月三十日

八時半頃運動が始まった。A級は第二第三棟の中庭、BC級はバリケード運動場で別れ〳〵、九時頃キャプテンが見えて鮎川君を呼ぶ。同君はシックコールの為セルに留まって居るので次に井田君を呼び、次々に菊池、小林順、小林躋、真崎、松阪、村田、大達、岡部、大倉、太田、正力、酒井、進藤の十四名を集めて棟内に誘導し、鮎川君も加はって都合十五名は釈放さることになった。余が通訳をして荷物の仕度をするように命ぜられ、私有品を小包になしそれより寝具を毛布で包み、十時出発といふので図書の本を返済してそれにカードを戻す等事ムをなし、完了するに先ちキャプテン又現はれ、愈々荷物を携えてセルを後ろにして出発。事ム所にて支給品は皆返済しP印のなき服を支給されそれに着替へて、所長始めもうれしげな挨拶をなし、キャプテンなどは米国人をこれ丈拘禁せば必ず種々紛糾を起したろうが何事もなかったのは珍らしいことだと讃嘆した。終戦連絡事ム局より連絡員の迎へに来るのを待ち合せた。その室は一年九ヶ月前に待った部屋である。その時には真崎、石原両氏と三人であったが、今日は又その真崎氏と同時に退所することゝなった。又大倉君とは終始同し階同し側で過しこの期間一日も顔を見ぬ日とてはない奇縁、恐らくどんな夫婦の間にでも見られぬところだろうと大笑。やがて十一時頃広瀬事ム官が来て、十五名は案内さるゝまゝに私有品丈を携えて連絡事ム局の新築の建物に行き所員と袂別し、事ム官より今回の釈放は当分公表せず、新聞等に出ると世間も彼是うるさいし又聯合国側より抗議等も出兼ね難く次回の釈放に支障を来す虞あるゆへ当分謹慎されたいと厳重な注意。ここに於て今日の人選がプロパガンディストを除いたことがわかる。横山君はどうしたかが疑問。事務局分室より用意の自動車に二三人宛分乗し、余は紀尾井町の鮎川、信濃町の太田の両君と同乗して丹後町に帰る。蔵に入って「唯今」をいふて見ても答はない。好川が驚喜する。白米の昼食。蔵の片付。入浴。夕食すると満月が東に登る。黒磯に電話すると綾子が三井様よりの予報で今晩着京の由、好川を迎へにやる。義を連れて十時半頃着く。歓談。夜半を過ぎてからまどろむ。

八月三十一日

朝三人で青山墓参、三河台母上のお墓が出来て居り午後は蔵の片付で過す。綾子は津軽伯行。夜鰻蒲焼。昼過にはなが来た。

岡部悦子日記

昭和二十年十二月

自昭和二十年十二月一日

十二月一日　晴

長忠五才、長義三才の御宮まゐり、先月取行ふべきを種々の都合にて今日に延期、特に昨日東都より来られたる祖父上を初め家族一同打揃ひ氏神様の大国主神社へ参拝す。苔むせる石段二段、木立の奥ふかく古びて、静寂なる神前に鈴をふり柏手を打ちて幼なき兄弟の行末幸多く御国の御為尽しまつらんことを祈念す。

冬の朝陽を浴み畑の細道あとにさきに、つゝましやかにたどり帰るも、かゝる世なればいとふへきには非らす、つゝがなく此日を迎へたるをこそ心よりふかく謝しまつる。

忠は父の幼時の黒紋付の羽織に初めて袴をつけ、紐を祖父に結んで頂いた事、又、義は兄ゆづりの勝色の紋服姿、末長く心にとめて置けよかし。

夕餉はお赤飯に数々の祝ひ心をこめたる膳に打ちむかひ一同賑やかに楽しき箸をとる。

十二月二日

十二月三日

早朝祖父と父上京、平生氏葬儀のため。夕刻父より電話あり。祖父はマカーサー司令部の命令により来る十二日収容せられ給ふとの報あり。かねて覚悟のこと乍らいよ〳〵その期いたり総身の引きしまるを覚ゆ。

十二月四日

祖母上京のため長衡迎へに来る。

祖父は楽観的に考へて居らっしゃるけれど村山の叔父様はもっと重く見ていらっしゃるなどと聞く。さしあたりの御入用品を取揃へたり不在中の用事など整理して申残す。

十二月五日　晴

鹿村夫人と辻夫人新聞やラヂオにて承知せりとて御見舞に御出で下さる。又沼津の紅松氏昨夜は心配で眠られませんでしたとわざわざ来訪さるる。

午後早々祖母と父と上京。真暗な村山邸に着。停電との事。祖父いたって御元気、村山皆様とにぎやかに卓をかこみて夕食。

十二月六日

七日

丹後町へいって御品々を出してお支度に備へたり。茅町へ御礼やら御あひさつに伺ひ、信貴氏を招き財政の事を依頼し、其他御訪客たえまなし。

十二月八日　晴

お祖父様はやうやく重なる御用をくりまはされ孫たちを御覧に古奈へ御出でになることとなり、祖母と父は正午頃先発、おぢい様も八時頃には御着被遊。

十二月九日　晴

長岡の写真屋をよび、祝着の兄弟を前列に一同前庭で撮影。やがて又相見ん日はいつか、幼なき孫等をいつくしみふかくたわむれます祖父様の御思ひや如何あるらん。

午後二時祖父母、父上京。御あとを慕はせまじと少し前に牧の口へバタ買ひに出されたるター坊は何もさとるよしもなく「おぢいさま御機嫌よう」、いでゆくすがたにわがむねはいたむ。

村山家にては御送別の宴に御心つくしの数々、みいちゃん、ふうちゃん、おのおの手製のドーナット、ビスケット、又藤子様はおさとう、紅茶など御入所行のスートケースへいれて下さる。

十二月十日　晴

いよいよ巣鴨へ御入所の日なり。

栄子様来らる。

午前九時過ぎ自動車にて御出まし、至極お元気よく洋行でもするやうだ、との仰せ。些かもおそるゝ処おはしまさねば御見送りの一同の胸にも暗きかげはさゝねども、向寒の折柄御艱苦一方ならさるを思ひ、わが心ひそかに重し。

御荷物はスートケース二ヶとお掛布団と毛布二と御枕のみ。

拘置所までの御送りは挙様と衡及び鳥居坂署の警部補浅

野秀夫氏。

程なく衡帰り玄関まで御荷物を御運びして御別れ申上げし模様を語る。本来は十二日までの命の処、お早目の方が混雑せずしてよろしかるべしと終戦事ム局のお勧めのまゝに、本日の御入所は御都合宜しかりしごとく、御荷物の検閲もあまり厳しからさりしやうなり。外には真崎大将と石原広一郎氏のみ。

御立ち後、十二日との御考へにては来訪の方多し。

十二月十一日　火　晴

育英会の中西氏来訪。お歳暮を上げる（四〇〇・―）。会より年末御車代を持参。

十時、藤子様、衡と商工省整理課に熊倉氏を訪問。台所道具を見せて頂く筈の処、未だ来らぬとの事。

大倉陶園に立より、衡、黄色の花瓶を買ふ。進駐軍の将校達、おみやげに買物をして居る。金色の飾りのついて居るのは此人々へのみ売るとの事。

衡と駒沢三井家へ行く。ハナ先着。矢張り十五日には巣鴨へ御入りの近衛公は今朝軽井沢より帰京。人目の煩はしされ暫しここに御休憩中。

お中食後鉄庫内に御預けの荷物中、近日丹後町と村山家へ返送願ふ分にしるしをつけ、夕刻帰る。

十二月十二日　水、晴

教育会の野瀬氏来邸。同氏（一〇〇、〇〇）及び会の職員一同（二〇〇〇、―）へお歳暮を上げる。同会にお預けの英書四包を丹後町へ返送して頂く。

衡は古奈へゆく。出立後小倉の小野令息来訪。砂糖御持参。

比律賓協会
　右へ御辞表を郵送す。

丹後町へ行き片付もの、三時帰宿。

平井博士来診。矢張腹膜の診断。なるべく安静を要すと勧めらる。

十二月十三日　木、晴

今朝、野瀬氏が巣鴨へ同道して下さる約の処、平井氏の言もあり一と先づ延期、御断り。

十時、日産ビル内終戦事ム局に中村豊一公使を訪問。内部の様子色々伺ひ暖房なしとの事に、直ちに丹後町に行き左の品々を包み好川をして御届けせしむ。
　総毛裏外套、厚ズボン下二、手紙
好川は夕刻復命、皆無事通過の由。豊子様壕会へ御来訪。

十二月十四日　金

藤子様の御紹介にて朝ホテル地下の大湯へ行く。溜池にて停電しあるく。洗髪等。

藤子様わざ〳〵お弁当を御持ち下さる。一時過ぎ丹後町行、好川は飯田行にて三時頃帰邸。捺印等すませ夕刻帰宿。藤子様大そう御案し下さる。

衡すでに古奈より到着し居り、西下の為六時より東京駅に向ひしも、熊倉氏に出合はず、切符なき為、空しく九時前帰り来る。

十二月十五日　晴

長衡午後二時の汽車の為十一時頃出立。
　九州へ行き岸和田へまはり農地等の相談、計画を立て、諸所の農場を見学して年内には帰京の筈。
村上氏来訪。御演説草稿残存の分持参。小笠原氏、長沼氏の好意のこと。

午後大湯へゆき丹後町へまはる。
御入所につきての来訪者及御見舞状のリスト作製（一部は巣鴨へ御覧に入れる）。御礼状又は御礼の御名刺、発送し終る。

十二月十六日　日

丸井先生を藤子様に御紹介し、おしごとをお出し下さる。
奥様先月九日御家出後未だ杳として御消息なく、先生いたく御心労に見受けらる。

丹後町へ行き、階下の支那カバンを上へ上げ、又トランクの整理若干行ふ。場所の狭いのと重量のため中々難し。

　中村公使へ鴨を上げる。

三井様へ御手袋とソックスをいただきに行く。巣鴨の為御願ひせり。　好川使
手紙を御申付により左へ出す。
　長世様、久子様、章様、平生夫人。

十二月十七日　月　雨　寒冷

御入所以来始めての降雨なり。暗く寒し。日当らず寒冷

身にしむ。

コンクリートの御室内の御起居は如何ならん。御敷蒲団等さし入れたし。好川を待てども来らず。

花を文部省へ使せしむ。伊藤氏村上氏不在。山田介雲氏より電話。第六軍（京都）のクレーガー代将及参謀の談によれば「岡部子爵の収容は当時の貴族院の情勢取調べの為にて御心配の事はなし」との事を報ぜらる。

十二月十八日　晴

会館の山本理髪師かねての御申つけによる御菓子を持参。御贈物難有いただく。

午前霊南坂教会の小崎氏を訪問せしも不在。夕刻再び訪問、米国人中の知己にパヽ様の御人格についてお噂を願ひ度申入る。

会館の床屋、菓子を持参。パヽ様御入所前の御申付けにより今後も時々持参の筈、御贈物ありがたく一同頂く事とする。

熊倉氏より左の品購入。

　鍋一、金杓子二
上野氏治療。

丸井先生仕立物おしあげ御持参、奥様の事いよいよおあきらめになりしとの事。御いたはし。

十二月十九日　水　好晴

皆様よりお先に朝食し、八時半丹後町行、ハナあとよりお弁当持参。

又辺見も村山家の御召しで白河より来り、好川と三人で手伝ふ。

トランク、支那カバン等段々と置場処旧に復し解り易く、又物の出し入れに便となる。

三時帰る。

小笠原道生氏来訪。私も、宿所の都合で古奈へ帰らねばならす、健康亦思ふにまかせざるを以て、種々の事、御願ひし、御引受け下さる。

村上氏も来訪。

夜御靴下におしるしをつける。ふし子様御手伝ひ。

未だ一回も御通信来らず、よって中村公使と小崎氏に電話。

綾子より朝と夕電話。忠少しおなか工合わるきよし、甚だ心配にて、早く帰り度し。

十二月二十日　木　晴

巣鴨の様子外観なりとも自ら知りたく差入物を持ちてゆく事とする。

図らずも箪笥町停処場にて小崎氏に出会ひ、行先のお話をせし処、俄に御予定を変更して同道して下さることとなる。大いに心強し。

渋谷駅の非常の混雑の中で稲垣子爵に御目にかゝり、種鶏会社の玉子の事を願ふ、万事都合よき日なり。

池袋で下車、市場の如き夜店の間を真直に突当る。コンクリートの塀は拘置所なり。門衛の米兵に名刺差出し、やがて案内されて本館内二階の受付に品及手紙を差出す。

毛糸チョッキ、　　悦子の手紙、

「三体千字文」、水書帳、

忠坊の自画像、

ちりめんふくさ（小児こうとろの図）、

左の品は受付けことはらる。

イルリガートル、トクホン、アスピリン、カビドール、スキンパッチ

尚ほ受付口には日本語の堪能なる米兵ありて次の事を語る。

○毎朝健康診断ある故、薬品の必要ある場合には支給す。

○暖房（重油）の設備あり。

○毎日四時間の戸外運動。

○洗濯の設備あり。

○未だ何等返却品の申出なき故、すべて保有するものと認む。

○面会の希望は左へ申いづべし。

依て小崎氏は午後司令部に序あるを以て問合せ下さるとの事。

建物は宏壮にて明るく、係の米人の和ごやかなる態度によほど安心の感を増す。

門外で小崎氏と御別れし、丹後町へ赴きしも時間短かく僅か許り整理せるのみ、藤子様のお世話で扇屋が来るといふので、三時にかへりしも遂に来らず。

此日不在中に茅町叔父様御出で下されとの事。

十二月二十一日　晴

東山事務所に叔父様を御訪ねして後、丹後町へ行く。

かねて駒沢三井家へ御預け中の荷物中左のものを飯田が牛車にのせて運搬し来る。好川もゆく。

一、屏風一箱（紅白梅、一双）

一、綾子の箪笥一棹　（十《カク》一号）及台

一、支那カバン　七個

一、トランク　三個

依て再び牛車を用ゐ、左の品を村山家へ送る。

一、右屏風箱

一、右タンス、及台

一、菰包中（汁椀及菓子皿入）

一、〃　小　四ヶ（塗膳入）

右は近日中に村山家御荷物と共に御影へ運搬を願ひ、後日岸和田又は京都にて使用の筈。

橋本五雄氏丹後町へ来訪面会。

フィンチのマフを毛皮トランクより取出して村山様へ差上げる。

村山氏来訪、御履歴書持参。

小崎氏朝来訪。

パヽ様に御面会の手続を問合せられしも、先方稍緩慢の態度に再交渉を願ふ。

午後同氏を訪ねたるも不在。

夜電話にて返事あり。前例なければ中村公使を通したる方然るべしとの由なりとの事。依て此度は急用もなき事故断念して来春好機を待つ事と決意す。

代々木地所の件

保谷氏より借受の申込あり。又清水より譲受の希望及価格の問合せあり。依て信貴氏へ電話し、その紹介により三菱信託の栗田社長に依頼し、明日社員中村氏と好川が現場に落あひて評価せしむる約成る。

扇屋染物店に藤子様の御紹介にて宮中御下賜の白羽重二を出し、御出所後の御祝として御羽織の染めを命ず。

去る十六日収容の予定の近衛公爵にはその前夜服毒自決せられ、本日その御葬儀あり。挙様にパヽ様の御名刺をお持ち願ふ。

松平康春氏に電車内でお出あひす。

十二月二十二日　土

早朝村山皆様関西へ御帰り、七時の始発列車、非常のこみ方にて辛して窓口より御入りになりたる由。

稍曇り空の寒気肌に沁む。

九時前青山両御墓所に参拝。霜厚く落葉散りしく御墓前にぬかづきて祈念しまつるは御安泰の一事なり。感慨いとふかし。

丹後町にて昨日の支那カバン全部を階上に上げ、トランクの中に詰め合せあるものを整理す。

三時、ハナを連れ牛込の済松寺の御墓所に参る。今日の参拝にて、かねての御命令を果し、心うれし。

お寺は悉く全焼。四囲亦やけ野原なるや。御墓石は厳かに立てり。

御位牌堂の焼失は残念なり。

住職はすでに十坪程の家の建築大体成り、畑などを作り当分農事に専念する由。

丹後町の運送屋正午頃丹後町へ来り、好川立あひ、御影行荷物を外包みす。
好川は又午後代々木にて中村氏と落あひ地所の評価を聞きたるよし。
上　二〇〇、〇〇　　下　一四〇、〇〇
左歯ぐきが大分はれたので入交氏に電話せるも不通。よってハナを使せしめしも旅行不在中との事。

十二月二十三日　日　早朝初雪　後晴
朝八時ラヂオにて霊南坂教会の音楽及小崎氏のお説教を聴く。音声も論旨も明瞭なり。

寒きまゝにお食堂で裁縫（ター坊の長パンツ）。早ひる食をすませ丹後町へ行き、階上へ昨日上げたる支那カバンの整理。

豊子様陽一様と讃美歌の御本御持参被下、早速巣鴨へ御届けすることとする。泰子様の赤様のお支度く、ネルとメリンス少し差上げる。

夕刻帰宿。六丁目にて脱線、手間取りしも無事。

十二月二十四日　月　晴
はぐきのはれますます甚だしきに、朝日秘書課の小林氏に依頼し、社の歯科医へ紹介を頼む。早ひるにて出でしも電車来らず、一時少しすぎ朝日に着き、医務課の小林歯科医の診察を受け、慢性骨膜炎にて抜歯の要ありとて、注射の後左下奥歯をぬく。気分は変らされども用心して丹後町行は中止し、帰途商工省の整理課第二課二班に熊倉少佐を訪問せしも退庁後なるを以て名刺に要件を記して残し帰る。

（台所道具の残部も希望のこと）

夜好川来る。即ち明朝巣鴨へ御届けさすべき品物を渡す。
一、極厚おシャツ一、　同おズボン下
一、メリヤス　おズボン下一
一、美しき小タオル二
一、厚、白茶、お襟巻一（返却さる）
一、靴ブラシ
一、おハンケチ六
一、お靴下五
一、讃美歌とお手紙（豊子様より）
一、悦子の手紙
　廿日以来の出来事、
　伺ふこと
　代々木地所ノ価格及譲渡の意思を清水に通達
　すべきや
　未提出の御辞表について
　教育会は如何
　朝鮮銀行の件
　別口小切手帳は何処？

小崎道雄氏へ鴨一羽贈る。

十二月廿五日　火　晴　大正天皇祭

好川は午前中拘置所へ昨夜の御品々を持参、おゑりまきのみは返される。

私は丹後町にてハナ、好川に代る〲手伝はせてトランク等の整理。

ハナは久しく入浴しないので、午後早々お風呂屋へゆかせ、又丸井先生へも使さす。

丹後町お蔵の反物戸棚まだ湿気あり。竹印様の御洗残物をひろげ干す。

十二月廿六日　水　晴

お蔵の片づけまだあらましながらひとまづ打切る。

午後歯医者行、頬のはれも柔らぎもう心配ないとの事。

中々電車が来ぬためおそくなり帰ると、豊子様のためにお風呂を立てさせた処もうお入りになりお髪洗ひも遊ばした。お次もなく御不自由の御日常、もっと早く心づければよかった。

先日中村公使のお話に、火曜か水曜には拘置所内へ入れる筈とあったのを心まちにまって、夜電話をかけた処、「今日は宮様ばかりで時間が経ち、明日は岡部さんにおあひして来ませう」との事。その結果もし御入用の品や御用があるかもしれず、午後の帰奈は無理と又一日延期に決定。

隣組の宴会あり。ハナ出席。これからの配給の事。

十二月廿七日　木　曇　寒冷　夕刻より小雨

早朝綾子へ電話。明日帰奈のこと。

御影行トラック来り、当家お荷物の傍に左の品のみ積込む。

　紅白屏風一箱

依て左の品々は荷作りのまゝ残りしも、お正月には再び好便あるとの事故、其折お頼みする事に決定。好川夜来り、荷作りの一部、たんす二棹（綾子、鹿村様よりのと、木箱中一、小四）。

午後二時終戦事務局へ行き酒井伯令息と共に大分待つ。中村公使巣鴨より帰来。パヽ様に御面会になりしお話によれば、

一、至極お元気にて御健康すこぶるよしとの事。

一、下着の差入れはもう十分なり。

一、御運動は毎日一時間、その時には他の方々とも御一緒なり。

一、酒井伯、大河内子とも同じ棟にて御都合よろし。

一、御入浴は週二回。

一、文通は今の処内よりの分も外よりのも全部押へられて届かぬ情態なり。新聞亦同様。

一、中村公使のみは面会許さる、十五分位。

一、御入用の品

　○コモドルペリーの冒険記（英書）の第一巻

　○消しごむ

　○御靴

心にかゝる事は尽きされども力及ばぬ節は伺ふも詮なく、御多忙の公使を長く煩はすに忍びず、よって辞す。

田村町停処場にまつ程に小崎道雄氏の通りかゝるに会し、共に徒歩にて帰る。道すがら丁度御話し度おりしパヽ様の御近況や二十三日の御放送の事、教会の事、又畏くも皇室の御事等腹蔵なく話す。又河井道子氏宛封書の所書を御依頼す。

不在中山脇春楼氏御来訪下されし故御礼状を認む。

今日はあひま／＼にラヂオを聴き乍ら御下着におしるしをつける（こんど差入れの為に）。

十二月二十八日　金　晴

早朝丹後町へ赴き、お蔵内の
　コモドールペルーの冒険記及御靴を
好川へ渡し、中村公使に願ふ様命じ、直ちに帰宿。一時東京駅に赴き好川と出あひ、二時四十分の沼津行列車に乗る。最近石炭不足により列車の数激減に伴ひ混雑甚しき有様なるも沼津までは電気なれは旧の通りなり。ずっと西郷侯夫人と御同車。又浅野侯も大磯迄同車せらる。どなたも人こみの中を御供とてもなく御不自由の御旅行なり。

三時にて三十分程して駿豆発車、七時過ぎ無事古奈に着。長衡は九州、関西御旅より昨日帰着せしよし。綾子、忠、義、皆元気なり。

十二月廿九日　土　晴

片づけもの。

好川帰京の時、マキ三島まで同行、九州よりのバタを持ちかへる。御注文のケシゴムを託す。廿六日に四谷から出したチッキの行李、昨日すでに長岡駅にて見かけ、今日配達さる。此頃の運輸事情としては都合よき方なり。

不在中の来信。

　小林長世、同たか子　　御入所御見舞
川崎久子　〃
岡部長章　〃
小坂且子　〃
鈴木洪岳　〃
久野節　〃
石原政子　〃
高塚錠二　（御手本共）御留守見舞

かゝるとき人の心の程ぞ知られて、くりかへし涙のうちに読むうちに、寺田利一母堂よりのは、かねてより岸和田移住の際には当分の宿すべき約ありしも、御身辺の御変化により万一進註《ママ》軍より家宅そうさくなど受けては、との慮りよりの断り状なり。地方人として或は無理からぬ節もあるべし。さもあらば何れやがて晴れてのご出所をまつ間のわれらの心にいさゝかのくもりあらせぬ、いふまでもなきと同時に、兎角荒き波風よりまもられて幸おほくすぎし年月に、不知不識に人にも世にもあまへ来し身を深くかへり見る事を堅く心にちかふ。

又不幸にして春以来病に冒され乍ら目前の事におはれ、医師等の勧告にも従ひかね居たるを、此際十分に養生して直したく思ふ。

かくなりては自らをおもふにあらず、パヽ様の御為に、御るすをまもるために、皆の為に。

観堂随話

岡部　長景

（一）

聞き手・爽雨

――今年は満八十歳の長寿をお迎えになり、しかも今日ここへお出で下さるにもどんどん歩いてお越しになるほどの御健康で、まことにおめでたい事と存じます。その上昨年から俳句もおはじめになって年賀状にも一句お添えになったようですが。

先生の三田青里君に丸をもらったのを書いたのですが、どうも……。

――八十歳といえば明治十七年のお生れですね。

そうです。麹町の番町の家で生れました。幕府時代の邸は山王にありまして、明治の始めにここへ移ってきたのですが、父は明治九年に米国へ留学をしております。今で言えば月の世界へでも出かけるような米国へ、その頃数年間もやったのですから、しかも父は一人息子だったのですから、祖母はよほど豪毅な人だったようです。十六年に帰国して翌年私が出来たのです。

――子供の頃の最初の御記憶にはどういうことがありましたか。

二十一年の憲法発布、私が四五歳のころで、町に山車が出て大へん賑わったことを覚えておりますね。父はその後も外務省の仕事で米国へ渡って、後外務次官になり、やがて大津事件が起ってその職をやめたのですが、その時分に送り迎えをしていた次官付の給仕がおりまして、それが外国などのめずらしい切手を私にもってきてくれました。私の切手蒐集の趣味はその頃からのことで、もう七十年つづいているわけです。尤も二十世紀になりますと各国ともたくさんの種類の切手を出すようになりまして煩に堪えぬようになり、又近年は世間があまりその趣味にさわぎ出したり功利的になり過ぎまして、興味もうすらいできましたが。結局私のはあまり凝らず古今東西を問わずに集めるという風で、ハワイ王国、清朝時代のものや二十七年三月発行の明治天皇の銀婚式、二十九年八月発行の日清戦争の記念切手などは今も大事にしております。どうもこの趣味も病膏盲に入ってはいけません。学生になって、世界地理を習う時にいろんな地名を苦労なく覚えましたが、これは切手による私の実益でしたね。

——旧藩主として大阪府岸和田へはじめてお出でになったのは。

学習院中等科の頃、海水浴に二回ほどまいりましたが、その時がはじめでした。大阪の難波から堺まで軽便鉄道がありまして、そこから人力車で岸和田へ入ったのですが、海がきれいで海水浴は大へん賑わっていました。

——岸和田には何かお邸が残っていたのですか。

いや邸はありませんで、分家とか旧藩の人の古屋敷に泊めてもらっていました。その頃一緒に遊んだ人には今も元気にいる人が極くわずかですが残っています。

——潮のきれいな海水浴場は私なども知っています。よく散歩して句を作ったものですが、今は港が拡張されたり護岸工事が出来たりして、すっかり影を消しました。ところで岸和田城は、その頃いかがでしたか。

天守閣は徳川時代の文政十年十一月雷火で焼失したのですが、戦後にそれが復元する以前のままの城でした。父が亡くなって私が大正十四年に家を相続したのですが、昭和のはじめに市制がしかれまして最初の市長に舟木二三二という人が就任しました。立派な人で私とも親交がありましたので、城の本丸、外堀、公会堂敷地を昭和三年に市に寄附いたしました。その城は、維新で一度国へ納めたものを、再び岡部家へ払下げされたものなのです。

——その舟木市長の息女が今東京にいられる清水絹恵さんですね。露久志香女さんと女学校の同窓で、そんな縁で伜の志郎のアトリエで油絵を習っておられますが。

寄附をする時、原形を壊さぬという条件をつけましたが、今になってみますと、この条件をつけ、それがよく守られてきた事は大へんよかったと思います。戦後福本市長時代の二十九年に天守閣が旧形のまま立派に復元されたのですが、本丸内は勿論、その周辺も、藩時代に薬園のあった処には寺田家の大邸があり、一方には岸城神社、裁判所、高等学校があり又新築の市役所、市民会館が建つというように、周囲の環境が近代的に整っているという点では日本一だと思っています。二の丸と百間堀の方は、二十五年に寄附したのですが、本丸と共に今は公園となって、やがてはその中に、今建っている心技館と相対して美術館も建てるという計画があるようで、私としても一日千秋の思で待望しています。

その本丸寄附の時に、記念として福岡一文字という名刀をもらいました。その後これは国宝となり今は重要文化財となって、私が保存しております。又政府からは六年に紺綬褒章と飾版が下賜されました。

――福本市長も先年亡くなられましたが、お城についても、その環境についても深い考をもったえらい方でしたね。われわれ仲間の三田青里さんなどもその蔭に大きな力を致したのですが。

そうです。大体以前の岸和田には文化人の数が割合少くて、そんなことから岡部家の影も薄かったのですが、戦後には今の泉州銀行頭取佐々木勇蔵、三田青里というような人がその方面で力を入れてくれまして、私なども力強くうれしく思っております。

――私が岸和田の俳句会へはじめて伺ったのは昭和十年時分で、ふかくは存じませんが、岸和田の文化といえば俳句と俳人がわずかに支えていたという感じがございましたね。今でも文化会長が平松十一君というわけで、その感がありますが。

松瀬青々門と古泉という有力な俳人もいましたね。

――話は変りますが、新築されました今の小金井のお宅には梅を大分お植えになったそうですが。

紅梅、うす紅梅、白梅六、七本の古木があります。三田君が梅の句が出来るだろうと言ってきましたよ。

――青里先生に入選された近作にはどんなのがございますか。

朝毎に軒端の梅の一つづつ
大寒も近きにこの日あたたかく

というのがあります。出来るに従って三田君へ送って見てもらうことにしています。今朝は産経新聞で俳壇の句を拝見しました。

——新聞や雪解の句などでお解りにならぬのがありましょう。

それぞれ自分の感じを詠まれているのでしょうが、その事情がわからぬと受けとれない句が時にありますね。私は金もうけのことは生来性に合わず、ただ生涯を文化事業にささげてきたようなものです。しかも自分で何かやったといえば書を少々習ったくらいで、創作的なことをやったこともあまりありませんでしたので、これからは俳句の勉強ということに出来るだけ力を注いでゆきたいと思っております。

——さきほど伺った二句とも、素直で温雅で結構と思います。ことに大寒の句など今年の暖冬そのままが詠われていて、そこに何の計らいも飾りもなく、自然に順ってゆくものの大らかな喜びというような感じも充分と思います。少し句をやった者なら、この点は初心忘るべからずという思いで同感だろうと思います。それから、この「観堂随話」は自伝とか何とかいう事々しいものでなく、随時の随話という風にいろいろご経験になりました文化的なお仕事やご心境を承りたいと思っておりますが、その目安として、一月、二月という風に季節を追うて、その季節々々に因む思い出を主として十二カ月を辿って行っては如何かと思っております。

結構と思います。そんな事でぼつぼつ記憶をたどってお話が出来るように用意いたしておきましょう。


（一月二十七日昼、爽雨居にて）

(二) 三津の思い出

聞き手・三田青里

——所用で上京しましたので今日お伺いしました。今回は私がお話を承りたいと思います。

今日は、沼津市の三津《みと》浜にあった別荘の話を主にしてお話申しましょう。人間は居処を明かにして、いいところに住むように心がけなければならぬと思っていますが、私は若い頃は、住んでみたいところが多く、中でも富士山の見える地を選びたいと思っていました。父も同じ考で、静岡県の岩淵という富士川の向う岸の小山の頂に別荘をもっていました。非常に雄大な眺めでしたが、東京から六時間もかかるという不便があるので、私は眺望ばかりではなく利用価値も計らねばならぬと考えたのです。父は又府中に別荘をもっていました。そこも富士を望み多摩川を見下す景勝の地でうしろに八幡様の森があるので鳩林荘といいましたが、後年望む人があるままに譲ってしまい、今では石橋正二郎君の別荘になっております。そこには数本の欅の巨木もありまして、そうした武蔵野の森には大いに魅力をおぼえるようになりました。

又目白の学習院の隣に住んでいたこともありますが、当時は周囲に田圃があり畔には櫟があって、遠くに富士も見え霧の朝など櫟の先が浮んで見えて、とても楽しい眺めでしたが、だんだん町工場などが建ちふえるので、逃げ出さねばならなくなりました。

結局又富士を追うて土地を探しましたところ、偶然沼津の三津に三千坪ほどの土地が手に入ったのです。ここは湾入した海に面した小さな岩山で、すぐ下はうちよせる波に洗われているような環境で、舟の艪の音が聞えるほどの静けさがあり、島のかなたには富士山が浮んでいました。ここからは、宝永山の瘤が見えないで、左右の線が象徴的に実にきれいでした。

——それは何年頃のことですか。

昭和二年でした。ただあまり景色がよくて、どういう家を建て庭を作るかという設計の見当がつかぬままに数年放っておいたのですが、仰木魯堂という庭作りや建築の名人を紹介されまして頼んだところ、先年ここに松永安左衛門さんを案内したこともあるとて大へん喜び非常に乗気になって仕事をしてくれることになりました。

この人は、青写真などで仕事を運んだりしてはろくなものは出来ない、すべて眼でやらねばいけない、眼ほど正確で敏感なものはない、現場に臨むといろいろな想が湧いてくるものだという信念をもっていまして、まず田舎家を建てくれました。これは東村山にあった江戸時代以前の百姓家で、萱葺の二十五坪位のものを縮めて、畳三間に六畳位の土間という風に稍々格式ある田舎家となったのです。次に富士見堂が設計されました。これは年来立枯れて居た大きな松を製材して建てたもので、十畳位に大炉が切られ、富士のよく見える円窓が作られて、梅原竜三郎画伯は毎年ここに頑張って居られたのです。次に小さな二畳台目の茶室を建て、ここには毎年夏、官休庵千家の宗匠が来られ「命の洗濯だ」と喜ばれましたが、その後亡くなられて実に惜しい事をしました。

とにかくここは、私が魂をうちこんで、一木一草撫でるような思いで作りあげた別荘であり居処でもあったのですが、だんだん観光事業が押寄せてきて、海水浴場が賑わい、遊覧船やモーターボートが走り廻り水族館が出来、マイクが客寄せと俗曲で攻めたてるようになって、浅草辺にでもいったように、四面騒音ということになってきました。観光事業者というものは全く自然美を破壊しますね。こんなことでほとほと困っているうちに、三十三年の台風で大きな松が一本折れて崖下の旅館すれすれに倒れるというような事が起って、いよいよ恐れをなし、ついに手放すことに決心したわけです。そして、この三棟は縁あって岸和田の佐々木勇蔵君にゆずることになったのです。

――今は岸和田の南上町の佐々木邸に移されまして、建築当時の意を体して、茶人の佐々木夫人が茶に使い、私なども月に一度位は炉を焚いて句会などをさせてもらっています。

どうも眺望のいいところは追々俗化するおそれがあるので、こりごりしましたから、今度は、いい眺望ということを考えずに、別荘であり居処である家を持ちたいと思いまして、以前からあこがれていた武蔵野の小金井あたりをいろいろ探し歩いて、四年前にこの地を見つけたのです。それには第一に山桜の好きな私にとって、それの名所である小金井堤の近いことが気に入ったのですが、今度は八十歳になった自分として余り骨の折れない閑静なところで庭でも作ってのんきに余生を送ろうと思っておるのです。

――お好きな山桜といえば、種をたくさん寄贈して頂いて岸和田近郊に方々蒔いたのですが、此頃では大分大きくなって花をつけていまして、みな岡部桜と呼んでおります。

そうですか、桜は山桜に限りますね。国立公園の委員で吉野川の上流を探った時、渓流の岩に苔のむした山桜が満開で、その赤い葉も美しく、朝日に匂うと詠まれた山桜の風情はこれだと嘆賞したことを忘れることが出来ません。これは原種ですから種から育てられますので、三津の家の周辺にもたくさん蒔きました。

――ところで三津のお宅の方にはいろいろなお客が見えたと思いますが。

皇太子殿下は一度、高松宮殿下は二回お見えになり、昭和二十八年には御夫妻がお供もなくお気軽にお出でになって、お泊りを願ったことがあります。その時喜久子妃殿下には三十首ほど歌をお詠みになりましたので、お願いしましたところ二十四枚の色紙に有栖川流のみごとなお筆蹟で書いていただきまして、色紙帖に仕立てたものがここにあるこれなのですが、「三津帖」と名ずけたいと思っています。その中の二つほどを申上げると

老松の葉ごしにうかぶ淡島の　かなたに富士のいただきもみゆ

苔むせる石のきざはしのぼりゆけば　爪紅つけて蟹のにげゆく

梅原竜三郎画伯が初めて来られたのは昭和二十三年の十一月で、翌年の二月頃まで滞在されて、富士見堂で専ら富士の明け暮を絵にされました。ここに坐っていれば富士の方から刻々さまざまに変化するので、とてもいそがしいといって、いろいろな形と色彩の峰を写されたのです。大へんな勉強家で、朝は暗いうちから朝焼を、又夕方は夕焼の赤富士まで勉強され、時には夜の富士を墨絵で写されたりしましたが、その一枚は大切に珍蔵して居ります。朝早く炭の火をもたせてやると、もう咳払いが聞えて画布に向っていられたそうで、昼は弁当をはこばせたのです。時々用達に下りてこられるくらいで、其他はずっと富士に向ってにらめっこで、左手に筆をとっておられたのです。丁度その頃は還暦の歳でしたが、よく肥ってユーモアたっぷりのおもしろい方でしたね。夕方は母屋へ戻って夕食をされるのですが、時折私が東京から行くと、どうも岡部さんは行儀がよくて窮屈だなといって居られました。三ケ月も滞在されたので、別荘番の人達も夕食のお菜から何かにつけて一々伺って、どちらが主人か分らぬなどといっていた位です。丁度三年来られましたが、その後は大仁の方へ移られて尚富士を描きつづけられたようです。

曇って富士の見えぬ時などは、漁師から魚をとりよせて描いていられたが、先生が見るとどの魚も一匹々々が違うということでしたね。又梅原さんを訪ねて鈴木大拙、志賀直哉、武者小路実篤、柳宗悦、福島慶子、宮田重雄など色々の方や求竜堂の石原君などがちょいちょい見えました。先生は洋酒が好きだったが、元日には近所の漁師がゆで蛸に焼酎の一升徳利をさげてやってきて、大さわぎになったりしましたが、さすがにショウチュウには閉口されていましたよ。

——あそこに掛っているのは、その時の梅原さんの鯛の絵ですね。

そうです。鯛や鯵を主に描かれていましたが、誰かがあの鯛は梅原さんの顔によく似ていると笑っていましたよ。

——富士山と言えば、玄奘三蔵のお骨の話がございましたね。

あれは、戦争中に南京で日本軍が発見した三蔵の頂骨で、その分骨を埼玉県の慈恩寺に安置してありましたが、昭和二十五年の十月に、名古屋の日泰寺の五十年法要の際、そこに祀ってあるお釈迦様の舎利と対面さしてあげようということになりまして、遙々名古屋まで捧持して行かれた帰り途に、玄奘さんに富士の麗姿をお見せしようというので、三津の別荘に一泊されることになったのです。翌日は富士がみごとに晴れあがったので、座敷のまん中にお骨を据えて、天下一の芙蓉の姿を見ていただいたのでした。この縁で私が少しお骨を分けてもらいましたが、納めるべき適当な場所を得ぬままに、約十年別荘に置いたのです。そして今は、岸和田の久米田池畔に建った戦歿者慰霊堂の中心としてお祀りしてありまして、その処を得たことを感謝しています。

（二月二十日午後・岡部邸にて）

聞き手・皆吉爽雨

（三）着物の話

——明日はお中日でずいぶん暖くなりまして、ここへ伺う道の小金井堤の桜の芽も大分ふくらんでおりました。今日はどういうお話を承るのでしょうか。

今月はお雛様の月ですから、着物のお話を中心にして思いつきを申上げようと存じます。私は昔から日本の着物が好きで、服装として世界無類のものと思っております。御婦人殊に若い方々がよろこんで着られておりますが、男子としても見た眼にとてもうつくしく楽しいものです。その仕立も縫い目が直線で、縫い直しも出来ますし、色や模様の染めかえしも自由で、こんなに経済的な服装は全く日本独特のものと思います。着物の好きな私は、又解きものも好きで、糸が切れずに長く抜ける心持は何ともいへません。デパートなどへ行っても呉服部は必ず見て歩くのを楽しみとしております。内には子も孫もみな男ばかりなので、きれいなきものを買うことはありませんが、ただ婦人の着物の美しさには茫然とさせられます。

昔の草木染の発達が色彩感覚をゆたかにしたものと思いますが、柄や模様にも絵羽模様友禅模様などがあり、絣、縞にもいろんなものがあって、その変化の無尽蔵にはおどろく外はありません。——まあ私はそういう風に考えて、世界に類のない日本の着物というものに深い愛著を感じております。

——はじめて伺うめずらしいお話ですが、デパートが嫌いで、中でも呉服部などは最も避けて通る私など、今のお話は一寸おどろきました。しかし日本服の美しさというものには、これから勉強して眼をひらきたいと思います。

明治の初めに西洋式がいろいろ入るようになりましてから、宮中の服装は一切洋服式になって、女官までも洋装ということに定められました。甚だ失礼ですが、そのかっこうはあまり感服出来るものではありませんでした。その頃礼装としては男はフロックコート、女はローブ・モンタント、夜会にはローブ・デコルテという外国の礼装が正式のものとなりました。もっとも袿袴《けいこ》は許されていましたが、民間ではそんなものをもっている人は極めて少なく、そのため宮中のお召しがあっても婦人はなかなか出られないのです。お召しは西洋風に夫婦とその娘が招かれるのですが、妻君や娘は服装がない為に出られない、外交官以外の連中は大方お断りというわけで、これを我々は服痛服痛と言っていましたよ。（呵々）

毎年春は浜離宮で観桜会、秋は赤坂離宮で観菊会が催されましたが、男が二千人ほども集まるのに、袿袴をつけた婦人は二三人位しかいないというわけで、緋の袴は遠くからでもよく見えるから文字通り万緑叢中紅一点でした。あとはみな例の服痛で引込んでおるのですが、外国婦人は、まるで買物にでも出るような普段着でどんどん参会しておりました。その後、園遊会は日本の着物白襟紋付でもよろしいということになったので、それ以来娘さんなどもきれいな色物で何百人も出席するようになって百花爛漫でした。しかし宮殿内では依然禁じられていたのです。

昭和に入って、宮内省でも男子のモーニング、婦人の白襟紋付は立派な国民的礼装だから、宮殿内でもこれを認めてよかろうというので、婦人の礼装は紋付でさしつかえなしということに定められ、拝謁やお陪食の時などは、黒紋付きのみならず、色紋付でもいいことになって、服痛も無くなり、みなお召の光栄を喜んだことでした。

宮中に於る洋式の礼服も、こういう歴史をたどって日本着物が認められたわけですが、それ以前にある時、仏蘭西大使館から宮内省へ、ローブ・モンタントとはどういう服装かと照会があったことを記憶しておりますが、これは日本に入った当時あちらで流行していたのですけれど、自国ではとっくの昔に無くなっている礼装が、まだその名だけ日本には厳存しているために、反対に聞き合せが来たというような滑稽な話がありました。

近頃になると、日本の着物は外国では大へんなブームを呼んで、先般皇太子御夫妻が英国へ出かけられた時など、公の場所へきものでおでかけ願いたいという希望があったほど、日本の着物には魅力をもっているのです。また国際連盟に働いている婦人には制服がありますが、日本と印度だけは例外として自国の服装を認められているという位なのです。こういう事態は、私などの昔からの念願が叶ったような思いがいたします。

或テレビ会社の重役夫妻が外遊しての話に、婦人は外国の旅には着物にかぎる、和服はきちんとたためば、鞄に入れることが出来、出せばすぐに着られるが、洋服はそうはゆかず嵩張るばかりか、しわになって一々プレスをかけないと着られない、又西洋では冬でも室内は暖かいから単衣物で充分で、殊にかさが低いから何枚も持って行けるし、第一外国人が非常にこれをよろこぶからとにかく婦人の外国旅行は着物にかぎると言っておりました。私などが欧米に居りました頃、支那、印度、ビルマ等の人は自国個有の装いで平気で歩いておりましたが、今は日本の着物も外人に大もてになって、喜ばしいことと思っています。

又皇后さまや美智子妃がご外出の時など、和服を召しているのをよくお見かけしますが、まことに立派で美しい感じに打たれております。

――ところで先月は一緒にこちらへ伺った三田青里さんが、急な病気で臥しているようで心配です。よほど快方のようですが。

実は四月のはじめに関西旅行をしますので、岸和田の同君の家へも見舞いに参るつもりでおります。

（三月十九日、岡部邸にて）

（四）花の旅

聞き手・皆吉爽雨

――桜が咲きはじめた頃、関西の旅行をされましたそうで、今日はそんなお話を承りたいものと思います。

四月一日に京都につきまして、翌朝村田陶苑君の個展にまいりました。高台寺塔中の円徳院で開かれたのですが、ここには窯がありまして、私も村田君の指導で茶碗を作ったりしたところです。作品はいずれもすばらしく、南禅寺や建仁寺の管長をはじめたくさんの参観があって盛会でした。つづいて五月五日からは東京の三越で開くわけですが、さいさきのよいことでした。村田君という人は、名利に淡白なんであまり隣つきあいもせず、近所の人などもこんな腕前の人とは知らずにいたものですから、今度の展観でおどろいたらしいのです。隣りの私が行きつけの旅館のおかみさんなどは、平常は東山人形を作っている職人くらいに思っていまして、いつか夜中に水道がこわれた時に頼んで直してもらったりしたことがあったが、これではもう頼めませんといっておりましたよ。

村田君は、宗達、光琳の絵にあこがれて、立派な画も描きますし、焼物は仁清の手法を勉強して、今度のような作品に結晶したわけです。私は二三年前に君の作品を見て、そのすばらしさにおどろいて、ぜひ東京で個展をひらいて発表されたらと思って、昨年三越に見せたところ、これもびっくりして何時でも会場を提供するということになったので、愈々五月五日から決ったのです。三越も、こうした本当の芸術家を世間に紹介したいという意気ごみでおります。

その日の夕方奈良へ参り、菊水楼に入りました。前から懇意にしている主人でもう二十年前にもなりますが国際文化振興会の支部をここにおいたこともありました。一行は八人で、立派になった道を京都から車でやってきたのですが、奈良坂にかかるあたり、正面に大仏殿が見え、興福寺の塔があらわれてきて美しい眺めなのですが、今は県庁の改築工事がその展望を害していまして、あこがれの気分は大分殺がれてしまいました。

奈良全体も観光客が雑沓していて、静かに古都を遊覧するという気分は損われるようになりましたが、何とかしなければならんと思います。春日神社の正面の観光道路をトラックなどがやたらに走るのは面白くありません。奈良公園は安心して遊歩出来るようにありたいもので、東大寺から猿沢池あたりまでは地下道にすべきではないでしょうか。今から予言しておけば百年後には実現するだろうと思います。

奈良も私には親ゆずりの地で、父はよく奈良に参ったものです。奥山の月日亭を造ったのも父などの仲間でした。又平城宮址に建っている石碑の文も長職と署名して父が書いております。東では富士山、西は奈良というわけで、父のあこがれの地だったのです。奈良は何といっても千余年という長い生命のつながりがあり、立派に伝統の姿をのこしておるので、ギリシャやローマなどのような廃虚ではなく、世界にも類のない活きた歴史的の土地なのです。

次の日は法隆寺に参りました。私が会長をしているローマに在る日本文化会館にてここの百万燈を一基寄附していただくようにお願してありましたので、管長の間中完泉氏にお目にかかって挨拶かたがたお礼を申しました。私は以前佐伯定胤老師とはご懇意に願って居りましたが、同師には仏教視察団の団長として支那へ行っていただいたこともあり、東亜仏教大会の会長として色々お世話にあずかったこともあって、当時百万燈をお分け願いました。あの棚の上にあるのがそれなので、まことに思い出は尽きません。その中に入っている経文は世界最古の印刷物だといわれる貴重なものですから、伊太利の日本文化会館には是非一基はほしいと思うのです。法隆寺は修理もよく出来上っていて結構でしたが、境内は修学旅行の学生がいっぱいで困りました。しかし若い人々がこういう処を訪れてくれて、その生涯に法隆寺の印象が残ることはほんとうにうれしいことです。

それから中宮寺に参りました。奈良博物館長の石田君も来合せておりましたが、ここのご本尊の如意輪観音はちゃんと厨子に納められておりまして大変ありがたく拝みました。よくコンクリートの建物を別に造って、そこに貴重な仏像などが並べてあるのを見ます。京都の広隆寺の弥勒菩薩などもそうですが、文化の保存ということは大切ですが、ただ焼けない設備をするということだけではいけません、これではその魂が抜けてしまいます。文化美術というものは、芸術価値のみでなく、魂を入れて見なくてはほんとうではありません。魂を忘れて物体として見るのでは、作った人が泣くでしょう。

四日に岸和田に着きました。途中堺を通りましたので百舌鳥部御陵に参拝しましたというと御存じない方もありましょうが、仁徳天皇の御陵のことで、一番大きいといわれます。すっかり街になってしまいましたが、こうした天子様が立派に祀られてあるというのは日本ならではのことで、歴史をふりかえってみると夢のような思いがいたします。又大鳥神社の山本宮司から、かねて拝殿の修理が出来たからという案内を受けておりましたので、そこへもお寄りしました。本殿はすっかり出来上り、結婚式場の瑞宝殿も立派に新築されていて、そこには三方に鶴と亀と蓬莱の石庭が出来るそうで、岸和田城の八陣の庭を作った京都の重森三玲さんに頼んであるそうです。

五日には岸和田の佐々木勇蔵邸の茶会にまいりました。新築されたこの邸内に、三津の私の別荘にあった茶室、田舎家、富士見堂が移されているのです。何れももとは仰木魯堂翁の設計で、親しみ深いこの三棟が私の国の方に移されて、これからは大いに利用されるのですから実に有難くうれしいことです。母屋と併せて五つの茶席があって、茶席開きは連日盛況だったそうですが、私の参ったこの日がお祝の真打でした。私は手作りの茶碗を二十ほど土産に持参しまして、それぞれに銘をつけ、観堂好みの留紐を作って、岸和田茶道の発展を念じて皆さんにお分けすることにしました。この留紐は江戸時代から紐の伝統を承け継いで人間国宝に指定された池の端の道明という紐師に特別に作らせたものです。

夕方六時頃、三田青里居に参って青里さんを見舞いました。私が遅いのでいらいらしていたようですが、病もすっかり快く手離しで歩いていてびっくりしたほどで、うれしいことでした。一時間ほど話してから、北浜さんの河豚料理の店へ行って、ふぐ料理を食べました。季節は少し過ぎていましたが、何しろ北浜君は、相撲協会や下関市等から河豚料理の講習を頼まれたほどの腕前ですから、安心してご馳走になりました。すると青里さんから電話がかかってきて、さっきお見かけすると、お酒が少し入っているようで顔が赤かったが、血圧を注意するようにとのことで、さてはこの河豚料理がだいぶ羨しいんだろうといって大笑いをしました。

翌六日には、京都で都踊の案内をうけ、春の旅を満喫して、楽しい思いをのこして帰京しました。

——美しい花の旅も無事お帰りになって何よりでした。施中の句作の方はいかがでしたか。

句の方はどうも。しかし青里さんに君の病中は皆吉先生に句を見ていただくから安心してほしいと言ってやりましたからよろしくお願します。旅の前後のものを二三見ていただきます。

雪消えて枝かる〴〵と春立てり
種播きも遅れはせじと畑作り
師の病よしとの電話春の朝
いかるがの塔を仰ぎて花菜中

聞き手・皆吉爽雨

(五) 叙勲に因みて

——先般は賜杯の栄をおうけになりまして、誠におめでたく存じます。

はからずも文化の振興に貢献したという廉で、この栄誉にあづかったわけですが、今度いただきました三カ組の銀杯には、菊の御紋章が入っておりまして、特にありがたいことでした。

私が永年やって参りました国際文化事業というのは、主に外国を舞台として行はれる地均しのような極めて地味な仕事で、内地ではあまり人眼につかず、しかもその効果は、一朝一夕に顕はれることなく、頗る悠長なものであります。尤も、国際間の文化交流は決して生優しいものではなく、真剣勝負のような意気込でやらなければならないので、外国でそれを求める態度も、決して慰み半分ではありません。外国の真似をしたようなものでは、一顧をも払ってくれるはずはなく、文化の交流というものは、他国の文化で自国に無いものを求めるので、それを取り入れることによって、自国の文化水準を幾分でも高めようというところに目的があることはいうまでもありません。

日本固有の文化は、一千余年の長い年月にわたって、洗練に洗練をかさねて、今日に伝はっているのでありまして、他国にはその類の無いところに、高い価値があるのですから、日本人はここに基礎的な知識を持ち、自信あるものを、外国に紹介したいものです。そうすればまた、外国人は必ず感銘して、日本を正しく理解してくれると思います。これが私の終生の願望なのです。

ところが、従来の日本は、とかく武を尚ぶ好戦国という風に見られがちでしたが、近年にいたって日本に来遊する者が激増し、ために日本の固有文化に多大の関心をはらうようになって、ようやく日本を文化国家として再認識するようになってきました。

私が最初に文化交流の事業に関係しましたのは、今から約半世紀前になりますが、主として支那との間に行われたのです。当時日支間の国交はすこぶる険悪だったのですが、古来文化的に極めて深い関係にあった両国であるのに、兄弟牆に鬩ぐの愚をくりかえすのはそこに精神的のつながりが薄かった為めだとされ、文化の交流によって、その欠陥をおぎない、国交の改善をはかりたいというので始められたのです。もとより文化の交流というような仕事は、始めたからといって、すぐに効果のあがるものではありません。当時私はその効果を見るのは三十年から五十年の将来に期待する位でなければならないと自ら戒しめておいたのでありました。それが丁度今日それ位の歳月を経て、ようやく実を結ぶようになりまして、この功績を認められて今回の授賞を受けることになり、拝謁の上、お言葉まで賜はりましたことは、感慨無量なものがあります。

――文化事業としては、どんなことをなさいましたか。

今から四十年ほど前に、文化事業の特別会計が出来まして、基金が確保され、種々事業の計画がありましたが、その中で二三特に記憶に残って居るものを拾って見ますと、第一には、満州国で絵画展覧会を開催したことです。日本側からは栖鳳、大観、玉堂を始め、帝展院展の別なく、大家はことごとく出品され、内地では見ることの出来ない呉越同舟の展覧会で、空前の偉観でした。その開会に当って、日満双方の文武の要人約七十名を招待して宴会を催したのでしたが、席上満州国の国務総理鄭孝胥先生は、碩学を以て知られた方でしたが、日本の軍首脳部の満座の中で満洲側を代表して「日本は満洲国でいろいろなことをやって下さるが、自分達として、一番うれしいのは、今日のような嵩高な文化交流の事業で、これには進んで協力したいのである」と堂々と挨拶をされたのは痛快でありました。この展覧会は皇帝も行って見たいといはれましたが、会場に臨まれることは出来ないので、毎日閉館後、私と林出通訳官と同道して、数点づつ車に積んで宮殿に運び、御座所でゆっくり御覧に入れ、大変ご満足いただいたことは、今なお記憶に新たですが、既に過去の夢となりました。

次に上野の都の美術館全館で、唐宋元明の絵画展覧会を催したことがありましたが、支那からは、国外不出の名品を沢山将来されて大成功を収めました。其後之れについで、一時代下げて、宋元明清の展覧会をやりました。この両展覧会とも、古来日本に伝来した有名な支那画は多数陳列されて壮観でありました。またそのときの図録は名画大観と銘打って、厖大な特大版で、展覧会の図録というよりは、支那名画の大集冊となりました。

なお特筆したいのは、研究機関を各地に設けたことでありまして北京に人文科学研究所と図書館を、上海に自然科学研究所を建てましたが、これは各国が支那に設けた文化設備と比較して遜色のない大規模なものでした。内地では東京と京都に設け、東京は現に大塚にある文化研究所、京都は北白川にある研究所がそれであって、日支協力の研究機関として、東洋学の進歩には画期的な貢献をしたので、学界から大変感謝されたことは、思出の多いところです。

文化交流の事業として、もう一つ大切なのは、学生の交換であります。支那留学生の問題は、日露戦争の頃からあったので、当時二万から殺到したことがあったそうですが、警察の監視やら、下宿の冷遇などで、すっかり感情を害し、その上学校では受入体制がなっていないので、折角来邦した留学生も続々引揚げてしまい、それぱかりか、帰国後は排日運動に投ずる者も少くないという実情でしたから、文化事業の始まった頃には、この問題を重視して、寄宿寮を作り、又第一高等学校其他数校に特設予科というのを設けて、専ら日本語を教授して、本科に進んでから、日本語の講義を充分理解出来るようにしましたが、これは相当の効果をあげたと思います。

その当時の留学生で、今もって連絡のある人もありまして、人の世話をすることが如何に楽しいかを痛感しているわけです。今日は東南アジア方面から沢山の学生が来ますから、支那留学生の時の経験をよく顧みて、親切に教育して精神的のつながりを密にするように世話することが、先進国としての責務と考えます。

——五月五日から三越で開かれた京都の村田陶苑さんの個展、これに対する徹底したご尽力なども、今お話のようなお気持のあらわれかと思いますが。

私は、古今東西を問わず、いいものは大いに認めてゆきたいと思いますが、浮草のように根底なくしてただ新しがるようなものは嫌いで、そうしたものはすぐ厭きられるから、本気に惚れこむようなことは出来ません。その点、あの村田陶苑君は、若い頃から東山の人形作りというしっかりした根底をもっている上に、絵も宗達、光琳を勉強し、仁清の技術をも研究して、独特の陶芸術をだんだん大成してゆくところに立派さがあり、その上名利に恬淡な性格に敬服して、それを世間に推挙したいと考えて三越へ持込んだのです。この点は私ばかりでなく、三越としても、開いて見ると前例がないほどの成績に終始して、多くの人々の賞讃を博したというその結果が雄弁に証明していると思うのです。私としても間違っていなかったと自信を得たわけです。

開会早々三笠宮殿下御夫妻のお見えになった時には、感涙にむせんでおりました。ともかく地味に勉強する人ですから、ひろく世間に認められた今度の個展を機に、一層の精進を積んで、独自の境地を開いてゆかれることを祈ります。技術と同時に、人間的に修養をつんで、一生かかって立派な陶匠になってもらいたいと思います。

――焼物については大変ご趣味があるようにうかがっていますが。

いや一向にわかりませんが、とにかく面白いものですね。それについて、思い出すのは、パリーのルーブル博物館総長のサール博士が来朝された時、魯山人氏が食事を共にしたいというので三人で日本料理の卓を囲んだことがありましたが、その時魯山人が、日本の料理というものは、器と調和しなければならないという事を言ったところ、博士も大賛成されました。魯山人という人は、はじめ料理が得意だったのですが、使う器物の調和という方から、焼ものに入っていったのです。とにかく日本料理は一種の美術で、器との調和ということは世界に類のない独特の文化です。ともあれ、芸術上の仕事はしっかりした根拠の上にたつ信念をもって、雑音にまどわされないでやり通すことです。

先般銀杯をいただいたとき

　恩賜盃庭の若葉にかがやける

という即興句を作りました。又その前に、今年の春八十歳の祝の盃をもらったこともあったので

　祝盃に賜盃に春を祝ぐ八十路

と詠って、岸和田の三田青里君へ短冊を送っておきました。

（六）飯田の旅

聞き手・皆吉爽雨

――先日の新潟地震は、大へんな惨事でしたが、お親しい方などいらっしゃいませんでしたか。

幸い特に昵懇な方は居りませんでした。東京の大震災よりはいくらか弱い程度だったらしいですが、ほんとにお気の毒なことでした。私は東京の時には、丁度支那旅行からの帰り路で、その前日即ち八月三十日に東京に帰着する予定でしたが、たまたま瀬戸内の船の都合で一便延ばしましたので、九月一日朝大阪に入港しまして、昼食をしていた時、少しぐらぐら感じた位で、一日違いであの大震災は遇ひませんでしたから、今度の地震も一寸見当がつかないの

です。

しかし今度の場合はいろいろな点で、ことに建築技術上に落度があったようで、日本の科学をわるくいうわけではありませんが、いつも申しておりますように、新らしがって外国の模倣をするにも限度があることで、そうした国民性の欠陥が、今度の災害を大きくしたという風に考えられます。昭和のはじめに近衛さんなどと新潟へ参ったことがありますが、その頃すでに万代橋は架っておりました。今度の地震でその古い橋は無事だったのに、却って最近に科学の誇りをもってかけられた橋が落ちたということですが、とにかく日本ほど地震の多い国は外国にもないのですから建築上でもただ上手に外国を真似さえすればいいというわけにはまいりません。日本の特殊の事情についてもっと深く掘りさげ、又無形文化については古来の伝統をも軽んずることなく、基礎をはっきりさせた上でなければ有形無形を問はず本当の文化は成り立たないわけで、今度の地震は日本の科学に下された天啓であって、慄然とする次第であります。どうか今度の惨状を心魂に銘じて、再びかかる失敗を繰返へさない様に祈ってやみません。

——先日は信州飯田の方へ旅行をなさったそうですが、いかがでしたか。

可愛い子には旅をさせろというわけで、父はよく旅をさせてくれました。私も旅行が好きでよく出かけました。先月末諏訪から飯田に参って、豊橋の方を廻って帰りましたが、明治三十四五年頃のことでしたが、中学を卒業した夏、木曽旅行をしまして、浅間山へ登り、諏訪湖へ出て、木曽街道を下るという一人の徒歩旅行をしましたが、その当時のことを思い出して、諏訪湖の景色をなつかしく眺めました。

飯田には鉄工業をやる武藤君という非常に精神的な方が居りまして、古くから懇意にしていて、二、三十年このかた来遊をすすめられておりましたが、この春わざわざ来訪されて、是非やってくるようにとのたってのすすめをうけましたので、新緑見物かたがた五月二十三日約束したのでした。中央線の指定券がとれればよかったのですが、それを手に入れ損ねたものですから、出発の日には、武藤君は二三人も連れて態々東京までやって来られて、新宿からの自由席をとる為めに早朝からプラットホームに行列をしてくれたのです。とても考えられぬほどの親切をうけて楽に乗車が出来ました。上諏訪で飯田線への乗換も、特に配慮にあづかり、御好意は真に感激に堪へませんでした。

飯田では武藤君の懇意な市長や市会議長などの出迎えをうけて恐縮したのですが、今度は何の勤めもなく気楽な旅をしたいという私のむしのいい希望をうけ入れて、先方でも疲れない様にといろいろ気を配ってくれました。

飯田は赤石山脈と南アルプスとの山間の小都市で、そのへんから天竜川がだんだん大きくなって、ずっと下の方に天竜峡があるわけですが、着いた晩に一席もうけられて名物の鯉料理の御馳走にあづかり、大いに賞味しました。この地は又菱田春草画伯の生地で、この席上で、春草の一代記の講談を聞きました。飯田は昔から小京都といわれたほどの気もちのいい町だったそうですが、二回の大火にあって古い町並もなく、文化財なども殆ど烏有に帰してしまい、宗遍流の茶道もさかんで、いい道具もあったのが、大火でそれも燃えて、残ったものは東京の骨董屋が漁ってしまって、今はそうした物もあまりないようです。しかし精神的にはまだいいところが多分に残っていて、市長や市会議長は、共に医学博士でありますが、市政には大に尽力されて成績を挙げて居られるという話です。

又奥村さんという鉄砲火薬商をやっている方も、昔から懇意に致して居りまして、武藤さんと二人が、つきっきりで世話をしてくれたのですが、二日目は天竜峡から佐久間ダムの見物に出掛けました。丁度船頭のストがあって、天竜下りは出来ませんので、川に沿うた電車でダムへまいりましたが、なかなか広いダムの湖で、電車で小一時間位はそれに沿うて走り、百以上のトンネルを出たり入ったりして、その工事が至難だったことを想像されました。

湖では遊覧船にのって廻遊したのですが、その乗場へ下りる石段は百階もありまして両岸の若葉を仰ぎ眺めながら船足をのこして清潭を走る景観は美しいものでした。秋は錦を織なす紅葉が一段といいそうで是非再遊をして見たいと思っています。

飯田線の沿線で見る先年の水害の跡はまだまざまざと残っていまして、山の上の方には崖崩れが甚しく、平地には浸水の跡も残っているところも少くありません。大きな岩石が田や畑にごろごろしていたり、堤防工事の改修を急いでいるところも諸所にありました。二百年前にこの様な大水害があったそうですが、近年無理に川幅を狭めたりしたので、結局昔通りの川幅にもどってしまったり、埋立で作られた土地が全滅してしまったところもあるそうですが、これも天の戒めで、天には勝てないと武藤君も述懐しておりました。又山の高いところに人家がポツポツ見えるので、不思議に思って尋ねましたら、あの人達は少しばかりの畑を作って生涯を送っているので一生人里へは下りてこないということで、流石信州路だと思いました。又昔は飯田へやってくる京都あたりの繭買が、三年無事につづいて来る様なればもう大丈夫だが、大方は小金をもうけて、三年以内に遊蕩に身を亡ぼしてしまうという話もおもしろく聞きました。

帰りは豊橋の方がよかろうというので東海道へ廻って無事帰ってきましたが、去るにあたって私が厚くお礼を申しますと、武藤さんは三十年来の念願が叶ったといって涙を流して喜んでくれました。

——春草の遺作などはあるのでしょうか。

愛好家があって多少は持って居られるようで、その美術館を作りたいという希望がありました。私も話が具体的になれば助力もしようと申してきました。春草についてはこういう面白い話があります。同画伯の傑作として有名な「落葉」の屛風というのがありますが、別に同じ画材でバックに山の描かれた下絵があるそうで、それは細川さんが所有されて居るということでしたから、お尋ねして見たところ、あれは春草が破って捨ててしまいたい位で、人には見せたくないと言っていたものなので、美術館などに出品することは出来ないと言っておられました。あそこで聞いた講談では、春草が夢中で描いていたところが、知らぬ間に背景の山が出来てしまったということです。それが気に入らないのでもう一枚描きたいと思って町の屛風屋の前を通りかかったところ丁度気に入った屛風があったので動けなくなっていたところが、そこの主人はそれほどの事ならさしあげましょうというので、之を貰いうけて、あの名作を描きあげたのだということです。

——いろいろありがとうございました。お庭の木に尾長鳥がきていますね。

この頃はよくまいります。先達武者小路実篤君の家へ行った時、その庭へも二十羽ほどもきていて、のどかな眺めでした。武者さんの話では、毎朝さなぎを撒いてやるのでよくなれてやって来る。あれは武蔵野の名物でとてもかわいいものだと話していました。今度の旅で句は出来ませんでしたが、二三句見ていただきます。

うぐひすの声のしじまに佐久間ダム

初夏のアルプスせまり伊那の谷

新緑に信濃の遠嶺雪のこる

（七）八十歳を迎えて

私は明治十七年八月二十八日（一八八四年）番町に生れこの八月満八十才に達する。

たちまちに葉月を迎ふ八十路かな

明治十七年というと維新の動乱期が一応過ぎて、明治文化の隆盛期に入った頃である。教育制度が革まり帝国憲法の発布（二十二年二月）議会の開設（二十三年十一月）を始め交通機関や近代的産業もぽつぽつ出来始めた。此頃からの世相の変遷は甚しく、回想は尽きないが、ここには記憶に残る体験の重なものを述べよう。

その頃父は外務次官で、私はまだ学齢に達しなかったが、外国の郵便切手を手に入れる機会があったから切手蒐集の趣味をかじったのである。

当時の鉄道は、新橋神戸間、新宿八王子間（上野青森間は二十四年）などが次々に開通、更に品川赤羽間（今の山手線の前身で貨物輸送線）位が記憶に存している。東海道線は新橋が起点で、品川駅まで片側は海でお台場が浮んでいた。客車は三階級で、上等、中等、下等と呼んで居た。

明治廿三年学習院初等科に入学、住居は目白で丁度広重の富士三十六景中雑司ケ谷富士見茶屋の場所で、右の丘は今の学習院であの絵そっくりの景観だった。東京近郊での富士の眺としてはすばらしい所だったから父はこゝを選んだのである。

学習院は四谷の赤坂御所の前にあった。毎日の通学には面影橋を渡り太田道灌の故事の山吹の里を過ぎ、高田馬場から諏訪の森早稲田田圃を通り、合羽坂を下り津の守坂を上って四谷に出たもので、幼時は人力車で通ったが十才を越える頃からは朝夕歩かされた。その頃の学習院では既にランドセルを背負い半ズボンの制服で約一里を小走りに四十二分で行ける様になった。何しろ目白新宿間は一日四回で、しかも貨客混合列車であるから、各駅で貨車の入替に十分か十五分はとまり、駅の数も少いので利用価値は全然無いからであった。田圃や森にはよく狐が出たもので薄暮には気味が悪かった。この徒歩通学は私を健脚にして今日の健康の基礎はそのおかげと思う。

当時の市内交通機関は、新橋から銀座を経て日本橋に至る鉄道馬車のみで、銀座は煉瓦地といって赤煉瓦の家が並んでおり。日本橋通りは昔ながらの土蔵造りの問屋街。電車の出来たのは三十六年に日比谷から丸ノ内（当時は野原で三菱が原といい東京駅はまだ出来ない）を抜けて神田橋に至る区間が最初である。その頃は電車でも鉄道馬車でも進行中に勝手に運転台からでも車掌台からでも随所で飛乗り飛降りが出来たもので、一寸スリルを覚えた。交通規則が左側通行に改正された当座は、足勝手が悪くて乗降はあぶなかった。時々真横に飛び降りる人があってヒックリ返るのをよく見かけたものである。

学習院は初等科六年、中等科六年、高等科三年である。初等科時代には家庭教師が居たこともあり、中等高等科時代には塾生活をしたこともあった。文学的才能は乏しく、理科や数学の方がやや得意であったが、学業は真面目に勉強し成績は相当だったと記憶する。音楽は好きだったが、ヴァイオリンの稽古は失敗に終った。体育は乗馬と機械体操を主として筋肉の練磨に努め、夏は海水浴に出掛けて身体を鍛えた。明治二十七年の夏は房州の北条に行っていたが、丁度日清戦争が勃発して、豊島の海戦、安城渡、成歓の役、平壌牡丹台の原田重吉の玄武門乗越えの功名等は、錦絵によって親しみふかく記憶に残っている。水泳は、学校から片瀬に行き江の島を周游し、江の島鎌倉間（七里浜の沖）の遠泳等をやった。その頃登山熱は全然なかったが、富士山には二回登った。（競技本意）のベースボールとかテニス等はあまり好まなかったが、これも今日の健康に鑑みてよかったと思う。

日清戦争の媾和談判の錦絵も思出の種であるが、三国干渉で折角の遼東を支那に還付させられたのは子供心ながら遺憾に湛えなかった。あの当時の賠償二億両が日本の貨幣制度を金本位に改革する基礎となり、兎に角世界一流国の仲間入が出来た様な印象を与えられた。その時金の価格を一匁五円と定められたが、これを機会に新旧の硬貨の保存を始めた。従来の切手蒐集は二十世紀に入ってから各国でいろいろと盛に発売して際限がないので、日本の古金銀丈ならさほど種類も多くなく相当に蒐集も出来そうに思ったのである。

尤もそれらの金銀は戦時の供出で大分減ってしまい。古い時代のものは丈は供出を免かれた。元来私はものに凝る方ではないので大したコレクションにはならず、切手にしても硬貨にしても今では残存したものを持っている程度であるが、永年手がけたものだけに、それに触れると何となく気分が落付くのである。

明治三十三年には北支に義和団の排外暴動が起り、各国の外交官や居留民達は北京に包囲されて籠城したので、各国の連合軍は救援に赴いた。日本からは第五師団が出ることになり、青木中将が連合軍の総司令官となって無事救援の目的を果したのである。最近「北京の五十五日」という映画は有名であるが、当時のことを思い出させられた。その時独乙公使が殺されたので、賠償として独乙は支那から膠州湾を獲得し、東洋の天地は騒然たるものがあり、少年時代としては相当深刻な刺戟を受けた。

明治三十五年には中等科を卒業した。卒業式は元の木造の赤坂御所で、明治天皇親臨の下に行われたが、そのとき卒業生総代、優等生総代、年中無欠席総代等を勤め、院長の訓令に対する答辞を述べ且明治天皇より御下賜の賞品としてウェブスター大辞典をいただき、印象極めて深いものがあった。木造の御殿の床板は磨き込まれているので、幾度もその上を出たり戻ったりする内に益々緊張して靴がすべり、あわや御前でステンコロリンとやるところだったので冷汗をかいたことは今でも忘れもしない。

中等科や高等科の頃はよく暑中休暇に旅行をさしてくれたが、これも親心と感謝している。明治三十五年の夏には日本海の周遊をした。大家汽船会社が日本海周遊の航路を持っていて、私は小雛丸という千七百噸ばかりの汽船に敦賀で乗船し、山陰の沿岸に寄って下関に出て、釜山、元山、城津を経て浦塩に入港したが、丁度その時露国の東洋艦隊がこゝに集中して大いに威容を張っていた。川上総領事に紹介されて訪問したところ、同氏は浦塩は世界中有数の良港であるが、冬期に凍結するのが欠点で、露国は不凍港である大連をねらっているのであると大局論を聞かされた。又此地は写真は厳禁されており、前夜は強盗が出没して革紐に釘を打ちつけたものを背後から首にかけて背負い、殺してから掠奪することがあるから、高い所であちこちと展望を恣にしたり写真を撮らぬこと、夜は外出しないことなどを懇切に注意され、実に恐ろしいところだと身ぶるいしたことであった。幸ひ無事で写真の代りに絵葉書を求め、土産話にと金貨一個を買った。それから一旦小樽に戻ってから樺太のコルサコフ（後の大泊）に行った。寒漁村で夏でもストーヴを焚いていたのを憶えて居る。河に網を入れたが、産卵のため密集して川を遡る鮭は岸に飛上る位で、まるで手づかみが出来た。よく熊が鮭をとってたべるというが、あれならばさもありなんと驚いた。それから小樽に引返してから函館、新潟、七尾、伏木と寄港して三十五日目に元の敦賀に帰着して船と左様ならをしたが、船を去るのは非常に名残り惜しかった。

日露戦争の開戦は翌年の三十七年二月であった。当時の近衛院長は東亜の経論につき大きな抱負を懐かれていて、学習院に前後九年在職中には親しく御指導にあづかったが、その年の一月二日に四十二才で惜しくも永眠された。

翌三十八年には高等科を卒業して帝国大学に入学した。当時は高等学校卒業生は帝国大学への入学には試験をせずに全員収容されたのであって今日の試験地獄とは宵壌の差がある。日露戦争に関してはもとより相当正確な記憶はあるが、特別の体験があったわけでなく、ただ旅順の攻撃が手間取りバルチック艦隊が日本に向って発航したというので国民一般に深憂の底に陥り、又旅順攻撃や港口の閉塞、浦塩艦隊の太平洋岸への出没等々色々と心配させられたが、五月廿七日日本海海戦の大捷の報は暗雲を一掃し安堵することが出来たのは忘れ難い。

次の旅行は、日露戦争の終った翌年即ち明治三十九年夏のことで、陸軍側から学生の夏季修学旅行は便宜を与へられるということで、帝大、学習院及び一高等の学生百名を一団として出掛けることになった。先ず宇品にて乗船大連に直航し、旅順に赴いて水師営に於ける乃木ステッセル会見の場所から見てから、爾霊山に上り攻城砲が空に向いて大きな口をあけているのや、雨にさらされて白骨がそこここに散乱しているのも見た。港内を望めば露艦が或横転或は沈没し、閉塞船が燈台下に沈んでいる等当時を忍ばせられた。

大連には別に参観するところもなく、それから一路奉天に直行した。軍の輸送並で馬の貨車に二十人程詰め込まれ糞臭と苦熱堪え難いものがあったが、戸を広くあけると転がり落ちる心配もあるので半開のまゝに二十三時間もかかったという随分苦難の修学旅行であった。奉天は城内を見物したが、大会戦は城外で行はれたため、城内は比較的破壊されていなかった。翌日は撫順班と鉄嶺班に分れて、私は占領の最北端を見たいと思って鉄嶺班に加わって行った。ここで例によって不潔と騒音で純粋の支那町を見ることが出来た。

奉天からは安東線の軍用軽便鉄道で安東県に向った。太子河沿線の風光は頗る牡観で軽便鉄道だけにトンネルは殆んど無く、山は一々越えて行かねばならないから、長白山脈を越すところなどは勾配が急なので、皆乗ったままでは機関車は曳引出来ず。五車中、吾々大学生の車一輌丈は乗ったままで、その他は皆降ろされ、歩いて山嶺まで登らされた。然るに線路は九曲りで仲々進まない。途中線路上に牛が悠々と漫歩していて逃げないので、機関士が飛降りて石をもって追かけるという珍風景もあった。また軽便鉄道の機関車は石炭が完全燃焼せず盛に火の粉を吹き、それが無蓋貨車の我々の上に降ってくる、傘をさすとポツ／＼焼焦が出来るというわけで、貨車被いのズックをさがして俄造りの屋根を作って火を防ぎ、それやこれやで頂上に着いた頃には徒歩の連中の方が十五分も先に着いていたという次第で、これも思出の種である。

安東県に着く少し前に鳳凰城、九連城等を通過したが、これも日清戦争当時錦絵でおなじみの土地である。鴨緑江にはまだ本鉄橋は出来ていないので、仮橋を渡って朝鮮に入り新義州から朝鮮の本鉄道に乗って始めて生き返った心地がした。竜山に着き京城で一日を過し、安城渡や成歓の古戦場はなつかしいので時を割いて見物に行ったが、現実は全く興味索然であった。洋服は汗と塵でよごれてしまったから釜山下関等は素通りで、宇品から神戸に直行して旧知の平生釟三郎君の家にかけ込んだ。所が取次に出た女中さん、すっかり物もらいの貧書生と思い込んで奥へ引込んだが、御主人が玄関に現はれてビックリ、「ヤーあなたですか」と早速招ぜられて、取り敢えずというので湯を浴び浴衣を借りて鬚を剃り、神戸名物の赤牛の鋤焼の御馳走になった。あの時の味も忘れ難い一つである。

学習院の科程は前後十五年で、院長には近衛篤麿公、田中光顕伯、菊地大麓男等にはいろいろ指導をいただいた。(乃木大将は私の卒業後であるが、度々お目にかゝりお話を承ったことはあった)特に記憶に深く感激に満ちて居るのは、近衛院長であって、学習院の学生は外交方面に進めといはれ、既に先輩には松平恒雄君や吉田茂君等が出ており、近いところでは武者小路公共君、杉村陽太郎君。徳川定正君、斉藤博君等が外交官を志望した。明治四十二年に大学を卒業して、直ぐに外交官及領事官試験を受けて、一緒に就任したのは徳川家正君である。同君とは同年で初等科の始めから学習院にずっと同級で卒業し、大学も政治学科で、十九年間の学生生活を終始一緒に過し、外務省にも同時に入るというのは、よくよく因縁の深い竹馬の友である。外務省は試験は済んだが、丁度同年十月ハルピン駅頭で朝鮮統監の伊藤公が暗殺されて、外務省は大変ごたついていたので、辞令が遅れて十一月になった、そして徳川君はロンドンに自分はワシントンに赴任することになり、爾来五十五年、昵懇にして来たが、去年春先んぜられたのは、誠に哀悼に堪えず、深く寂寥を感ずるのである。

そよ風に青梅二つ落つるほど
老幹に今日もざくろの花赤し

(八)八十歳の誕生日に

――前回は学習院時代までのいろいろなお話を承りましたが、これからは実社会へ乗り出されてからのお話と思いますが、よろしくお願いいたします。

明治四十二年の十一月に外務省に入って外交官補に任命されました。始めに扱った問題は第二辰丸事件でした。これは第二辰丸という日本船が武器を密輸入しようとして澳門沖で支那軍艦に捕えられた事件で、支那は義和団事件頃から民衆の間に国家意識が高まって排日運動がだんだん盛んになってきていたのですが、この事件によって日本商品不買運動という形に高まった最初の排日事件でした。

翌年八月には、米国へ赴任することになったのですが、予定の東洋汽船日本丸の出帆日には丁度台風がやってきて六郷川が氾濫したために、霊岸島から船で横浜へ行かねばなりませんでした。私を可愛がってくれた祖母が渡米に当って

積ゆく　わが年浪もわすられて
　　帰らむ日さへ　はや　待たれけり　冬青

という歌を短冊に書いて贈ってくれました。

――この軸物に表装された短冊がそれですね。筆蹟もみごとですが、歌はまた至醇な愛情が籠って立派でございますね。おいくつでしたか。

祖母は七十を越えていました、私は二十七歳でした。この祖母は明治九年には一人息子の父を米国留学のために七年間も手離していた女丈夫でしたが、今は古稀を越えた齢になって、孫の私の外交官姿を見たかったのだろうと思います。今でもこの歌を読み、その心情をしのびますと眼頭が熱くなってきます。

航海は至極快適で、ホノルルに寄港し桑港に着きました。当時対岸のオークランドには、馬齢薯王とか玉葱王とか言われる大変成功した日本人がいまして、また大温室を持って桑港の花の相場を左右するという人もあって、そこへ案内されました。それから鉄道で七十二時間、大陸を横断してワシントンに到着。当時の日本大使館には大使は内田康哉氏、幣原喜重郎参事官、埴原正直一等書記官等顔ぞろいで、その方々の指導の下に私は外交官としての発足をしたのでした。その頃のワシントンは静かな町でKストリートにあった大使館はとても思い出の多いところでした。郊外のロック・クリーク自然公園にはよく乗馬に出かけました。又意外だった印象は、電車にのってみると、仕切があ

って前部が白人、後部が黒人の席だったことです。今日もこの人種差別の問題はむづかしいことになっているようです。我々日本人は無論白人なみに扱われていました。ここの勤務中にはまた排日移民法の問題、カリフォルニヤ州学童問題、それに通商航海条約改正、日米魯の漁業条約等の交渉があって、外交問題が輻輳してなかなかに多忙だったのですが、その暇を見て外交官の素養としてダンスの本格的な稽古をしたりゴルフをやったりしました。

二年後の四十五年春、結婚のため一時帰朝をゆるされました。ところが、私の帰るのを待ちに待っていてくれた祖母は重態で、私の帰国後五日目に亡くなったのです。四月五日が挙式の予定日でしたが、三月三十一日の晩、覚悟のいいこの祖母は、或はそれまで自分の命はもたないかもしれないから、日を繰り上げてもらえまいかと言いますので、一日の朝、加藤家に交渉して、即日に式を挙げることになりました。従って家で三々九度の盃をすましたのですが、それを見て祖母は大安心をして五日に瞑目いたしました。七十五歳で法名を妙玄院松節冬青大姉と申します。先程見せました歌に冬青という名が入っていますが、祖母は十七歳で後家になって、一生節を全うした人ですが、昔のことで、その時からこうした戒名を定めていたわけです。

この様な事情で、結婚の披露も省略して帰任の途についたのですが、今度は西比利亜を経てベルリン、パリに寄り、岳父の加藤が大使で居たのでロンドンには一週間程滞在してからワシントンに着きました。翌年には長男が生れまして、その三ケ月目にロンドンに転勤を命ぜられて、加藤大使は徳川君をつれて帰朝した後でした。当時続発した支那の排日事件は、一々英米等に宣伝されて、日本はすっかり侵略国にされておりましたが、これらの諸国は又自国の権益擁護の関係があるので、在英大使館の仕事の大部分も支那に関する案件だったわけです。

大正三年の夏には、一週間の休暇をもらって、スコットランド地方を旅行しましたが、有名なフォース橋を渡りますと、下は海軍の軍港で、大西洋艦隊が集結していて壮観でした。それで車窓からパチパチ写真をとったのですが、誰一人とがめ立てもしませんでした。往年のウラジオストックでのものすごい警戒ぶりとは雲泥の差です。しかも、それから一週間目に第一次世界大戦が起ったのですが、そんなことは夢想もされない落ちつき方でした。

いよいよ八月に開戦となって間もなく日本も英米側について参戦したのですが、独乙に居た日本の軍人、留学生、実業家などはあわてて皆ロンドンをめざして引揚げ、争って船便をもとめて帰国の途についたのですが、その手続、旅費の調達など、大使館はお話にならぬ取混み方でした。戦争の初期には空襲はありませんでしたが、次第に独機は英国東部に襲来し、ツェッペリンの偉大な船体は高射砲のよい的になって、大きな火の玉となって撃墜されるのも見ました。開戦一年目にはロンドンの中心部にも空襲が及んで、その悽愴な光景も身近に感ずるようになりました。それから約半月で帰朝命令をうけ、印度洋経由の四十日間の航海でしたが、地中海では独乙の潜水艦が出没するというので気味悪るく、消燈して走ったりしましたが、幸い無事に帰国することが出来ました。

帰朝後は、外務省の欧務局、後の亜細亜局に勤務しました。媾和会議になってからは又多忙を極めるようになりまして、浩澣な条約文の翻訳を連日徹夜でやったようなこともありました。支那は大正六年に同盟国側に参戦し、その対償として団匪賠償金を五ケ月間支払を停止することになったのですが、山東問題については支那側の抗議はものすごいもので、排日運動や同盟国に向っての宣伝やらで日支間の国交は頗る険悪になり、賠償金の返還を強要して来ました。当時の後藤外相は、いろいろ交渉の結果、これを対支文化事業に使うことに英断を下されました。流石は大政治家はちがうと今もって感激に堪えません。

大正十一年末から賠償金の支払が再開されたので、それを基金として対支文化事業特別会計が設けられ、翌十二年から事業が始まったのであります。その夏支那、満州各地の諸外国の文化事業の実況視察と、各地にて文化人等に面接して趣旨の説明やら意見希望等を聴取する様にと命ぜられましたので、炎暑の候でしたが約一ケ月半各地を廻りました。米英仏等が支那の各地に設けている文化施設は実に素晴しいので驚きましたが、日本がこれからやるとしたら彼等に優るとも劣らないものでなければならないことを痛感したのです。また文化人達は日本が古来から交流のある支那の文化の為めに尽力してくれることは感謝に堪えないと異口同音に述べられたのは非常に心強く思いました。旅行中到るところ禿山で緑を見ることがありませんので、八月末に下関に帰着して島々山々に鬱蒼とした樹木を見て、これこそ蓬莱の国だと感じたことでした。丁度東京へ帰着の直前に関東大震災がありまして、留学生の罹災者が多く、その救済やら送還などで当分多忙な日を送りました。

外務省には、初めに対支文化事務局、後に文化事業部が設けられ私は専らその方で文化外交の事務に没頭したのですが、何分にも日本は四面楚歌で、文化侵略などとまでいわれ、国内の情勢も亦極めて険悪、こうした事業は頗る難路でありました。

当時加藤の岳父が護憲三派内閣の首班としてこの難局に当ってましたが、普通選挙や貴族院改革の問題等で政界は轟々たる有様でした。加藤という人は公私を截然と区別して、身内の者を公務には一切関係させない主義の人でありましたが、貴族院改革問題に関する限りは唯一の例外として、私はその方の連絡を頼まれました。勿論この問題は吾々同族としても看過できないので、お手伝どころではなく、いろいろ斡旋の労をとりました。

大正十四年十二月には父を失い、翌月の十五年一月には岳父逝き、一ケ月の内に二人の父を失ったことは誠に力落しでした。丁度それは偶然にも厄年で、私の四十二才のときでした。

それから対支文化事業は上海の東亜同文書院や北京の同仁会病院等の事業を助成し、視察旅行を勧誘援助して有識者の交歓を図り、又留学生の学資補助などをしましたが、補助額を潤沢に与へたことは各方面とも感謝を以て迎えられまして、今日でもその好感を忘れずに文通を続けてくれる人が少くないほどです。

炎天もいとはず犬の声高し
くるひつゝ台風どこをさまよへる

（九）三代馬談——長男のオリンピック出場に因みて

——前回で大正時代が終りまして、自伝のお話は昭和に入るわけですが、オリンピックがいよいよ近ずきまして、その馬場馬術の選手として御長男の長衛氏がご出場という朗報を承りましたので、今回はそれに因んだお話をお願いしたいと思います。新聞雑誌で、お孫さんの長忠さんと共に三代にわたる愛馬のお噂をよく読んでおりますが。では、自伝の方は後廻しにしていただいて、時節柄親子三代の馬談をいたし、三人の幼時の乗馬姿の写真もお目にかけましょう。

明治二十二年頃、英国の公使館に代理公使をしておりました父から、素晴らしい木馬を送ってもらいました。今でもこんなに巧妙に動くものはないようですが、ギッコン〳〵と実にここちよく揺れまして、私はそれがうれしくて毎日庭で乗って遊んでおりました。写真（一）がそれで、跨っているのは五歳の私です。〔写真・省略〕

学習院の中学の中頃から馬術が正課としてはじまりまして、だんだん乗馬の興味をおぼえるようになり、障害物と び越しや、飛び下り飛びのりなどもやりました。飛び下り飛びのりは、サーカスじみているというので、近頃の馬術ではやりませんが、下りた勢で飛乗るのは運動神経がないと出来ないので、失敗でもすると馬に引づられてしまい、なかなか痛快なものです。馬は実に乗り手をよく知っていて、下手だと馬鹿にして言う通りにはなりませんが、上手だとおとなしくして手綱によく従うので、ほんとうに可愛いものです。私などはあまり馬鹿にされない方でした。馬上の打球もずいぶんやりました。五六人宛紅白の二組に分れてやるのですが、これは呼吸ものなので、丁度伏見大宮様御覧のときに大変うまくいっておほめいただいたことがありました。

四十三年、ワシントンに赴任した時、郊外のロック・クリークという自然公園に、渓流にそうた乗馬道がありまして、所々に渡渉する様に出来たところもあって、半日も乗りまわしますと、実に爽快そのものでした。馬に曳かせる軽四輪車でいったこともありまして、妻と相乗りで走らせたのですが、私が手綱をとるとよく走る、妻に渡すと止ってしまうというわけで、馬は非常に敏感ですね。その借馬の中にすばらしいのが一頭居りまして、足が全く地についていないようで、空中を飛翔するような感じでした。天馬空を行くとはこういうのだろうかと思ったことです。

私は文部大臣のときに、よく方々の学校を視察に出掛けましたが、教練のときは馬に乗って検閲したものです。文部大臣としては殆ど例が無いということですが、馬術の稽古が大変役に立ちました。

大正三年に赴任したロンドンではハイドパークの広い乗馬道によく出かけました。自慢の馬を駆る人が多く、又婦人の騎手もよく見かけました。翌年、南の海岸のブライトンというところへ、二歳の長男長衡《ナガヒラ》をつれて休養旁々行きました。そこはキレイな砂浜で、貸驢馬をやっている人が幾人かあって、長衡はしきりに乗りたがるので毎日乗せてやりました。これが今度オリンピックの選手として出場する長男の馬のはじまりなのです。馬暦は実に五十年になるので、其間全日本学生選手権大会で二位になったことなどがあります。次の写真がその二才の時のもので、そばに居るおじさんとはすっかり仲よしになって、降そうとすると泣いて聞きませんでした。〔写真・省略〕

第一次大戦で吾々が帰朝してからは、長衡は下総の三里塚に、親戚の岩崎家の牧場がありましたので、そこへよく乗りにまいりました。兵役は近衛の重砲兵に見習士官として入り、後には技術将校になったのですが、乗馬の機会に恵まれまして、却って本職の軍人仲間から、玄人はだしだと言われておりました。その頃西岡延次という騎兵少佐の方がおりまして親切にいろいろ指導をしてもらい、北海道帯広に牧場長をしておられた頃にも、すすめられるままに夏休によく御厄介になって、馬に乗せてもらっていました。

こうして長男の馬に対する熱心は病膏盲に入ったともいいましょうか、戦時中にも軍の馬を借りて乗馬をつづけることが出来ました。

終戦で追放をうけましてからは、長衡の妻の里の毛利家が黒磯に農場をもっていましたので、その近くで農場経営をはじめたのです。ペルシュロンという大きな農業用の重挽馬を買って、その馬力で農耕をやったのですが、孫の長《ナガ》忠《タダ》や長義《ナガヨシ》は、よく乗せてもらっていました。三番目の写真（二）がその時のもので、長忠五歳の頃でしたが、之れ又馬好きになりまして、親子は馬がよく合うのです。呵々。〔写真・省略〕

孫の学校の関係で黒磯を引きあげて東京へ帰った長男は、防衛庁に入りまして、皇居内にあるパレス乗馬クラブに入って、ずっと馬をつづけていました。

三年前に、サラブレットを一頭買いまして、それの調教を自分でやるようになりました。住居が青山通で、家の紋が巴であるところから青巴《せいは》号と名ずけたのですが、出勤前に五時頃から起きて馬場へ出かけて一時間ほどの調教を熱心につづけまして、それが実って今回のオリンピックの馬場馬術の日本選手に選ばれたわけです。勿論馬術は人馬一致でなければなりませんが、馬七分人間三分といはれる位で、騎手ばかりでなく、馬も審査をうけるのです。従って出場馬は皆専門の調教師によって調教されるので、選手が自分で調教までやるということは先づありません。それを長衡は、五年かかってもむづかしいといわれる調教を、素人で三年間にここまで成功させたことについては、専門家も褒めてくれて居ります。その点では、アマチュア選手の競技を本位とするオリンピックの精神に合致するものとして、めづらしい事とされています。長男は選手として日本の最年長で五十一歳です。外国の馬術選手には婦人で六十一歳という方がいますが。

長衡は、青巴の調教はまだ完全とは思っていないので、こんなことならもっと早くからその積りでやっておけばよかったと申して居ります。しかし今後も続ければもっとよくなる可能性はあるから、これから一層努力して、所謂鞍上人なく、鞍下馬なしという境地に達すれば、次のメキシコに於るオリンピックにも出て見たいと申しておる位です。馬場馬術だけは、障碍超躍等のように、過激ではありませんから、歳をとっても出来ないことはないので、この夢は或は不可能ではないかも知れません。

次は孫の長忠の話にうつりますが、黒磯で、写真のように五歳の頃から馬の興味をおぼえて、学習院の高等科になって乗馬がはじまり、次第に熱心になりました。津軽華子さんも親戚なので、一緒に学習院の馬場で練習をするようなこともあったのです。昨秋の全日本学生馬術大会では、障碍物競技に学習院の組が優勝したのですが、王座決定戦では、長忠が最優秀選手という栄冠を得ました。之れも朝は五時頃から院へ出かけて、授業前に練習するという真剣さの結果だろうと思います。今大学の三年ですが、選ばれて全国学生馬術連盟の幹事長をやっております。オリンピックでは、馬術部の審査部長の城戸俊三さんの部長付という、まあ鞄持ちといった役を仰せつかって、近頃は毎日学校よりは此の方が忙がしいようです。

孫は障碍馬術を専らやっておりまして、四年先のオリンピックには是非出場したいものだと力んでおります。若しこれが実現して、父子揃って選手にえらばれるということになれば、恐らくオリンピックに前例のない事になりますので、私などもそんな夢を描いて、楽しみにしているのです。

三代にわたる馬談、以上のようなわけです。

私は毎日庭の苔を眺めて悠々と暮して居ります。

馬肥えてオリムピックの日の待たれ

天高くオリムピックの馬いさむ

石組の浮ぶかと見ゆ苔の秋

——興味ふかいお話を有難うございました。十月二十二、三日のオリンピックに於る御競技を拝見するのを楽しみに致しております。

（十）

聞き手　爽雨

——先日岸和田へ参りました時、この秋には玄奘三蔵千三百年に因んだ遠忌法要やら文化祭の講演会がひらかれることを聞きました。三蔵の仏骨が岸和田に奉安されたことについては、以前の回にも承りましたが、全国的にいろいろと記念行事の行われるこの秋に改めて、ご関係ふかい消息を話して頂きたいと思います。

私が玄奘三蔵にふかい因縁をもったのは、三津の別荘に居た時のことで、この関係をつけてくれたのは、水野梅暁君なのです。この方は、長く長沙に居て、支那人との交遊も深く、又政界や文化界にも懇意な人の多い支那通で、私もいろいろ教えられるところ多く、実に立派な方だと尊敬して居ました。元は本願寺の大谷光瑞師のお弟子で、二十代の頃から支那に赴いて、足跡至らざるなしという旅行家でもあり、支那の事情に詳しい人でした。いつも旅行に先だって府志や県志などの地方誌を熟読して出かけるから、到る処話がよく通じよろこんで非常に楽しいと、よく話して居りました。

昭和十七年のころ、南京駐屯軍の高森工兵部隊が、郊外の金凌という丘を地均して、傍らに稲荷社を建てようとしていた時、はからずも玄奘三蔵の頂骨と彫んだ石の箱を発見し、内部は大変鄭重に納めてあったのですが、支那側で研究の結果、三蔵のお骨にちがいない事が確認されました。

玄奘三蔵は御承知の通り、唐代の始めに仏典の研鑽を志し、国禁を犯して脱出して印度に赴き、不退転の決意を以て業を積み、難行苦行に遭遇するときは、常に般若心経を誦して之れを突破して各地を巡歴し、名僧知識を参訪して梵典の収集に努め、前後十七年にてその目的を達しまして、唐の貞観十九年に帰国し、国を挙げての歓迎を受けました。爾来長安の大慈恩寺にて原典の漢訳に没頭して千三百余巻を完了し、仏教東漸の第一人者として人類救済の大業を成就され、なお大唐西城記を著はして中央アジアから印度地方の地理を明かになし、当時三蔵の尊称を贈られました。

隣徳元年六十四才をもって示寂されたのであって、始めは長安に葬られて居ったのですが、その後度々の戦乱で、諸所に転々として改葬され、長髪賊の乱のとき遂に所在が湮滅してしまったところ、ここに日本軍によって偶然発見されたわけです。当時重光大使は、此の霊骨は支那側にとりては非常に貴重なものであるからとて、副葬品も全部厚礼を以て南京政府に引渡したのであります。

支那側ではこの霊骨の顕現にいたく感激しまして、玄武山上に壮厳な宝塔を建てて祀ることになり、昭和十九年十月十日の落慶奉安の式が厳粛に行はれたのです。その頃は支那の殆ど全部が日本軍の占領下にあったのですが、この霊骨に対する日本側の処置については格別感謝の念深く、お礼として南京政府からこの霊骨を分けて日本側に贈られることになりましたので、日本仏教会から代表として倉持秀峰会長と水野梅暁師が、この盛儀に参列し、分骨も鄭重な儀式をもっていただいて帰国されたのであります。ところが丁度空襲の最中でしたので、方々に疎開しながら、水野君は身を以てこれをお護りしたのですが、結局埼玉県慈恩寺村（現在岩槻市）の慈恩寺が、慈覚大師の開基であって、同師は入唐して玄奘三蔵の住された大慈恩寺にて、修法されたという不思議な由緒があるので、此寺に分骨を奉安することになって、水野君は根津嘉一郎翁所有の高さ五十尺という大きな十三層の石塔を請うて寄贈してもらうことになり、昭和二十四年十月十日目出度く起工式が挙行されました。この大仕事をここまで漕ぎつけたので、同君はこれで自分の一生の仕事は完了したと、心から満悦して居りました。

偶々同月十九日から名古屋の覚王山日泰寺で、曩にタイから贈られた仏舎利奉迎五十年の記念法要が行はれるに際して玄奘三蔵の霊骨を仏舎利に御対面させて上げようという話が起って、水野君と慈恩寺の住職大島見道師とが、霊骨を捧持して名古屋に赴き二十二日に愈々対面の法要が行はれることになりました。ところでこれを捧持するのに自動車ではあまりに意味が無いというので、三蔵法師が印度で常に象背を利用されたという故事に鑑みて、東山動物園から象を借り出して、水野老が之れに跨がり、霊骨を首からかけて寺へ乗込みました。高階瓏仙老師はこれを寺に迎へて、導師となってこの大法要が営まれたのでしたが、名古屋では、十万という戦後最大な人出で、賑はったということです。

それから埼玉の方へお帰りになるわけですが、水野君は予て私の三津の別荘から眺める富士の姿が大好きで、三蔵さんにあの霊峰をお目にかけようという話になりまして、私もよろこんでお迎へしたわけです。沼津で下車、一路三津の別荘へ、梅暁、見道両師のお供で着かれました。一晩を明かされた十月二十四日は、日本晴の上天気で、富士山は雪をいただき、ほんとうにみごとな麗姿をあらわしましたから、御骨を座敷の真中に移して、この眺めを心ゆくばかりに観賞していただくことが出来て、一同念願がかなったと喜びあったことでした。

水野君は無事埼玉の寺へ霊骨をお届けしたのですが、何しろ七十六才という老齢でしたから、大変疲労して健康勝れず、間もなく床に就いて療養を尽されましたが、それから一ケ月して遂に他界されました。真に寝食を忘れ、身命を賭してやられた玄奘三蔵法師讃仰の事業も、翌年の落慶を見ず、また附帯事業として計画されて居た仏教図書館も未完成に終ったことは遺憾に堪えませんが、同君は実に大往生を遂げられたのであります。

こうした御縁で、私は別荘にお泊りのとき、水野君に霊骨を少し分けていただき度いと申出でましたところ、仏教会の諒承を得て、慈恩寺で正式に拝受したのであります。それからその処理について色々と考へ、三津はどうかと土地の人にも相談しましたが、どうも理解が乏しく、かれこれ七年間、別荘に安置し、留守居として居ました西尾きみが、大切にお守りしてくれました。

ところがこの話が伝はりまして、弘前の仏舎利奉賛会長の八木橋文平氏から、同地にある戦没者慰霊塔には、仏舎利を奉安してあるが、玄奘三蔵の霊骨を一緒にお納めしたいという話がありまして、これも仏教会の諒解の上で、少し分骨してあげることにしました。昭和三十一年二月二十六日高階老師と八木橋氏が、態々三津まで来訪され、別荘で之れをお渡しした次第です。それで翌年五月三日、丁度梅の満開の時に、奉安大法要が行はれて、私も列席致しました。

その後猶ほ引続き三津でお守りして居ました霊骨について、岸和田の三田青里氏始め福本市長其他が来訪されて、同市が戦没者の慰霊の為に行基菩薩ゆかりの久米田池畔の景勝の地にお堂を建て、その本尊に霊骨を報安することに話がきまりまして、昭和三十二年十月十六日、国立近代美術館の館長室で、岸和田仏教会々長永谷孝文師及三田氏に霊骨を全部お引渡し致しました。

同月二十日秋晴の好日和に恵まれて、近畿地方の僧侶一百名、稚児百五十名という壮麗な行列にて、靖霊殿の中央に霊骨奉安の儀が極めて粛然と行はれたのであります。

本年は玄奘三蔵の千三百年法要が、方々で行はれますが、私としては水野梅暁君の斡旋にて、かくも貴き三蔵法師の霊骨につき、離れることの出来ない因縁が結ばれまして、日本でも縁故の地でお祀りして、お慰めすることが出来るのは、誠に不可思議な仏縁と申すべく、冥加至極と誰々感泣の外ありません。

菊作りオリムピツクに急かれつつ
玄奘の遠忌に菊を供へなむ

玄奘をしのぶ心経秋の宵
秋晴れて般若心経高らかに
オリムピツク終えて玄奘祀る秋

(十一) 宮中勤務の一年半

聞き手　爽雨

——去る十月号では、八十歳の誕生日をお迎えになって、大正時代までの自伝的お話を承ったのですが、今日はそれからの足跡をお話願いたいと思います。

大正時代の終り頃、支那方面の文化事業は漸く緒につきましたので、先づ日支両国の碩学をもって、東方文化総委員会を結成し、事業についていろいろ相談を重ね、北京に人文科学研究所及び図書館、上海に自然科学研究所の計画を立て、相当大きな規模をもって建築にかかりました。然るに国際関係愈々険悪になり、日本の立場は益々悪化しますので、政府は平和を願って、シベリヤからの撤兵、四個師団の廃止、ワシントン条約の締結などをやりましたが、他方石井ランシング協定の廃棄のような問題が起って、こうした文化事業は停頓せざるを得なくなりました。又そのうちに大正天皇の崩御、田中内閣の成立による軍部の勢力伸張というような国内情勢となり、満洲では張作霖の爆死事件などが起りまして、更に開店休業の状態になってきました。

しかし文化事業部としては徒らに逡巡してはいられないので、ここに別案を起し、日本の東方学者連中と計って、内地に東邦文化の研究機関を作ろうということになって、昭和四年度の予算に計上し、東方文化研究所を創設して、東京の大塚に東京研究所を、又京都の北白川に京都研究所を建設することに決しました。かくするうちに、昭和四年の二月、宮内省から私に、内大臣の秘書官長に式部次長を兼ねて来てもらいたいという話があり、当時の内大臣は牧野伯爵、宮内大臣は一木喜徳郎男爵でしたが、牧野さんは外交官としての大先輩、一木さんは大学時代の恩師でもあって、こうした方々からのお話なので、私はこれをお引受することにして、宮内省に転任になりました。ここに外務省に於ける文化事業に関する仕事とは一応はなれることになったのです。

内大臣は、常時陛下に奉侍して、御下問に応えるという輔弼の職責、式部の方は公の儀式に関する職責をもっておりまして、今までとは全く違った仕事を担当することになったのですが、内大臣府にはまた独特の事務がありまして、その主なものとしては、明治天皇のお手元書類の取調整理ということでした。宮殿は一度火災にかかったのですが、残ったものも何棹かの長持に入っていましたので、例へば教育勅語や帝国憲法の草案、明治初期に外国のものを手本にして出来たダイヤモンドを鏤めた豪華な勲章の図案、その他の覚書などの書類を拝見して整理したのです。又大日本国璽とか、天皇御璽などを保管し、又之を押捺するという事務もありました。之等は三寸角の、純金製の大きな重い印章で、条約、法律、勲記、親任官の辞令等最高の書類に捺すのですが、時には一日に何百通に達することもあって、若い書記官ですらなかなかの重労働なのでした。それから、侍従とはちがった意味で、お側に侍しているので、時々お相伴をすることがありました。御陪食ではなく、極く家族的に小さい円卓に四人差向いで御一緒に夕食をいただくのです。今は人間天皇などと言っていますが、その頃も私などは、陛下は人間の陛下だ、神様あつかいを申すのは御迷惑千万だろうとよく言ったものでした。この円卓の夕食では普通の友人関係と少しもちがったところもない気易さで、よくゴルフのお話などをされました。

――そういう時の言葉使いはどうなんでしょう。例へば自分のことは私と言っていいのですか。

私達は宮中の古い伝統的な言葉遣いは知りませんから、普通の敬語でよいことになっていました。唯自分のことは私とは言わないで、初めは仲々出にくいのですが、私なら「岡部が」という風に申します。陛下もむろん朕などとは仰しゃりません。あれは文章語ですからね。

――式部の方のお仕事は具体的にはどういうものなのでしょうか。

公の儀式に関するもので、議会の開院式、外国使臣の親任状奉呈式、親任官の任命式、勲章の親授式、宮中御宴などの一切の儀式をあづかるのです。ところで永い慣例もあり、又関係式部官は多年習熟して居ますから、私のような新参者でも、どうやら大過なく勤めることが出来たのですが、それでも時に間違いがあって笑い話になったこともありました。ある式部長官（私ではありません）が、御宴会で陛下の述べられる御言葉を書いたものを陛下に差上げる時に、逆さにおわたししてしまったので、陛下は大勢の目の前で向を直してお読みになったような事がありました。こういうことは儀式の関係者としては大失態ですね。又英国のグロスター公殿下が、ガーター勲章贈呈使として来京された時、陛下は東京駅頭にお出迎えになったとき、公と併んで儀仗兵を閲兵されたのですが、儀仗兵は捧げ銃をなし、軍楽隊が英国の国歌と君ケ代を吹奏するのです。この場合英国では、皇帝でも皇族でも、その前で立ち止まって敬礼されるならわしになるので、お二人は止まられました。ところが御先導の駅長と式部長官は、それと気ずかないでどんどん先へ行き、プラットホームの階段から下りてしまったのです。吹奏中進んだのですから、大分先へ行ってから気がついて、後戻りをしてプラットホームに上って来たというような失敗もありました。とにかく、こうした儀式は、無事にゆけば何でもないのですが、しくじっても注意することが出来ないので、大変に目立つものですから、関係者は細かいところに気を配らねばならないのです。これも亦大切な仕事です。

又式部職には楽部というのがあって、多《おおの》、薗《その》、芝、東儀《とうぎ》などという年来の楽師の家があって、永年の伝統をもった雅楽が伝えられて居るのです。今なお、御宴其他いろいろな折に演奏されています。二三年前、これらの二十余人がアメリカへ演奏に行ったことがあって、世界に類のない音楽として非常な評判で、カナダへも参ったのですが、アメリカで千年前といえば神代時代で、その頃から日本にはこうした立派な音楽があったことは驚異だったろうと思います。

尚、式部職には主猟課というのがあって、鴨猟と鵜飼を主とし、鷹、隼、雉子、千鳥、水鶏、鷸、雁などそれぞれの鳥の習性を巧みに利用した古来の猟法を掌って居ったのです。国賓が見えた場合、冬は鴨猟、夏は鵜飼をお招きされることになっているのですが、鵜飼は昭和五年に改めて外交団を迎えて長良川にお案内されたのでありました。長良川には下、中及上の三ケ所の御猟場がありまして、御猟の鵜飼を催されるときは、十艘の鵜舟を集めて、真暗の川を下ってくるのですが、天地はただ燃えさかる篝火だけという実に神代さながらの情景で、神々しいかぎりでした。鵜の活動も間近でよく見られるので、外人達も珍らしがって、大へんに喜びました。当時御猟の廃止というような話さへ出ていたのですが、それどころではなく、今では国賓の歓迎の場合や外交団御接待には毎年必ず行われていることになっております。

——鴨や鵜は一般的にも知られていますが、千鳥、水鶏その他の猟、ことに伝統的な猟法などは全く知られていない事で興味ふかく存じますが、そのくわしいお話は又改めて承りたいと思います。ところで御猟場はどこにあるのでしょうか。

埼玉県の越ケ谷と千葉県の行徳でした。浜離宮にもありましたが、新橋の近くであの様な騒々しいところでも鴨殊に敏捷な小鴨などは沢山ここに集まって来ました。とにかくこうした猟法は興味深く貴重な伝統でありますから、私は是非これを文化財として後代に遺すことを冀っているのであります。終戦後のくわしいことはよく存じませんが。鴨猟と鵜飼が国交にも役立っているのはうれしいことです。その外、式部職には衣服に関する仕事もあったのですが、これは前回の「着物の話」の時申上げた通りです。

ところが翌五年の九月、貴族院の子爵議員に補欠が出来て、先輩同僚からまたその方へ来てくれという話がありました。自分から申し出るようなことは好まないが、円満に諒解がつけば行ってよいという返事をしましたところ、先輩の方々から直接に内大臣や宮内大臣に話されて、よく諒解を得られましたので、宮中の勤務は非常に短かかったのですが、その方をやめることにして、辞職の日に貴族院の互選に当選致しました。

わずか一年半の勤務ではありましたが、こうしたわけで宮中をはじめ宮様方にも直々に奉仕する機会を得、三十余年後の今日まで、なお眼をかけて頂いていることは、誠に有難いことと唯々感銘しておる次第です。

菊御宴直々言葉たまはりて
秋ふかみ庭にちる葉のちら〳〵と

聞き手　爽雨

（十二）貴族院議員の頃

――旧套のお約束申しあげた日は、風邪で参上が出来ませず、二月号は休載をいたしまして残念に思っております。今日伺いますと、玄関とお庭の間に竜安寺垣が出来、佐渡の赤石が据えられ、めでたく初春を迎えられた庭らしく、およろこびを申しあげます。前回は昭和五年、宮中のお勤めから貴族院議員になられたところで終っておりますが、その頃の貴族院のお話を承りたいと思いますが。

貴族院の話は御誌の方々は興味もいかがと思いますが、内部の事情はあまり御存じの方もないと思いますから、少しお話をいたしてみましょう。衆議院を第一院としますと、貴族院は第二院的な存在で、議会政治がゆき過ぎないように監視の役をするところなのです。英国の上院は貴族全部が議員ですが、日本の貴族院は皇族と公侯爵は全部世襲で、伯子男爵は同爵間の互選によって議員になるので、大体家の数に応じて伯爵が十八人、子爵男爵が各六十六人で主体が組織されておりました。互選と申しましても、お互に知り合った仲でありますし、学習院時代からの学友が多いので、世話役が次は誰々が適当だろうと相談をし合って互選するので、推薦選挙といった方がよろしいかと思います。勿論選挙運動などというものはないばかりか、むしろそういう人は擯斥されるくらいでした。

その他に勅選議員と多額納税議員というのがありまして、前者は学識経験ある者から政府が選び出して勅令によって選任される、後者は各府県の多額納税者から選ばれるもので、これは一府県毎に上から順に十五人の中から一人を互選されます。これが貴族院全体の構成でした。

手当としては、世襲の議員は無給、他は歳費といって年三千円と鉄道のパスがもらえました。このパスはとても有難かったのです。

しかし、こうした構成にはまた種々弊害もありまして、世襲議員はどうせ只奉公だというような気分がないでもなく、又互選議員は伯爵と子爵が研究会、男爵が公正会を組織して、研究会にはまた勅選議員や多額議員が大分入会しておりまして、貴族院の過半数に近い多数を制していた関係上、同院の大勢を支配するような実情でしたから、当時歴代の政府も研究会によって貴族院の安定を図ろうとしたので、自然研究会横暴の謗をうけ、又幹部は兎角従順な人を議員に出そうとする傾向があるので、そうした連中の気に入らねば実力があっても出難いというような事もありました。だんだん若い連中には大学出身者が多くなってきたので、幹部のいいなりになる様な議員はこまる。もっと議員としての自覚をもった人がどんどん進出しなければいけないという革新運動が起こってまいりました。それには、若い人々をもっとよく知る必要があるわけですが、学習院の同窓会である桜友会は大変役に立ったのでありました。兎角同窓会の役員は万年幹事のようになり勝ちなので、若い人がよりつかない。そこで桜友会では役員の構成を四十代以上の者を三人、三十代を三人、二十代を三人とし、若い人との間が遊離しないように工夫しました。その結果、議員にも若い人を出せるようになって、我々の革新運動は効を奏し又一部有力者の横暴という非難も声をひそめました。これは社会各般にも参考になることと思います。

元来貴族院の使命は前に述べましたように、第二院的の存在で満足しなければならないので、もともと貴族院は今の参議院とちがって、衆議院と同じ権限があるばかりでなく、政府には解散することが出来ないのですから、貴族院が独自の権限を振って政府に反対するときは、国政は停頓してしまい、総辞職をしなければならない破目に陥りますから、貴族院としては自制して、政治の行き過ぎをチェックする位のもので、研究会が万年御用党といわれたのも已むを得ないところであります。

こういう貴族院ですから新らしい連中も、決して若さに逸ることのないようにしなければ、本来の使命を完うすることが出来ないという意見が多く、そのためには各爵の間で憂いを共にする人々が常に意見の交換をしていなければならないというので、近衛さんや木戸さんや松平さん等各爵を通じて十数名の方が集まって、毎月二三回会合して食事を共にしたり懇談をしたりして、弊害の是正に努めました。

――そうした革新派のお一人だったわけですね。当時おいくつだったのです。

五十位でしたね。五十代でも少壮革新派だったのです。然し私が貴族院に出た頃は、この革新運動は大体完成して居りました。歳の話が出ましたので、今日のお話には別に関係もないことながら申しますが、私など八十を超える者ですから、よく古い人だといわれますが、しかし私は、数十年前に今の若い人と同じような経験を経て年をとってきたのですから、ただ古いとは言わせないと思っています。スポーツにしても、乗馬、野球、水泳、スケート、ボート、スカル、鉄棒、木馬、平行棒などから今流行のボーリングやゴルフまでやってきました。つまり新らしい老人だと思っているのです。

――ボーリングもですか。私など最近ボーリング場を覗き見して、近頃はじまった若い人の遊びだと思ったのですが、現在のも御覧になりましたか。

後楽園で見ましたよ。昔学習院にあれがありまして、私などもやったのですが、無論今日のように盛んではなく、当時のボーリングは木製で、一本だけのコースで一人が球を投げたのですが、ゲームは今日と少しもちがいはありません。又ダンスは正式に稽古をして、五十年前に既に卒業したのです。今日の若い人が新らしがって居るのは少々片腹痛い次第です。この様な古い思い出話をお耳に入れて恐縮です。どうか年寄りのたわごとと御笑殺願います。

議会についてなお一寸おもしろい話があります。あの議事堂は昭和十一年十一月に竣工し、桜田門にまっ正面に向かっているので、はじめは桜田門からまっすぐに道がつく筈だったのです。ところが当時の左翼が、桜田門から道が登りになる。つまり陛下が開院式に臨まれるとき、宮城をお出ましになると、下から議事堂へ登って行かれる様なことになるからいけないというので、わざわざ道を曲げて作りました。議事堂の建築は意見はありましょうが、兎に角東京で最も象徴的なものであるのに、折角の美観を抹殺してしまうのは残念なことだと当時から思っていましたが、最近になってあの辺の道路計画が一変して、桜田門から議事堂へ真直ぐな道が設けられて、遠くからあの議事堂を望めるのでとてもよくなりました。まあ三十年来の念願が叶ったわけで秘かによろこんでいます。

又序ですが、御承知の通り桜田門前にある警視庁の玄関の上には塔がありますが、はじめはもっと高くする設計だったのであったころ、そこへ登ると宮城を真下に見下すことになって不敬になるからいけないというので、これも途中でちょん切られてしまいました。それが現在の塔なのです。とにかく、こんな時代のあった事を思うと今昔の感に堪えません。

師走はや梅の莟のつやつやと
霜柱雀はばたき消えてゆく
氷割り袋にあつめわらべらは
霜ふかく柏の枯葉風に鳴る
雨戸繰る冬の朝日のまぶしさよ

（十三）国立公園の創設（一）

――（爽雨）議員になられてからは国立公園のことにご尽力なすったそうですが、方々をご覧になった感想をうかがいたいと思います。

国立公園というものは、百年前アメリカでイエローストーン国立公園が出来たのがはじまりで、その後続々各国でも設定されるようになったのです。日本でも明治時代から、わが国独特の自然美を保存しようという空気はあったのですが、アメリカのような広い国とちがって、日本ではその選定に色々厄介な問題が介在するので、むつかしい事情がありました。しかしご承知の通り日本は東北に長くて、太平洋火山帯に属しているので、地形と変化が多く、又南からは湿度の高いモンスーンがあり暖流と寒流が近海でぶつかるので気候が激変し、自然から受ける影響は恐らく世界中に類がなく、天災も多いかわりに、非常に自然美に恵まれているので、日本全土が公園だと言っても過言ではありません。又アメリカ等のような歴史の浅い国とはちがって、名勝や古蹟がいたるところに存在しています。風景でもそこに展開した歴史を回想すると豊かな人文が自然にとけ込んで魂を入れてこれを修飾して、日本民族の揺籃ともいうべきものになっています。日本の自然美は、実にそうした長い歴史を加味した見方をしなければならぬというところに特色があると私は思っています。

ところで、この国立公園設定の問題は昭和のはじめに起りまして、最初は古蹟名勝天然記念保護法が出来、昭和六年に国立公園法の制定を見たのです。始め各国の立法を参考にしたために、やや歴史を軽く見たという恨みがありました。日本には昔から松島や橋立を三景といっていましたが、あれは余り小さ過ぎて、今日の国立公園には不適当といわなければなりますまい。

かようにして、最初十五個所の候補地が選出されました。北海道では、阿寒、大雪山、洞爺湖及支笏湖の範囲、本州では十和田湖、日光、磐梯山、日本アルプス、富士箱根、吉野熊野、瀬戸内海、伯耆の大山など八ケ所、九州では耶馬溪、雲仙、阿蘇、霧島でした。そしてその選定について委員会が出来、その中にまた特別委員会が設けられ、私もそれに加ってこれらの候補地を隈なく視察することになりました。各地では非常な歓迎で、視察上大へん便宜を図ってくれたことは今もって感銘するところです。その頃の古い記憶をたどりながら、お話ししてみましょう。特別委員長は藤村義朗男爵で私は貴族院議員になって間もない頃で、丁度四十七八才位でした。

北海道は何といってもあまり歴史もなく、内地とは大分違っていました。先ず、阿寒地域から始めたのですが、石狩と十勝の境である狩勝峠を汽車で通りぬけると一望の平原で、新たに開墾された所謂火田が多く、山林を焼き払って残った焼木杭が方々に立っており又到るところに牧場がひらけて牛馬が悠遊して如何にも大陸的な眺めでした。帯広では牧場を見るために馬で出かけました。種馬なので興奮して危いということでしたが、馬には聊か自信がありましたので、まずまず種馬を無事に乗りこなして視察をすませました。泊ったのは弟子屈《てしかが》温泉でした。この地域には雄阿寒、雌阿寒、カムイヌプリ、アトサヌプリ等の火山があり、その間に、阿寒湖、屈斜路《くっしゃろ》湖や鬼気が迫るような摩周湖があり、またそれに連ってパンケトウ、ペンケトウなどの湖水が幽翠な山容をうつし、一帯に針葉樹に埋まり石南花の密林のあるなど寒帯的な寒々とした景色で、沿道はマタタビの大木が茂っていて、始めてその花盛りを見ました。あの有名な毬藻もその頃は阿寒湖にはたくさんありましたが、天然記念物として保護されており珍らしく見ました。

マタタビもまりもも夏をよぶ阿寒

次は大雪山区域ですが、北見の国の野毛牛《のっけうし》から層雲峡をさかのぼって、層雲閣という温泉旅館に泊りました。北海道の尾根といわれる大雪山の中央の朝日岳にのぼりましたが、北鎮岳、凌雲岳、白雲岳がつらなっていて、頂上の展望は雄大なもので、高山植物の密生するお花畑も壮観でした。

ここは国立公園としては一番広い地域です。

層雲峡大雪山と夏さむし

次は洞爺湖、支笏湖の地域ですが、先ずアイヌ部落視察のため千歳村に行きました。その頃はアイヌ人も相当保護されていまして、棲居には熊の頭骨が祭ってある立派なアイヌ風景を見ることが出来ました。登別の温泉も有名ですが、種々異なった泉質の温泉が隣接して湧いているのも珍らしいそうで、第一滝本館に投宿しましたがそのひろびろとした浴槽は他に見たことがないのでおどろきました。又この両湖は冬も氷らない不凍湖ですが、こうした温泉の為めだろうと思います。札幌、小樽、函館方面から近く、利用度はあるのですが、他に比較して特に秀れたところがないというので、この地域は第一次詮衡から除外されました。

十和田湖は、本州の最北にあって、国鉄の東北、奥羽両線から入ることの出来る便利な場所にあり、陥没湖として理想的な形をなし中山、御倉の二つの半島がつき出ていて、此辺一帯の紅葉は有名なものです。湖畔には先年和井内という人の造ったホテルが一軒だけありました。此の湖には魚は住まないといわれていたそうですが、紅鱒の養殖をはじめて成功し、ホテルでは大に賞味して旅情を慰めました。又八甲田山や大町桂月によって紹介された蔦温泉も此の地域内にあって、大に景趣を添えています。

錦秋の十和田のうみを霧ながれ

次は盤梯山ですが、まだ熊、羚羊、猿などの野生の動物が自生している原始的なありさまでしたが、ここは他に比較して規模が小さいので、第一次から除外することになり、出かけませんでした。

日光はいうまでもなく世界的に有名で、東照宮の輪奐の美ばかりでなく、中禅寺畔に聳える男体山の威容をはじめ幾多の名瀑がかかり、湯の湖、尾瀬沼、菅沼等の湿原風景は水の精の棲家といわれ、地質的に極めて顕著なもので、実に自然美と人工美の調和を得た屈指の国立公園といえましょう。

東照宮といえば、私の先祖があの構築にあたってお手伝を命ぜられ、霊前に燈籠を献じたと伝えられていましたが、後年にそれを捜して見ましたところ、二代目の長盛が献じた石燈籠が見当って元和三年と刻してあったので、一層身近かの感を深くしました。

日光にはなお問題があるのです。第一は神橋のすぐそばに架せられた鉄橋で、折角の丹塗の美観が見られなくなってしまいました。次は目下懸案なのですが、此の神橋のそばにある老齢の太郎杉を道路改修のため何本かを伐り倒してしまおうというのです。これは現に救護の運動最中ですが、助かればよいと念願しています。一番大きな問題は尾瀬沼を発電の為め貯水池として、あの美しく又世界的に珍らしい湿原を池底に没してしまおうという計画です。これは国立公園を管轄する厚生省では年来極力反対しているのですが、どうなりますことか憂慮に堪えません。兎角こういう近代的事業に従事する日本の技術者は、自然美とか文化という認識に非常に欠けていることは遺憾至極、発電事業ならば早く原子力によるとか新しい計画に飛躍してもらいたいものです。

尾瀬沼のお花畑よとこしへに

長野県を中心とする中部山岳地帯は、最初は日本アルプス国立公園候補地といわれていまして、北方に白馬、立山、剣岳等が連なり南の乗鞍岳に至る間鹿島槍、針ノ木、蓮華、烏帽子、黒岳、鷲羽、燕常念、薬師、槍、穂高、焼、笠ケ岳等々高山巨岳四十余座を連ねる雄揮な地域で、更には豪壮な黒部の峡谷や、明媚な上高地、五色ケ原、雲の平等顕著な地形と鬱蒼たる美林が裾を囲み、高山植物は眼をあざむくばかり、その間を点綴する平湯、上高地、白骨、中房、葛、立山、鐘釣、蓮華等の名湯散在し、或は登山に或はスキーに絶好の地域で、利用者も全国に冠たり得るものと考えられました。此地域は日本アルプスと呼ばれていますが、それは仮称であって、国立の公園の公式名称としてはふさわしくないという説が有力で、中部山岳国立公園と定められたのであります。

(十四) 国立公園の創設 (二)

――(爽雨) 次の国立公園のご調査は、富士箱根と吉野熊野の地域と存じますが、思い出のお話を、お願い申します。

この二箇所は候補地の中でも重要な地域で、まず富士は東京という厖大な人口をひかえており、吉野熊野はまた関西の大きな人口を擁し、いずれも利用価値の高い国立公園になるわけです。富士山は特に説明の要もありませんが、ただ当時は、その東山麓が陸軍の大砲射撃場になっていまして、全部を公園の地域にとり入れることが出来ないので、自然いろいろの計画にもこの演習地を避けねばならず、国立公園としては変な形のものが出来たわけです。

富士は世界にも類のない秀麗な霊山で、八面玲瓏といいますが、しかしどこから眺めてもよいというわけではありません。大きな宝永山の瘤が突出し、頂上もただ平らかに思われていますが、西側には剣ケ峰が高く聳えているので眺める位置によっては、富士山という観念的な影とは凡そちがっています。私は、よくいうのですが、東京の方から見れば宝永山が左に突出し、西方三保方面からは右に張出て眼障りであるし、又西側では剣ケ峰がとがっているので、富士山としては疑われるほどの形になり、富士の全景即ち海上に浮び立ち、頂上の線や東西の稜線までほんとに秀麗なのは、何と云っても南方即ち伊豆方面から眺めた形が一番よくて、理想的な壮観といえましょう。だからその辺の人に宝永山の瘤の出ている写真を見せると、これはよく似て居るけれど富士ではないと云うほどです。

富士は日本の象徴とか古来色々に云はれて、これを題材としたものは無数にあって、その点外国の国立公園とは大に趣を異にしますが、日本人が特に崇拝するのもここにあるのでしょう。私もその一人です。

富士の裾には、東に山中、北に河口、又西に西湖、精進湖及本栖湖という所謂富士五湖があり、青木ケ原の原始林がひろがってをって、秋の紅葉や黄葉は実に美しく、白糸滝のような瀑布もかかっていて、とにかく国立公園としては第一等級であることは申すまでもありません。

富士についてはお話することがまだ沢山ありますが、今日はこれ位に止めておきましょう。それから箱根は温泉あり、歴史も古く、山岳としての景観も捨てがたいものがあるから、富士に附帯の地域とすることに問題はありません。其の他、伊豆をこの公園にとり入れたかったのですが、区域をやたらに拡げたくないと云うことでもあり、又次に述べる熊野の海岸美を見まして、伊豆は一先づ除外されることになりました。（ここ数年前、伊豆のスカイラインと海岸一帯がこの地域に編入されて富士箱根伊豆国立公園と呼ばれることになりましたが、これは当然のことで、かねての念願が叶った次第です。）

次の視察は吉野熊野地方ですが、最初は大峰山と大台ケ原の山岳地帯だけを予定されていましたが、この地域の北方は吉野につながり、歴史の上から云っても、神武天皇時代から南北朝、明治維新時代と頗る豊富な史蹟があり、又花の名所としてはもっとも顕著で、古来人口に膾炙した地方でありますから此地区を編入することにしました。

特別委員の一行は未ず吉野川を遡りましたが、行く行く美しい杉の人造林が、兵士の堵列のように綺麗に列を正して居る光景は、見事なものでした。その道すがら吉野川の上流に進むと、谷は漸く迫り、そこに苔のむした大きな岩の上に山桜が露をおび、朝の日ざしに映えて見事に咲き盛っているのを見、その風情は何とも云へませんでした。東京の染井桜を何となくいやらしい下品な花だと思って桜を一概に嫌っていた私は、今この山桜の美しさに打たれて陶酔し今までの考へのまちがっていた事に覚醒して恥かしく思いました。そう考へると桜の絵には必ず花と共に赤い葉の若芽が画かれて居ることに気づき、なるほど山桜こそ日本を象徴する花として申分がないと痛感いたしました。桜についてはお話は色々ありますが、一言申し加えれば、桜には優劣二三百の種類があるなかで、私は山桜が原種でもあり、最も優良種だと思います。山桜は花に先だって赤い芽を吹き、又花の散るときも優にやさしい風情で、散ってからの葉桜の趣も全く随一です。その上、山桜は紅葉も見事で、楓とともに秋の山を錦に飾り、自然の景観に最もよく調和します。彼の本居宣長の有名な歌は、特にこの山桜を詠まれたのであります。

敷島の大和心を人問はば朝日に匂ふ山桜花

桜の話で大分横道に逸れましたが、一行は洞川に一泊して、翌日は大峯登りにかかりました。此山は、修験道の道場として行者の参詣が多いのですが、われわれはまだ山開にならないうちに、嶮岨なところを登攀するのですから、藤村委員長や美術学校長の正木さんなどの年長の方々は、到底歩いてもらえませんので、土地の青年達が、四人かつぎの駕輴を作って、われわれまで委員一同は担いでもらい、誠に楽々と登山が出来て、恐縮した次第です。大峯山では、始めて霧氷というものを見ました。それが峯にも谷も全山の樹木がガラスのように映えて伽噺の夢のようで、これこそ蔵王権現のご利益だとよろこんだことでした。山巓の行者の宿舎にしばらく休んでから、大蛇嵓の「のぞき」に連れて行かれ、心胆を寒くするような絶壁の上で、型の通り「親孝行を致します」と誓わせられたわけです。

下山となりますと、道は嶮しいし、崖に添ったゾットするような小道ですから、駕輴では危いというので、皆下りて歩いたものですが、正木老だけは、悠然と乗ったまま四方を眺めつつ、絶景絶景と叫んで一人いい気持になっておられたのが、今もありありと眼のあたりに残っています。

それから大台ケ原に登りましたが、それは大峯山とは異り、おだやかな山で、特に思出もありません。時間の都合で大杉谷も省略、木口から特別仕立の筏で北山川を下ることになりました。何しろこの辺は筏師の外は誰も下ったことがないという激流ですから、調査員すらまだ見て居ないので、土地の人は特別委員に是非その絶勝を見てもらいたく、そうすれば必ず国立公園に指定してもらえると熱心に申し出られたので、特別に椅子を筏に縛りつけ、しぶきのかからないように囲んで、屈強な筏夫を選んで、川下りをしたのです。水量豊富で、原始林のふかい山林は鬱蒼と両岸の絶壁をおおい、実に神秘的な景観で、すばらしいものでした。下ること一時間ほどで瀞八丁に出ましたが、これは又今までの動とは正反対に紺碧の深淵をなす静そのものでした。今日の北山下りは痛絶又快絶、恐らく他に見られない勝景であると一同驚嘆したのでした。それから瀞を俯瞰する瀞ホテルに投宿して静寂を味はいました。翌朝早く、急に山が鳴動するようなので眼をさまされましたが、それは例のプロペラ船のひびきが、山にこだまして大変な騒音を立てたのです。われわれ一行もそれに乗って十津川に入り、本宮に参拝してから、又本流に戻り、それから下流は熊野川で、河口の新宮に着いて一泊し、翌日新宮に参拝してから、熊野海岸の御浜をドライヴして、鬼が城とか橋杭岩とかいう奇岩を見、七里の間つづいている杉並木を通り、引返へして那智神宮に詣でました。

那智神宮のご神体は那智の滝であって、滝壺から真上を仰ぐと、丁度天から降ってくるように神々しき限りです。その壮厳さに感慨しつつ、次の潮の岬に向ったのです。この辺は太平洋の怒濤に洗はれて浸蝕した豪壮な海岸美で、これ又日本一でしょう。串本に行くと、青年団が待ちかまえていて、大勢声をそろえて串本節を謡ってくれました。大島はむかいにあって、そのものズバリで、何ともいえない郷愁をそそられました。私は民謡のファンですが、その現場で謡はれる素朴な節廻しは、一層味があって、うれしいものです。

その晩は勝浦で一泊することになり、越の湯という温泉宿に投じました。湯舟につかって、窓から外を眺めますと、すぐ下は海で、湾内のおだやかな潮の流れを見ながら旅の疲れをわすれることが出来ました。

この辺は最初国立公園の候補地には入っていませんでしたが、今までに言ってきたように、あらゆる自然美が山から海までつづいてその上熊野三社は、古来皇室において、伊勢とならんで尊崇あつく、歴代の天皇、法皇等がしばしば参詣され、その道筋に当る中辺路には、今なお九十九王子の御泊処の跡が残っているのです。国立公園としては史実もまた重要な要素とされているので、恐らくこの地方ほど到るところ重要な史蹟のある候補地は他にあるまいと考えて、この全区域は国立公園に指定すべきであると一同一致しました。丁度その時唐沢和歌山県知事が、一行を迎へに新宮へ来られましたが、途中中辺路で崖から自動車が滑って、危うく一本の桜にかかつて顛落をまぬがれたとのことで、一同無事を祝し合いました。

それから白浜に一泊して、一行は解散し、帰京の途につき、次には西日本の方へ出かけたのですが、これはまた続いてお話いたしましょう。

(十五)「さくら」の話

――(爽雨)前回につゞいて「国立公園の創設」を承る順になっておりますが、今月は「日本さくら」のお話をということで、その季節でもありますし又先般尾崎記念館で「日本さくらの会」の発会がひらかれて、ご出席にもなったことですから、大へん結構と存じます。

桜のお話ということになりますと、私には自然富士山が連想されてまいりますので、その方から申上げることになりますが、以前のこの随話でも度々申しましたように、私の父は富士が非常に好きで、屋敷を作る時には先ず富士の眺望のいい所を選び、年をとってからは府中へ別荘を移して、武蔵野の富士を楽しんでおりました。

そうした父にかぶれて、私も小さい時から富士山が好きで、昭和のはじめに静岡県の三津海岸に別荘をもとめるようなことになりました。そこからの富士は非常に整のった眺めで、近景には庭の巨松中景には淡島があって、その向うに秀麗な姿が遠景をなし、左に赤石山脈、右に箱根がつらなっている上の富士の眺めは、こゝへやってくるお客の誰しも日本一だといって喜んでくれましたが、自他共に之を許していたわけです。永く美術学校長をしておられた正木さんが見えて、こういう富士の景色は絵描にはとても描けまいと言っていましたが、たしかに朝夕に打たれるその霊感、それを文学にしても美術にしても写し出すことは至難で、富士を売ものにしている絵かきはかぎりなくありますが、真にその霊感なるものを打出した作は極めて少ないと思います。版画の北斎の妙技、鉄斎翁の霊筆、それに現代では梅原竜三郎画伯、この三人くらいが、本当に富士を写し出している巨匠ではないでしょうか。

――(爽雨)誰しもうける霊感、だからこそその表現は難かしいということになりましょうか。

そうですね。ともかく富士を大きく見せようとして大きく描くとそれが反って小さいものになってしまいますが、北斎などは、探さねば分らぬくらいに小さく富士を描きながら、空間の巧みな扱いによって実に雄大な感じを出しています。前号に浦野芳南さんのいはれた「大げさな物言に空虚を感じ、極小よく極大の天地を盛る」とは正に至言です。鉄斎は何といってもその荘重なところに人格が躍如としています。又梅原さんは、終戦後四五年、冬中うちの別荘に起臥して朝早くから終日富士に取組んでおられ、時には夜の富士を描かれたことなどもありまして、色々傑作を見ました。

——（爽雨）梅原さんのその間の精進ぶりは、以前のお話にも詳しく出てまいりましたが、たくさんの名作が三津のお邸で生れたことでしょう。今もこのお部屋にかかっている一作を拝見しましたが実に立派なものです。

そこで、この日本の象徴的風景をなしている富士に、同じく日本の象徴である「さくら」を配したならば、それこそ世界的な勝景を得ることになろう、ぜひ富士に桜を配した偉観を実現したいと考えまして、昭和二十五年に、附近の内浦と西浦に、先づ吉野から本場の山桜の苗千本をとりよせて附近に植えてもらうことにしました、その時は両村の青年団の人々が手伝ってくれて、山の嶮しいところなどにも方々に植えました。その時内浦村長の大川渉氏が

とつくにの人らも来ましたゝへむと　想ひつゝぞ植うる白山桜

と詠ってくれましたが、その時の私の念願として、山桜は成長もおそく花つきも早くないので、少くも二三十年の将来を考えぬと立派な花を見ることは出来ない、そこで丁度一九五〇年でしたから、それから五十年を見て、西暦二千年にはこれらの桜は素晴らしくなるだろうと、そういう夢を描いたわけなのです。それには千本では話にならぬので、今の神代植物公園の技師の山田菊雄さんに頼んで、小金井の山桜の種を一升ばかりとりよせ、畑に蒔いて育て、二三年の苗木を方々に移植しました。桜は強い木ではないので、傷んだものもありますが、今日までに早くも十五年経ちますので、相当成長してだんだんきれいな花もつくようになっています。西浦の大瀬崎で旅館をしている安田直哉さんや、内浦三津の瀬川繁さんというような熱心な人の管理によって、そのへんの植樹は成績よく育っているので将来が楽しみです。又三田青里さんに世話をしてもらって、岸和田にも種を送り、苗に仕立て、植えましたが、早くも年々花を咲かせて、岡部桜などと呼ばれているそうです。とにかく私の希望は充分に管理してもらって、今日からいへ

ば三十五年後の二千年には世界のお客をこうした地へ招致したいのです。これが私の夢です。私などその頃はもう居りませんがね。

——（爽雨）私だって居らんわけですが、こうした事は若い人によく覚えておいてもらって、そのたのしい夢をしっかり引きついでもらうのですね。

ワシントンの桜などは実にみごとな花を見せているそうですが、すべて管理がよいからです。日本人は桜に対する知識がとぼしく、管理もゆきとどかず、乱暴に扱っていますので、東京近郊の桜の名所なども今はほとんど見るかげもなくなっています。愛桜家はこれを遺憾として、その原因をたずねますと、明治期に桜をさかんに植えた時、種類の優劣もわきまえずに、樹齢わずか四五十年しかない劣等の染井桜をむやみに植込んだからなのであります。山桜は百年から百五六十年、ものゝ本によれば数百年というのがあるほどの齢をもっていて、虫もあまりつきませんから、私の夢の二千年には立派な花が見られるでしょうし、更にその後百年も二百年も爛漫と咲きつゞけるのが、この山桜なのです。

染井桜という種類は成長は早く、十年もすると相当花を見ることが出来る、従って気の短い日本人には向いているわけですが、花の盛りは二日くらいで、すぐ色がさめて青い葉が出てみにくいものになります。又毛虫が大へんつくし、天蚕絲病も発生して、木が傷みやすいのです。そこで将来永年にわたって立派な花を見たいならば明治の苦い失敗をくり返さぬよう、山桜のいいものを植えてもらいたいのです。

——（爽雨）私の近所なども桜の並木があって楽しい春を迎えていましたが、天蚕絲病でどんどん大枝が切られて、今年など幹が棒のように立っているだけで花どころではありません。染井という変種のもろさなのですね。ところで先日の「さくらの会」の発会はいかがでしたか。前代議士の鈴木正吾さんなどがその下地を作り事務上では俳句仲間の久保山灰さんが活動していまして、私も招かれたのですが、やむなく欠席したのでした。

そうでしたか。最近さくらの会の発会式がありましたが、国会議員その他の有力者の唱導で、今日の日本の桜のあわれなさまを心配して、今後全国的に大いに桜の知識の普及と優良種の保護繁殖を計ろうという会で、まことに結構なことであって、船田衆議院議長を会長とし、私も顧問の一員に加わって、当日も出席いたしました。日本には昔から桜の愛好家も多く、種々銘花を作り出しました。近年は牧野富太郎博士、三好学博士など著名で、三好博士は「桜花図譜」を出されましたが、最近では京都嵯峨の佐野藤右衛門氏が、大きな農園をもって現在二百数十種の桜を集めて研究し、何万本かの桜を培って居ますが、接木は自分でやらないと混乱してしまうという位の真剣振で、数年前研究の結晶をまとめて、立派な「桜」を出版されましたが、恐らく空前の豪華な図譜でしょう。

私は桜が好きで、あちこちの名所を見て歩きましたが、第一は吉野山で、全山山桜ですが、こゝでは国立公園のことに熱心な岸田日出男という県の技師に案内してもらいまして、旧知の吉野神宮の河崎宮司の宅に泊めてもらい、翌朝花見の人のまだやって来ない静かな時間に、花をゆっくり見ることが出来、実にその名に背かない壮観でした。蔵王堂あたりの見事な一目千本を賞してから、如意輪堂吉水院、南朝の宮跡、後醍醐天皇御陵等を廻って古を偲びました。中の千本、奥の千本の方は、花が少し遅れるので、行きませんでした。

――（爽雨）西行庵あたりまで二三度行ったことがありますが、一目千本というような景色でなく、一本々々の老山桜がそれぞれ処を得て咲きほこっているという静かで高雅な趣です。

吉野の人は、染井吉野という名前にはひどく憤慨しています。これは明治の始めごろ下谷染井の植木屋が作り出した新種だと言われていますが、販売策のために吉野という名を冠せたのですが、吉野の山桜とは違うので冒涜だといはれて居ます。これは関東に多い花ですが、上野や向島も、昔は彼岸桜のようでしたが、だんだん染井に押されてしまったのです。弘前城の桜もすばらしいものですが、これも染井で今は樹齢が来ているようで、市の観光課では今後は山桜に替へるということです。

――（爽雨）我々句作者も年々の桜には夢中になってこれを眺め詠っているわけですが、特種な場所以外はおよそ染井吉野を見ているように思います。山桜を染井の下位にあるもののようには考えませんでしたが、どこかさびしく孤独で、花咲爺の咲かせたような爛漫さという点では、染井の方により眼をうばわれておりました。がお話で、山桜が本種であり本来の趣に於ても樹齢などに於いてもはるかに秀れたものだという点、大いに教えて頂いたことになります。尤も我々はそれはそれ、これはこれという趣を追うて句に詠っているわけで、今後ともいづれをも讃美諷詠することと思いますが。ご近所の小金井の桜は今年はいかがでございましたか。

今年は気候がわるく、花はあまりよくありませんでした。こゝは今も全部山桜で、二百年前後の老木も多少残って居ますが、何しろ五日市街道の自動車がはげしく、その傷み方も大分ひどいようですね。大阪の園芸家の笹部新太郎さんは、武田尾に山をもっているので、そこも見に行きました。山桜を盛んに植えていまして有名ですが、染井桜は眼の敵のようにしておりました。

「さくらの会」でも、是非この山桜の普及をやってもらわねばならぬと思っています。山桜は成長が遅く花つきもおそいので、気の短い人などは、こんなものは駄目だといって成長途上のものを切ってしまうような虞れもありますから、そんなものではないという事を前もって充分承知して居てもらわねばなりません。遠い年月を目標にすれば、染井は皆枯れてしまって、残るのは山桜となるのです。

実際論としては色々と交ぜて植えればいゝと思います。桜には幾多の種類があることは前に述べましたが、十月桜、緋寒桜、彼岸桜（枝垂もこの一種）、染井桜、山桜、それに里桜と総称される八重桜（品種多数）などがあります。それで秋の十月頃から翌年の五月頃までは、桜の花が見られるわけです。

尤も山間の緑には山桜でないと調和しませんから、充分注意が必要です。

去る四月二十三日には、赤坂御苑で観桜の宴がひらかれましてお召しをいただいて、両陛下や宮様方が静かに歩を運ばれ、種々お言葉を賜って感激いたした次第ですが、あそこにはやはり山桜が多く咲いており、チラチラ散るところなど、何ともいえない風情でした。

山桜吹かれて御衣にかかりけり

大瀬には桜の裳裾引きて富士
散りそめて若葉映ゆなり山桜

(十六) 国立公園の創設

――(爽雨) 前々回につづいて、国立公園ご視察の旅のお話を承りたいと思います。

前回の視察の足をさらにのばして、瀬戸内海、伯耆大山、九州の雲仙、阿蘇、霧島の五つの候補地を見て廻りました。

瀬戸内海はご承知の通り紀淡、鳴戸、豊予、関門の四つの海峡が口でありますが、当時は呉に軍港があったので、之等の海峡は要塞地帯となっていたために立入が制限されていまして、瀬戸内全部を国立公園の区域に編入することが出来ませんでした。そうした中で、一行は海岸伝いに展望のよい小豆島、屋島、鷲羽山、鞆の浦、宮島という風に汽車や汽船で廻ったのですが、私は曽って別府から神戸へ直航したときには、島々を縫って或は迫り或は広々とした変化の多い風景で、その間を白帆が静かに往来し、又夜は月下に漁り火がともり、この印象は忘れ難いものがありましたが、今度は海岸の各処を一々寄って行くので、あまり陸地が近か過ぎて、島との見さかえがつかず、変化が乏しくて直航の方がずっとよかったように思いました。それはともかく、この瀬戸内は入江が多く、昔から海上交通のさかんなところで、沿岸にはまた全国的に船乗りの信仰をあつめている金比羅さんをはじめ、厳島神社、阿武兎観音、屋島寺などの名所旧蹟が、必ず景観のよい場所に点在していて、瀬戸内海は海の公園として実に申分がありません。

先づ小豆島に登りました。豊太閤が大阪城を築いたときに、ここから石材を取ったということですが、中央には花崗石のけわしい山が聳えて壮観です。昔は土地の人は神懸山《かんかけやま》といって居たのですが、いかにも神々が降りたって腰をかけられたような神々しい感じの山容で、神懸の名はほんとにふさわしく思いましたが、明治の頃ある詩人が作詩の都合で、新たに寒霞溪《かんかけい》という音の似た支那風の名をつけたということです。山の名に溪とは凡そ実際に似ても似つかないところで遺憾に思いました。こうした例は他にもありますが心ない業です。

それから宇野港より連絡船で高松にわたったのですが、この高松城は有名な水城で、海からの眺めはすばらしかったということです。ところが、近年その周辺の海岸を埋立て、赤煉瓦の倉庫が建ち並んで、切角の光景がすっかりこわされて居たのには失望しました。高松には一泊して、翌日屋島に登りましたが、ここからの静かな海の眺望は眼障りのものもなく。又源平の古戦場も俯瞰されて今昔の感に打たれ、暫らく佇んで見とれて居ました。

――(爽雨) これは玉藻城と呼ばれている城で、長年門をとざして人を入れなかったのですが、戦後公開されて、高松の俳人諸君は吟行や句会に利用しております。

次に鞆の浦に参りましたが、ここには仙酔島があり、鷲羽山《わしうざん》からの眺めは大小の島が遠くに又近くに散在して、島影をうつし、全く絵のようで瀬戸内の代表的景観といへましょう。この下津井に一泊して鯛網の盛観を見、またさくら鯛の馳走になったのですが、その光景と美味は今も忘れられません。

厳島は要塞地帯の関係で公園に編入することは出来ませんでしたが、御承知の通り日本三景の一で、背後の弥山、その麓の朱塗の社殿の廻廊や海中に立つ大鳥居など、竜宮を思はせるものがありまして、あの自然美と人工美との完全な調和は実に素晴らしく、古人の美意識には敬服の外ありません。

伯耆の大山《だいせん》は出雲富士ともよばれ、山姿は雄大秀麗にて、登りますと中の海から島根半島まで一望におさめることの出来る中国で最高の山です。山腹には山毛欅や黒松の原始林があり、麓には歴史上有名な船上山等もあります。次に出雲大社にお詣りしましたが、伊勢神宮とは又ちがった様式の特殊な建築でおもしろいと思いました。山陰には他にはこれといった地域もありませんので、ここも国立公園として認めることにして、三朝温泉に一泊しました。

九州へ入りまして、まず長崎に行き、町を案内してもらって、外国との交渉の史蹟を尋ねてから、島原半島の中心をなす雲仙にまいりました。この辺は昔から支那や南洋などとの交通の玄関口で、外人との接触がふかく、支那人をアチャさんと呼んで親しんでいるなど、変な眼で外人を見るようなことがなかった為に、外人もこの土地の人によくなじんで、避暑客など盛んにやってきたようです。丁度五月の季節で、全山は有名なつつじやみやまきりしまなどの群落が満開でとてもきれいでした。普賢岳からは天草灘、有明湾、阿蘇、霧島まで見えておりまして、海と陸とを一望に収めるという開豁な展望です。温泉も一帯に湧出して泉質の種類も多く、観光、遊覧、スポーツ等内外人の利用価値が高いので、以前から県立公園となって居た位で、地域としては広くはなかったのですが、国立公園に認めてよかろうということになりました。それから島原へ下りて船で三角へ出て、熊本の城址や水前寺などの名所を案内されてから阿蘇に向いました。阿蘇は火山として世界的の地域で、阿蘇から久住山を公園候補地とされていたのです。周囲三十里という外輪山にかこまれ、火口原の中央には中岳の噴煙が天に冲し、高岳、根子岳、杵島岳、烏帽子岳と共に阿蘇五岳と言われ、山容は或は温雅に或は峻峭で偉観であります、外輪山の中の盆地は牧野的な田園風景が展開して、模範的な火山地帯です。外輪山のところどころには展望のいい突角があって、その七鼻の中の遠見の鼻、お成山など特に秀れて居る展望台に案内されました。又中岳はいい道路がついていまして、自動車で楽々と頂上を極めることが出来、実に壮観でした。麓では阿蘇神宮に詣でましたが、宮司の阿蘇男爵は祭神の子孫だということで、お会いしていろいろ話を承りました。

――(爽雨) 麓の坊中から登られたのだと思いますが、昭和六年の頃もうバスはございましたか。私がはじめて登った十年頃には立派なバスが通っていて、女車掌の調子のいい案内や唄を聞いたものですが。

さあ、よく覚えて居りませんが、歩いて登ったのではありませんから、バスがあったのだろうと思います。外輪山の遠見の鼻を大観峯と名ずけたりした詩人の悪い癖の例はここにもありました。いたるところに温泉がありますが、私達は戸下という温泉に泊った様に記憶して居ります。九重山の方は時間の都合で、遠くから眺めるだけにとどめました。久住は九重とも書くようですが、どちらが正しいのですかね。

――(爽雨) 近頃出た深田久弥さんの「日本百名山」によりますと、九重山は山群の総称で、主峰は久住山、同じ発音の九重と久住がそんなことに落ちつくまでに、長い間山名の争奪戦があったということです。とにかく九州で一番高いのがこの九重山なのです。

五月半ばに鹿児島に着き、岩崎谷荘という大きな旅館に泊って、城山や島津潘邸跡、西郷隆盛自決のところなどを案内され、桜島にも渡りました。大正の大噴火のときにおびただしい熔岩が流出していました。その時聞いた話ですが熔岩の流出するのは非常に緩漫で、附近の村民は皆避難する余裕があったそうで、死者はなく、その後それらの避難民には薩摩の南の方に、均等に土地が分与されたところ、従来相当にやっていた百姓は、やはり数年後にはその土地でも立派に栄え、以前わるかった者は、其後もあまり振わないということでした。人間はその能力や努力によって、生活は向上もするし低下もするものだということを痛感させられました。

ところで五月十五日には霧島の韓国岳《からくにだけ》に登りましたところ、その日はめずらしく日本晴で、種子島から屋久島まで見えました。そんなことは年中幾日もないということで、一行は幸運を喜びあったことでした。ここから高千穂の峯に登りましたが、その辺にかけて、大小の火口湖がたくさん出来て居まして、山の姿が色々にうつってとても美しい景色でした。高千穂の頂上には例の天の逆鉾という岩が屹立していて、それぞれ神話的な伝説を物語って居ました。その夜は霧島温泉に泊ったのですが、特別委員の一行と共に来られた鹿児島県知事が、夜半急遽県庁へ帰られたので何事かと驚いたのですが、例の五・一五事件が勃発して、犬養首相が暗殺されたという急報があったのだそうです。当時のことを思うと慄然とするものがあります。

霧島の視察を終ってから宮崎県に出て、狭野神社に参拝しましたが、此の社は神武天皇御生誕の地に建てられたので、主祭神は神倭伊波礼彦天皇で、その御両親の鸕鷀草葺不合尊及玉依姫命を始め神々をお祭りしてあるのだそうですが、この辺の人はジンムさんジンムさんと言って、まるで近年の人を親しんで呼んでいる様な印象を受け、とてもおもしろく思いました。又小林町にては日本一という巨大な夫婦岩に案内されました。

これで全国の視察を終った一行は別府で解散して夫々帰途につきました。

こうして最初は国立公園十二ケ所が選定されて、我々特別委員会の報告がそのまま総委員会で可決されて、昭和九年に正式に指定されたのでした。

(十七)私と健康

——爽雨　この八月で八十一歳というめでたい齢をお迎えになり、又岸和田の三田青里さんが、病気を克服して二年ぶりに上京して同席されていますので、健康と日常生活というような事についてお話を願いたいと思いますが。とくに健康法というようなものを心掛けてきたわけではありませんが、若い時から中壮年時代、現在と、すべてを自然に無理をせずに来たということがよかったのだと思います。それがここまで八十一の歳を重ねるからだを健康に保ってきたのでしょう。

病気という名のつくものは殆どやったことがありません、ただ十二三の頃ジフテリヤにかかって、丁度その頃北里博士が血清療法を発明されたばかりで、同博士に態々目白の宅に来ていただいたことがありました。又厄年の四十二才のときにパラチブスをやった位のものでした。

——爽雨　酒や煙草はいかがでした。又運動はどんなものをおやりになりましたか。

酒は多少やりましたが癖になるほどではなく、又煙草も接待に出されたのをつまむくらいで、今はまったくやりません。そんなわけですから、酒や煙草が健康上どれほど害があるかは、何ともいう資格がないのです。然しあまり量を過ごすことはよくはありますまいね。

運動は私は学生時代には水泳と乗馬がすきで、社会に出てからはゴルフとかスカルなどを随分やりました。自分で楽しみ、且つ運動によって肉体ばかりでなく精神修養になるようなスポーツがすきで競争的な運動は身体に無理がかかるために内臓殊に心臓をいため易いから殆どやりませんでした。運動競技を見物することもあまり興味がありません、唯相撲は例外で、テレビを見ながら力を入れているのです。

——青里　足がお達者ですね、杖もつかないで颯爽と私などより達者にお歩きになる。

私はよく歩きました。小中学時代には交通機関もあまりなかったので歩かざるを得なかったのですが、目白から四谷見付のところにあった学習院への通学に、一時間位かかる遠い道を往復共どんどん歩いたものです。先生から歩くときにはブラブラしないで真直ぐに歩けとよく言はれましたが、その通りに歩いたのです。当時早稲田中学に通って居た人とは大勢行逢いましたが、その中に今は実業家として有名な三村起一君も居られたそうで、近頃同君が三津の別荘に来遊されたときに、あなたは鞄をこう抱えて真直ぐに脇目もふらず歩いて居られたと、手振り身ぶり面白く昔話をされて大笑いしました。このよく歩いた習慣はその後もずっと続けて居まして、今日の健康を築いた基礎のように思います。

――爽雨　健康でおられるのは体質でしょうか、それとも何か精神的に修養でもなさったのですか。

そうですね、よく何か健康法でもあるのかと聞かれますが、人間はその体質は面貌のちがうように違うのですから、健康法といっても一概にはいへないのでしょう。個々については自分自分で考究する外ありますまいね。輸血でも異った型の血を用いると死ぬという程体質はそれぞれ違って居るのです。酒の例にとっても、私は猪口に一パイ飲むと直ぐに酔って真赤になるのですが、人によってはいくら飲んでも平気で少しも変らないのもあります。私が外務省に入ったとき、小村外務大臣が訓示されたのですが、小村さんは小柄な方であったけれど大変な酒豪でして、「酒は飲んでもよいが、酔うようなら決して飲むな」と唯一言いはれましたことを、今でも肝に銘じて居ます。

とにかく肉体的には無理せぬこと、精神的には自然と共に生き抜くこと。その心構えが大切で、自然に逆らうことはいけません。自然に対する認識は動物の方が人間よりは遙かに進んで居って、人間は却って退化したのでしょう。食物にしても獣類から鳥類魚類に至るまで誰に教へられたというわけでもない、夫々食べられるものと食べられないものとはチャンと知っています。

――青里　食べものなども勿論前から注意なさっておられると思いますが。

食べものは個々の体質や年齢によって相違しますが、又民族や人種についても同様のことがいえるので、東洋人は概して菜主肉従ですから、肉主菜従の食物をとる西洋人とは体質的に違いがある筈です。動物にも肉食もあれば菜食もあり、草ばかり食べても象や河馬のような巨大なものもあり、猛獣のように肉のみで野菜は一切口にしないで成育するものもありますが、腸の長さが大変に違うのです。人間も菜食と肉食とは腸の長さが違うということを聞いて居りまして我々日本人は雑食ですから、西洋人の真似をして肉食本位の人の食餌をやって健康になれるという考へは、そのままには受取り兼ねるところです。私は若い時分から注意して居まして、年をとってからは米を主とする菜食をとり、朝はパンで、肉類殊に動物性脂肪はあまりとらないことにしています。そしてよく咀嚼して腸胃を丈夫にすること、これも健康法といへるのでしょう。

――爽雨　その外日常の生活の中で、何か特殊の健康法はございませんか。大変ぬるい湯に入られるそうですが。

私は若い頃からぬるい湯が好きでしたが、去年あたりから、またずっとぬるいのにゆっくり浸るようにしています。少し熱いとどうも動悸がしていけませんので、そのようなことのない程度のぬるさにしたのです。子供なども一緒に入れてやりますが、体の芯まで温まるせいか、風邪なども引きません、実に不思議です。日本人は熱い湯がすきですが、私の経験では、あれは確かによくないと思います。然し銭湯などでは、あまりぬるい湯は気持がよくないかも知れませんね。

――爽雨　睡眠についてはいかがですか。

睡眠は健康上確かに大切です。私は数年前小金井に移ってから間もない頃、血圧が高くなって暫らく臥せりましたが、その頃は矢張よく眠れませんでした。前にも申したように殆ど医者にかかつたことが無かったので、その時始めて小金井で開業して居られる吉尾正四博士の診療を受けることになりまして、爾来毎週一二回来診していただき、注射や施薬によって、老化作用を緩和してもらっています。私の血管は幸いに極めて柔軟で、数年間同じところで注射が出来るので、先生も珍らしい体質でまだまだ大丈夫だといはれています。このように摂生につとめているお蔭で頗る好調です。なお小金井辺は空気がよいので、呼吸を整えて、きれいな空気を楽しみ、ここ両三年は寒冒にもかかったこともない位です。眠るときには気分を安静にするために般若心経を黙誦したり、南無阿弥陀仏を繰返へしたり、時には讃美歌を口内で唱ったりします。別に宗教的の意味があるわけではありませんが、一二回すると睡魔がおそって来て、気持よく熟睡します、こんなことも健康法の一つでしょう。

又便通も健康の要件ですから、序でに一言致しましょう。私はこれには多年悩まされて居ましたが、近年ソルベンという薬を用い出してから、この悩みから見事に解放されました。

——爽雨　精神面での心の持方も健康には関係がありましょう。

そうですね、心の持方が健康に大きな影響のあることは申すまでもありません。気持がみだれたり、心配ごとなどで過労になることは確かに健康を害します。殊に老年になると一層危険ですから注意が必要です。私は小さい時分から喧嘩を殆どしたことがありません。怒ったりすると興奮しますから、動悸が高まり、心臓をいためます。私は性格であまり怒らず、気の永い方でしたから、よく友人からは笑はれたのですが、矢張健康上よかったと思います。又事にあたってあわてない心構えも必要です。よく電話がかかったり、門のベルが鳴ったりしますと、家の者は走ってゆきますが、そんなにあわてるなとよく注意をするのです。広くもない家のことですから、多寡が一分位のちがいで、一寸お待ち願っても別に失礼にもならないでしょうから、落付いていることが必要です。

——爽雨　自然と共によく生るということになりますね。

およそ自然のように正直なものはないでしょう。謡曲の羽衣の中に「いつはりは人間にあり、天にいつわり無きものを」とありますが、誠に真理です。自然は有形無形を問はず、因果応報、絶対に誤魔化すことは出来ません。闘争も和平も皆これ自然現象です。「陰徳あるものは陽報あり」とか「天罰覿面」とかいいますが、自然は賞罰するのではありません。心を平静に保ち、我利我欲に溺れず自然に逆らはぬように心掛け、よき本能に順応してゆけば、環境は自ら楽しくなり、心身共に爽快に、健康上稗益すること必然で、生活も恵まれ、以て天寿を完うすることが出来るのであろうと思います。「敬天愛人」之れが私のモットーです。

——青里　俳句を作るようになられたことも、健康法の一つに入れていただいていいと思います。自然を愛するというのが句作の根本なのですから。

（十八）宮内省の狩猟

——爽雨　以前の回で、宮内省にお勤めの頃の狩猟のお話がありましたが、狩の季節も近くなって参りましたので、そうした思い出の話を承りたいと思いますが。

狩猟の方法にはいろいろありましょうが、あの頃宮内省では、徳川時代から伝はってきた狩猟法を保存して居たのです。宮内省の式部職に主猟課があって、こうした行事を司っておりましたが、冬の鴨猟と夏の鵜飼がその主なものです。その他伝来の猟法がありましたが、何れも銃猟のような殺風景なものでなく、鳥の習性を巧みにとらえた方法によって、殺さずに生捕りにするのです。昔の人は実に鳥それ〴〵の習性をよく見、よく考えてやったものだとつくづく感心しておりますので、こうした猟法はいつまでも保存してゆきたいものと願っております。

今日は越ケ谷と新浜の鴨場で行はれる鴨猟のことからお話いたしましょう。

鴨場の真中には約四千坪位の本池があって、周囲は藪に囲まれています。その本池から引堀という巾一間ほどの水路が幾条も引かれてあって、その先には小窓のついた隠れ場があります。本池には囮の家鴨をたくさん入れておきますが、それに引かれて野鴨がたくさん入って来ますので、三四万羽の鴨で本池が埋まるようになります。そこで引堀の窓から餌を与えますと、練れた家鴨が先に入って来るので、野鴨はそれについて来ます。堀の両側には五人づつ大きな叉手を持ち腰をかがめて待機しているうちに、覗き窓から見ている鷹匠の合図によって土手の上におどり出ます。すると野鴨がおどろいて飛びたつところを叉手網ですくうのです。熟練した人はまず逃すことはなく、一羽を掬いますが、時には驚いた鴨があわてて網の中へとびこんで来ることもあって、二羽も入ると仲々重くて、こちらがあわてる様なことがあります。この鴨猟には外国の国賓を御招待になったり、又在京の外交団や大臣連中などをお召しになって催され、外国人の間では珍らしいものですから、年中行事として喜ばれて居ります。鴨猟のときは、引堀から叉手の間を洩れて飛びたつのがありますから、その時は鷹匠が手にすえて居る大鷹を羽合せして捕るのです。

大鷹の場合は鷹を馴らすのがたいへんです。野生の鷹を捕えて訓練をはじめるのですが、まず暗闇の中に餌も与へずに放置しておくと、鷹は腹がすいてくるからその時を見計ってそろそろ小さな窓から黒く塗ったしゃもじに肉片をのせてやり、だんだんそれに馴れて来ると、黒手袋をはめた手から餌を与えるようにします。そのうちに革手袋の手にとまらせて暗の中を一時間ほど歩き廻って、鷹匠をおそれぬまでに訓練してゆきます。寒い冬の夜から始め、半年がかりの努力を要します。こうして馴らした鷹を使うのですが、鷹が逃げようとする野鴨を追って本池に入ると、全体の鴨が驚いて一ペンに立ってしまいますから、鷹の足に紐を結びつけて本池に行けない様にします。自然鴨を逃がしてしまうことも往々ありますが、仲々巧みなものです。

序に隼を使う猟もありますから、一寸お話しませう。隼は鷹匠の笛に従って行動するように飼馴らします。肉眼では殆ど見えない位高い所で舞って居りますが、下で誘導するので、笛の音を聞いて地面に獲物を見付けますと、逆落しにおちてきて獲物におそいかかるのです。それは素張らしい勢ですから、獲物の雉子や兎などの首は折れる位で、そこを鷹匠がつかまへるのです。

次は雉子猟ですが、塒に住んでいる雄鳥は、何羽かの雌を擁して一つの勢力範囲をもっておって、他の雄がまぎれ込むと喧嘩をする。こういう性格の特色をとらえて猟をするのですが、これを囮雉子といいます。それには囮雉子を育てるのが鷹匠の仕事ですが、卵からかえして、その中の雄だけを育てます。だんだん馴れて大きくなると、その鷹匠だけは恐れず安心して鳴くようになります。紐でつないだその囮を野雉子の勢力範囲の中へもってきて鳴かせます。前には長さ三間巾一間位の網が伏せてあり、左右に柱が立っていて、長い縄をもった猟師が、とやにかくれて待機していると、囮はますます鳴き、現はれた雄雉子は闘志をもやし、興奮して真赤な雞冠を立て、喧嘩をしかけて来る野雉子が網の方に近づいて来ます。現はれた雄雉子は地面から五寸位の高さに一本の紐を張ってあるのを絶対に飛越さず、網の前を右往左往する。そのうちに目じるしの線に来るのを見て、引縄を強く引張り網をかぶせて捕るというわけです。此の囮雉子のように習性をうまく捕へ、大きな網を唯だ一引でかぶせる猟法は実にうまく考へたものと感服の外ありません。私もやらせてもらいましたが、始は見事失敗しました。しかし捕えた時の痛快味は今以て忘れられません。

もう一つの猟法は、追掛雉子といって、土手の上に一丁ほどの長い霞網を張切って捕るやり方です。畠に餌を食べに出て居るのを勢子が追いたて、追われて塒へ戻ろうとする雉子を、この張切網にかけるのです。これは一度に何十羽もかかり。勇しい羽音をきく事が出来、壮観です。

次は千鳥猟で、新浜の海岸で行はれます。千鳥は群をなして飛んで来ますが、日光の工合で羽根が光ったり消へたり何ともいえぬ美しい風情です。種類によって鳴き声がちがいますから、猟師はそれを心得て、先ず渚に剥製の千鳥を二、三十風上に向ってさし、網を伏せておきまして、飛んでいる群の種類の鳴き声の笛を吹きます。すると仲間がそこに降りていると思ってその群はいっせいに渚に降りて来ますが、そこを見極めて網をかぶせるのです。一網打尽に数十羽を捕えることも珍らしくはありません。

水鶏猟は簡単で、馬の尻尾の毛で作った小さな輪を十ばかり、くひなの首くらいの高さに並べて田の中に立てておきます。水鶏は戸をたたく様な鳴声をしますが、その鳴声や足跡によって勢子が追いたてると、稲の間を走ってきて首をワナにつっこんで、つかまるというわけです。

雁は無双網で捕える方法もありますが、鷹も捕へます。私の幼時にはよく雁が鳴きながらそろって飛んで行くのを見ましたが、雁行の先頭は指導者であって、下りた時は見張りをしているのです。非常に協同精神が強くて、鷹がそれを発見して襲うと、却って他の雁が寄ってたかって、羽ばたきで反撃に出て、庇いまして時には鷹の方が殺されることがありますから、鷹匠は遠いときには鷹を合はせない様にして居ります。然し近頃は雁もあまり近くへは来ませんから、雁猟は出来なくなりました。

昔から此外にも色々の猟法はありましたが、主猟課でやって居たのは大体以上述べた位のものでして、鳥の習性をよく研究し、それを猟法に利用した賢明さには唯々頭が下がるばかりで、経験に基く古人の叡智には学ぶべきものの少くないことを痛感して居るのです。

梅雨明けのあとの旱のつゞく庭
一鉢の朝顔今朝も咲きつゞく
夕立に庭いちめんに水漬きたる

（十九）趣味と私

――爽雨　ご趣味の話も、今までにいろいろ出ましたが、度々参上しますと、何かとお持ちのものを拝見しますので、そうした趣味についてうかがってみたいと存じます。

趣味についてのお話と申されましても、私の趣味は非常に雑駁で、古今東西を問わず有象無象に拘わらず何でもござれですから、とりとめたお話は出来ませんが、然しそこにまた何か筋の通って居るのは妙なもので、お話申し上げる間にそれをお掴みとりいただきたいと存じます。殊に私は研究とか蒐集とかには凝らないので、凝り性の方から見られると、私のなぞは趣味とはいえないのかも知れませんが、それでも私は私なりに結構楽しめますから、自分では趣味と考えております。

世間には殊に若い人のうちには、新らしいものにはじきに飛びつきたがりますが、それも無理はないかも知れませんけれども、新らしいからといってもよいとは限りません。否寧ろ古いものの方が却って比較的よいものが多いともいえます。それは古いものは永い歳月を経過し、色々の人の手に渡って洗練されるのですから、つまらないものは片端からどんどん消えてしまい、いいもの丈が大切にされて残って行くわけです。新らしいものはこのきびしい洗練に逢っておりませんから、玉石混淆で、そういっては悪いですが、大部分は石で、玉は沢山ある筈はありません。然し売名のすきな人は盛んに宣伝をやるし、又商売人は流行を次から次へと変えて人気をあおりますから、一時は評判が高くなっても、じきに消えて行き、それに誤まられることも尠くありません。どうしてこんなものがと疑い度くなる位ですが、流行を追うものはいつまでもついては行けず、遂に次の流行には乗り遅れてしまうことは誠に笑止千万です。私は流行とかブームなどにはあまり耳を傾けず、心を澄して第一印象が曇らないように心掛けているのです。

近来芸術がはやって、やれ具象かと思うと抽象が飛出しなかなかやかましく、又ニューデザインが出たり、伝統工芸などもあって、それも結構ですが、前に申したように生れたかと思うと、じきに消えてしまうのでは誠に張合いがありません。永い生命のあるものでなければ価値は無いので、そこに芸術の妙があるのではありますまいか。

芸術家の態度としては先づ足が地についていることと、仕事にあたって腰に力を入れ、信念を以て熱心に立向かわなければならないと思います。腕は達者でも、技巧が如何に精緻でも、立派な人格者が精魂を打込んで始めて気韻の高い優雅な作品が出来るので、こういうものこそ一生もので、永く楽しめます。新奇をてらったり、人の真似をしたりするような浅薄なものでは得心のいく筈はありません。

私はこんな趣味を持っているのでありまして、無心にして正しい鑑識眼が大切だと常にそれのみを心掛けている丈で、別に何か手に入れようと思って捜しまわったりは致しません。唯機縁があって、気に入ったものにあたると、それを逃がさないようにするので、流行などはまるで縁遠くて、世間ではあまり振向かないものでもかまわず求めて歩き、それが幾年かたって、世間でさわぎ出すとうれしいものです。何か自分に相当の鑑識眼があったのかと自負することもある次第です。こういう楽しみは永年の間には随分度々出くわしました。石濤や鉄斎の南画とか、浮世絵や出土品（玄関にある古瓦）などはその一例です。此の外建築や庭園、盆栽、園芸等、限りがありませんが、之等には色々の方が関連されているものも尠くないので、そういう方々は物故されてもなお生けるが如く、幽明相通ずるものがあります。

なお史実につながるものは、その時の思い出ばかりでなく、それからそれと時代連想が湧いて来て、興味津々たるものがあり、時を経るに従って段々と愛着が加わって来ます。

又私は旅行が好きで、若い頃には随分諸方に出掛けました。「百聞は一見に如かず」で、旅先ではなるべく見物をすることにして、写真も好きでしたから、到るところ撮影して記念としております。国立公園の旅や外国の旅行には特に思い出が多く、各地それぞれの郷土風情があってゆかしいものです。それで私は年来各地に郷土博物館のようなものがあればよいがと念願しているので、過日図らずも京都で染織館を建設して、資料の保存や展示などをなし、研究機関も附設し、活用できるものを設けたいという話で相談を受けたのです。

以前にも述べた通り私はきものには格別の趣味を持っているのですが、染織物の意匠の豊富なことは実に無限であって、驚嘆の外なく、この計画には絶讃を表し、少なくも大阪の国際博覧会までには実現させたいものと存じます。外国人なども喜んで来観することを疑いません。

次に食のことについても趣味を持っておりますので、旅先では各地それぞれの名物は必ず食べ歩きました。北京では前門外の支那料理、フランスではマルセーユの魚料理のブイヤベーズなどはよそでは味わえない風情があって、実にうまかったですね。又京都では東山三十六峰を眺めて茶席で懐石料理のご馳走になるときなど、それぞれの郷土趣味を豊かに味わうことが出来て楽しい思い出です。

――爽雨　いろいろ面白くうかがいましたが、大体有形のご趣味のお話でしたが、そこにはステレオもおありで、音楽などにもご趣味がおありかと存じます。そんなお話もうけたまわりたいのですが。

音楽についても一応の趣味は持っておりますが、自分では何も出来ません。若い時分米国に在勤しておりました頃には、よくニューヨークのメトロポリタン・オペラに参って、不世出のテナーといわれたカルーソーを始めメルバや美人のファーラーなど有名な歌手の声を度々聞きました。オペラは単に歌ばかりでなく、あの雰囲気が大したもので、建築といい、観客といい、老若男女相当着飾って、渾然として聞き入り楽しむところに、何ともいえない美しい情景がみなぎり、恍惚とさせられます。このオペラの趣味は日本では到底味わえません。日本には又、日本独特の歌舞伎や能等の芸能があって、私は矢張り大いに趣味を持っております。

東西を問わないと申すのはこういうところで、シャンソンや過日来邦したハロー・ドーリーなどとても面白いと思いました。日本であれ等の本場ものを楽しめるのは誠に仕合わせですが、観客には言葉がわかりませんから、肝心なところで笑声一つないのはさびしいことで、充分に興味は湧きません。日本でほんとうに味わえる歌謡は矢張り民謡で、殊にそれをその地で、その地のなまり交りに歌われると、郷愁たっぷりで大いに楽しめます。音楽でも日本ののをもっともっと磨いて、老若男女社会挙げて、それを楽しんでいけるようにありたいものです。

最近私は新らしい趣味を覚えたのですが、それは俳句と陶造りです。これは最高の趣味だといわれますが、私にはまだそこまでは参りませんけれども、兎に角俳句は皆吉先生や三田青里君等よき師がおられるので誠に仕合わせです。陶器の方は火力という天然の力が作用するので、腕はまだ下手でも、思いがけないものが焼けていることもあって楽しいものです。郷里の岸和田に近頃千亀利焼という城の名に因んだ窯が出来たので、一つ何か焼いてもらおうかと思っています。趣味のお話は尽きませんが、あまり長くなりますから今日は此の位にして、また近々思い出話を申し上げたいと存じます。

わびすけにむらがる小鳥庭の秋
掃くほどに降りつぐ落葉庭夕べ
街師走行き交へるみな足早に

(二十) 温室をたのしむ

——爽雨　お庭の東に温室を作っておられまして、私も幾度か拝見して二つ三つ句も作りましたが、温室温室、室の花といえばこれからの冬の季語でもありますので、「温室のたのしさ」といったようなお話を承りたいのですが。

趣味のお話の時申しあげたように、私は庭園や園芸が大好きで、都会に住まって日々自然美を楽しむのはこれ以外にないと思います。目白に居た少年時代に、父が温室を持って居たのでそれに親しんでいましたが、当時は温度を保つためには夜通し人がついていて火を焚かねばならぬというような仕事を見ていると、とてもやりきれない事だと思っていました。ところが近頃は、油を燃料として調節器によって適当な温度を自動的に保てる設備が簡単に出来るようになりましたので、温室は最も手間のかからない花卉園芸とされ、これなら素人でもやれそうだから楽しんでみようと思って、この小金井に移ってから始めたのです。

――爽雨　あの中では矢張洋蘭を主としておられるようですが、あれでどれ位の広さでしょう。

十坪あまりの小さなものです。洋蘭が大部分ですが、私は羊歯も好きで、グリーンハウスと言われる通り年中青々としていて、外は寒風が松枝に鳴っているときでも、中は春風駘蕩で身体がのびのびとして老体には誠に快適です。岸和田に三田青里君の懇意な片山萱治さんという蘭作りの名人がいまして、水やりも簡単で蘭の培育は誰でもやれるという話でしたから、その方から蘭をもらってきて始めたのです。

洋蘭には、原産地では木の枝などに育つ寄生蘭と、地から生える地生蘭とありますが、カトリヤなどの寄生蘭は根には殆んど水が要らないので、葉から栄養をとるから空中の湿気が必要なのです。これには地面に水を撒けばよいので、温度は最度十度位に保つように調整器を適当にして、まあ虫くらいに注意すれば足りるので、管理は至極容易で、戸外のもののように手がかかりません。

――爽雨　私なども庭の隅に一つ造ってみたいと思うような事がありますが、建物の費用や経費はどれくらいでしょうか。

建物や湯を通すボイラーの設備などで五十万円くらいだったと思います。平常の経費は燃料の軽燈油だけです。三四坪くらいの温室でも結構楽しめるのではありますまいか。

――爽雨　私などは、蘭の花より青々と茂った羊歯のみずみずしさがみごとだと思いますがこれは内外いろんな種類があるのですか。

仰せの通り蘭はまだあまり見るという程には咲いて居りませんが羊歯の方はぞうさがないので、温室の温度と湿気がありますから、成育もよくどんどん殖えます。これは水やり十年などといわれる盆栽などとちがって骨が折れません。ここにあります羊歯は三津の別荘から折って来た野生のものもありますし、また園芸店で求めた外国種もあります。

——爽雨　棚においてある二鉢は、あの温室で咲いたものですか。

そうです。一鉢はカトリヤで、もう一つはシペリペヂュウムといって今蕾が二つついています。私共素人としては、世話をして花が咲いてくれればそれで満足で、種類とか珍種などということは問題ではありません。蘭は蕾から開花するまで一ト月かかり、花は二十日以上もちますから相当長い間楽しむことが出来ます。今は洋蘭ばかりで東洋蘭はまだやっておりませんが、非常に香りの高い特殊なものと聞いております。是非やって見たいと思います。

——爽雨　今年のはじめ、あの中の情景を「温室に老主読書の椅子もおく」と詠んでみたのですが、椅子、卓子などを置いて読書なども楽しまれるようですが。

温室の中に入っていると実に気もちがよく、温度は適当だし空気にはオゾンがいっぱいあって、年をとってからの温室生活は何よりです。天候の如何を問わず毎朝新聞を持って入って読みながらいろいろ手入をしたり、籠の胡錦鳥や背黄青インコ等に餌をやったりしますと全く極楽ですね。これは確かに長寿法だと思われます。夏は又夏で簾をかけて日除けをすれば涼しくしておられます。

蘭の専門家は実生から仕立てるのが楽しみだと言いますが、種子から培養すると色々変ったものが出来たり、時には珍種が出ることもあって大変な喜びは想像に難くありませんが、最初の芽は黴のようで、それが三年位で小さい葉となり、五六年経って鉢にとれるようになり、花を持つには十年はかかるそうですから、八十を迎えた私など今からはとても考えられません。

——爽雨　ここに茶碗が三つ作られていますが、お手作りですか。

温室の暖かいことを利用して、最近その中で茶碗作りをはじめたのです。今頃外で土をいじると手足が凍えてやり難く、からだにもよくないのですが、この中ではのびのびと仕事が出来、手の運動にもなってとても愉快です。抑々茶碗作りは十年程前に御殿場の秩父宮様の御別邸で加藤土師萠先生から手ほどきをしていただいたのが始まりなので、興味は大に持てたのでしたが、何分にも年に一二回では一向進歩しませんので、その後昵懇にしている吉田耕三君から時々教えてもらいましたけれど仲々むつかしくてこまっていました。今度同君から作りかけの茶碗をビニールで包んでおけば、幾日でも乾燥せずにもつということを教わりましたので、温室内でやって見たところ非常に工合がよいので、幾日かかって一人で兎に角ここまでやったのです。勿論自己流ですからまだまだお目にかけられるようなものではありませんが、そのうちにまた前にもお話致しました岸和田の方から、茶碗でも出来たら千亀利窯で焼かしてくれとのことで、小金井にも窯を置いて焼いて見たいという人があるので、近々要領を教えてもらって、いよいよ面白くなって来ました。お目にかけられるものが出来るようになるかと楽しみにして居ります。

(二十一) 三つのよろこばしい事

――爽雨　御長寿の初春を迎えられましてお喜び申します。旧臘からお風邪気味で誌上のお話も三回ほど杜絶えましたが、今日は又お目にかかれまして結構に思います。

先月は失礼致しました。お話を色々考えましたが、今日は、最近計画されている三つの文化の問題についてお話したいと思って居ります。その一つは国立劇場が今年中に愈々完成するということです。これは文化国家として多年待望されていたことで、日本の伝統的な最も洗練されたものを主体として新しい時代に受入れられるように運営されてほしいと思います。欧米諸国にはいずれにも立派なものがありまして、建築からいっても代表的なもので、主としてオペラが演ぜられていますが、これを国の誇りとしているのです。巴里のオペラハウスなどは、立派に正装した儀仗兵が立っているほどで国自体が如何に重要視しているかどうかがうかがえ、見物客の態度も真面目でふかく敬意を払っており、又英国では俳優は貴族に列せられることもある位で、国立或は王立の劇場は実に国家的見地に立脚しているのであります。日本では従来外国から国賓が来られたときには、必ず一度は歌舞伎座に案内して、国劇として歌舞伎劇をお見せしておりましたが、今後は国立劇場へということになりましょう。そういうときには矢張伝統的なものを演じてもらいたいと思います。外人にはこの方が珍らしくもあり、よろこばれるでしょう。どうか国立劇場の運営にあたっては、篤と外国の例などを参酌して本末を顛倒しないようにやってもらいたいと考えます。

次には、上野の国立博物館の中に、東洋館が建つことになって、既に建築に着手されたことです。従来国立博物館は帝室博物館時代から日本の美術を主とし、アジア大陸の美術にはあまり重きを置いていなかったばかりでなく、外国美術の特別展覧会なども西洋ものが多かったのであります。然し日本は今や東洋では最も文化の進んだ国であり、美術に於ても素より他の追随を許さぬものがあります。それに東洋にはまた古い文化があって、アジア、アフリカは世界の美術の淵源とさえいわれて、我国の美術に影響を及ぼしたことは甚大なものがあったことは申すまでもなく、今後日本の美術の発達のためには、大陸美術の研鑽鑑賞は益々肝要であって、今日東洋美術の大殿堂が出来ることは、誠に時宜に適したことで、将来に対する期待は極めて大なるものがあります。

欧米諸国の都市には必ずといってよい位に美術館がありますが、主な国には東洋美術館をもっていまして、殊にボストンの美術館や大英博物館は古くから東洋美術殊に支那美術の優品を収蔵して居りパリのギメー、ワシントンのフリーヤ・ギャラリー、ローマの東洋美術館等も有名でありますが、他方北京には故宮博物館があって、歴代帝王がその力を以て蒐めた莫大な美術品の大部分が収蔵されて居ります。愈々東京に東洋館が生れると、自然これらの美術館と比較されるわけですから、流石に日本の東洋美術館だといわれるように、是非権威あるものに仕上げてもらいたいものです。

――爽雨　東洋美術といいますと、西洋美術とは大分異なった点があると存じますがその点をひとつ。

私は勿論素人でありますからくわしいことはわかりませんが、支那の絵画殊に南画には題とか賛とか跋などがありまして、画像の作意はこれ等と相俟って初めて深き理解を得られるのだと申します。愛蔵家や精鑑者の文を載せたものも尠くないので、余程学問がないとほんとの画意はわからないのでしょう。私の知って居る範囲では故湖南内藤虎次郎先生の如きは不世出の学者であり文人であったといっていいと思います。今日は漢籍の知識が一般に低下しておりますから、先生のような人は再び得難いのではありますまいか。富岡鉄斎翁なども、常に自らの絵は先づ賛を見てくれなくてはわからないといわれておったそうです。又支那では古来画学や画論が盛んに行われ、著録や画譜も沢山に出ていまして、制作と表裏してその進歩に貢献したのでありますが、日本では比較的閑却されておりました。私の旧友原田眉山君は早くからその研鑽に没頭して、「支那画学書解題」其他東洋画の真髄を捕捉する好資料というべき、二名著を刊行されましたが、日本の美学の将来の為に後継者を得られないことを深く憂慮しておりました。支那の美術を解するには文字は絶対に必要であって、此の点日本は欧米諸国より優位にあるわけですから、東洋館はこういう美学者の養成にも一層の力を注がれるよう祈って已みません。

もうひとつうれしいことは、国立近代美術館が皇居の北の丸に新築移転することに決定したということです。私は初代館長をして居ました関係もあり、こんないい場所に立派なものが建つことは欣快に堪えません。近年ニューヨークやパリには近代美術館がありますが、近代美術は古美術とはその性格がちがい、現在の美術は厳冷な批判を受けつつ大いに洗練されなければ、玉成しませんから、近代美術館の運営は徒らに新規に走らず、将来の向上の為に健全な試練の場とならなければ使命を全うすることは出来ないと思います。

一般の美術に対する態度でありますが、欧米では、観覧人は館内で必ず帽子を脱ぐという習慣があって、頗る真摯なものがありますが、日本では、お茶室の床の軸や道具には、お辞儀をして馬鹿ていねいに拝見しますが、そういう人が美術館に入って帽子を脱ぐだけの礼を示すかどうか。ぜひいつも敬虔な心構えで、美術に接してもらいたいものと思います。

待ちわびし梅大寒に今朝ひらく

【解説】岡部長景日記（昭和二〇～二二年）

京都大学大学院法学研究科教授
奈良岡聰智

一、はじめに

本書に収録した岡部《おかべ》長景《ながかげ》の日記は、昭和二〇年（一九四五）一二月三日から昭和二二年（一九四七）八月二二日まで書き綴られたものである。長景の経歴や事績については、小川原正道氏の解説に譲り、本解説ではこの日記の内容や特徴について考察を加えていく。

まずは、本日記が発見された経緯について触れておきたい。平成一六年（二〇〇四）から翌年にかけて、私は長景の長男・長衡氏（一九一三～二〇〇一）の未亡人・綾子氏（一九二〇～）、長男・長忠氏（一九四一～）をご紹介いただく機会を得た。当時私は加藤高明の研究を進めており、調査の主眼は、長景の岳父（長景夫人・悦子の父）である加藤についての史料を収集することにあった。幸い岡部家には加藤についての貴重な証言や史料が伝わっており、それらを拙著で活用させていただくことができた*1。この調査の過程で、長景の日記をはじめとする各種史料も岡部家に残されていることが分かり、研究への活用についてご快諾を頂いた。しかし、段ボール三箱分にのぼる史料の調査・整理には多大な時間と労力を要するため、本格的な検討は将来的な課題として残された。幸い、平成一九〜二一年度（二〇〇七〜〇九年度）に小川原氏と共に三菱財団から研究助成（研究課題「華族社会の戦前・戦中・戦後―岡部子爵家文書を中心として―」）を受け、柏原宏紀氏の助力も得て、文書の仮目録作成や日記の翻刻を進めることができた。またその後、本史料を活用した論考を発表し*2、日記の主要部分については、平成二七年（二〇一五）に雑誌『文藝春秋』誌上で一般に紹介する機会に恵まれた*3。こうした準備の過程を経て、このたび尚友倶楽部のご支援により、ようやく日記全文の公刊に漕ぎ着けた次第である。

長景の史料としては、「岡部長景関係文書」（国立国会図書館憲政資料室所蔵）の存在が知られている*4。この文書は、宮中官僚時代（一九二八〜三一年）の日記と文部大臣在任中（一九四三〜四四年）の演説草稿を中心とする合計五七点から成っており、昭和六〇年（一九八五）に寄贈されている。このうち最も史料的価値が高いのが日記で、同日記の全文は尚友倶楽部編『岡部長景日記―昭和初期華族官僚の記録』（柏書房、一九九三年）として公刊され、昭和初期の宮中・政治史研究の必携史料として広く活用されている。「岡部長景関係文書」の他にも、対支文化事業などに関連する文書若干が尚友倶楽部に、勲記や岸和田関係の文書などが泉光寺（大阪府岸和田市、岡部家の菩提寺）に所蔵されているが*5、これ以外の文書の存在は従来知られてこなかった。東京の岡部家本邸は震災・戦災で二度にわたって焼失しているため、残念ながら今後戦前期のまとまった史料が発見される可能性は少ないと思われる。

これに対して、このたび発見された岡部家所蔵の文書は、戦後の史料が中心である。文書は、長景が巣鴨に収監されていた時期（昭和二〇〜二二年）の日記、長景の妻・悦子の日記（昭和二〇年）、家族間の書簡などから構成されている。本人の証言が残っていないため推測の域を出ないが、長景は、巣鴨日記をはじめとする戦後の史料は、まだ時代が近すぎ、関係者も存命しているため、公開する時期には至っていないと判断していたのではないかと思われる。本書ではこの文書のうち、特に史料的価値が高い長景の巣鴨日記および悦子の日記を選び出し、その全文を翻刻するものである。なお、宮中官僚時代および巣鴨時代の日記の書きぶりからすると、長景はこれ以外の時期にも日記をつけていたのではないかと推測されるが、現在のところこの他の時期の日記は確認されていない。

長景の巣鴨日記は、彼がA級戦犯容疑者として巣鴨プリズンにいた一年九ヵ月の間、B５判サイズのノート三冊に鉛筆で綴られたものである（巻頭写真を参照）。支給される文房具が不足していたためであろう、宮中官僚時代の日記に比べると記述はやや少なく、小さめの字で、スペースに気を遣いながら書いていたことが窺われる。宮中官僚時代の日記と同様、自らの心情や家族への思いを率直に綴っている部分も多いが、思想や政治活動を振り返った記述は少ない。おそらく、検閲の可能性を意識していたからであろう。この点で、政治史研究の史料として活用するには、本日記には大きな限界があると言わざるを得ない。

もっとも、同日記は戦犯容疑者として巣鴨プリズンに拘禁されるという、一種の極限状態で書かれたものだけに、通常の日記とは異なる興味深い特色がある。巣鴨プリズンに収容された戦犯（容疑者）によって記された巣鴨日記としては、これまでにも木戸幸一、重光葵、岸信介、笹川良一などのものが公刊されている＊6。また近年では、ＢＣ級戦犯の日記の発掘も進んでいる＊7。これらの日記は、外界から遮断された孤独な状況の中で、戦争に対する所懐や戦争裁判の進行について、冷静な筆致で丹念に記録しているものが多い。長景の巣鴨日記もまた、戦争裁判という未曽有の事態を冷静に記しており、われわれはこれらを比較検討することによって、当時の政治指導者や戦犯たちが戦争をどのように総括していたのか、戦争裁判をどのように受け入れようとしていたのか（あるいは、受け入れようとしなかったのか）を多角的に検討することができる。

長景の日記には、他の巣鴨日記にはあまり書かれていない所内の意外な出来事が詳細に綴られている。例えば、元旦に皇居遥拝や君が代の合唱が行われたこと、御真影を房内に飾ることが許されていたこと、食事の質が概して良く、食べきれないほどの米や季節の果物が出されていたことなど、興味深い記述が多数見られる。本日記は、このような巣鴨の日常風景を再現する上で貴重な情報を数多く含んでいる点に一つの特徴があると言える。

本日記を読み解くうえで特筆すべきは、長景が巣鴨プリンズンに入った昭和二〇年一二月のみではあるものの、同時期の妻・悦子の日記も残されているということである。悦子は、夫が戦犯容疑者として収監されるという非常事態に際して、しっかりと岡部家の留守を預かるため、日記を残すことにしたようである。悦子の日記は、長景が巣鴨に入所した直前から始まり、家族のために養生に努めて体調を回復させるという決意を記したところで終了している。長景の日記と併せ読むことで、巣鴨に収監された経緯や残された家族の生活の一端を知ることができる。なお、悦子の日記も、Ｂ５判サイズのノートに鉛筆で綴られている*8。

二、戦前の政治活動

長景は、昭和六年（一九三一）に貴族院議員（子爵議員）に当選して以降、院内の最大会派である研究会の幹部として活躍した。論客としても知られ、一九三〇年代前半の尺貫法存続運動（メートル法強制施行反対運動）に際しては、その先頭に立った*9。

この運動は、明治以来の懸案である度量衡の統一にかかわるものであった*10。明治政府は、明治一八年（一八八五）にメートル条約に加入し、度量衡を国際的基準に合わせることに決めたが、明治二四年（一八九一）には度量衡法と尺貫法を施行し、当面はメートル法と併用することにした。大正一〇年（一九二一）に尺貫法が廃止されるなど、メートル法の普及は徐々に進んだが、庶民の間には長年使い慣れた単位を廃止することへの強い抵抗も根強く残っており、昭和初期には国家主義的な雰囲気の影響もあって、メートル法の完全施行への反対論が盛り上がった。長景は、同志を募って『「メートル」法強制施行反対意見集』を出版するなど、この運動の中心人物の一人となった*11。長景は、メートル法に一定の合理性を認めつつも、日本人が古来使ってきた尺貫法を全て切り捨ててしまうのは乱暴であり、日本建築や農業など尺貫法になじみの深い分野では、それを存続させるべきだと考えていた。昭和一三年（一九三八）に両者の併用が決まった際、長景は新聞談話で、以下のように真意を語っている*12。

「メートル法も確に良いところを沢山もっています、それだからといって尺貫法を一切捨ててしまうということはよくないことです、第一日本国民が常に念頭に置かなければならない敬神崇祖という点からいっても神社などすべて尺貫法によっています、伊勢大廟の御造営には精密に何寸何分というところまで規定されてありますし、御衣装も厳密に尺貫法で規定せれてあります、これをメートル法にするということなぞは考えられません、また農地関係ではメートル化することは絶対に不可能でしょう、その他いろいろの不便も感じなければならないでしょう、ですからある者はメートル法、あるものは尺貫法によるというのが一番妥当な方法でしょう」

長景の真意は、メートル法と尺貫法と併用すべしということにあったようだが、周囲にはかたくなな態度だという印象を与えたようである。当時商工省に勤務し、この問題に関わった岸信介は、のちに長景がメートル法を「革命思想」「国民精神を誤るものだ」といって批判したことを「これには困ったですよ」と回想しているし[13]、長景が東條英機内閣の文相に就任した際、評論家の清沢洌は彼のことを「メートル法反対一本槍」と評している[14]。長景は、西洋の思想・文化をよく理解していたし、偏狭な国粋主義に凝り固まっていたわけではないが、この問題に関する態度はかなり強硬であった。長景は、巣鴨日記の中でも、この問題への強いこだわりを記している[15]。結局戦前の日本では、長景が主張したとおり、メートル法と尺貫法の併用が続いたが、戦後になって、昭和三四年（一九五九）の計量法の完全実施をもって、メートル法に完全移行することになった。

長景は、議会のみならず政府でも重要な役割を果たした。昭和二〜四年（一九二七〜二九）には外務省文化事業部長として東方文化事業を推進したが、外務省を離れてからも深いかかわりを持ち続けたようで、一九三〇年代に一貫してこの事業にかかわった中国美術史家の杉村勇造は、のちに「岡部さんは部長からいろいろお仕事は転じても、大体満洲の文化事業の方の、総大将にお願いしてたのです」と振り返っている*16。また岡田啓介内閣では、陸軍政務次官を務めている。

昭和一八年（一九四三）四月、長景は東條英機内閣の文部大臣に就任した。太平洋戦争の開戦以降、中等・高等教育機関の修業年限は次第に短縮され、大学生の徴兵猶予の廃止が問題になるなど、文部省は軍部との関係で厳しい立場に立たされていた。こうした中で、橋田邦彦文相は陸軍と対立を深め、東條首相は三月末頃から、学習院初等科で同級生だった長景を後任として考慮し始めたようである*17。東條首相は、三月二四日に長景の母坻子（二〇日に死去）の葬儀に参列するため岡部家を訪れているが*18、葬儀に参列した岸和田関係者に、東條と長景が長時間話し込む姿が目撃されており、文相への就任を打診したのではないかと言われている*19。橋田文相は四月二一日に辞任し、東條首相が一時的に文相を兼任したが、翌月二二日に長景を招致して正式に就任依頼を行い、長景はこれを受諾した*20。文相就任後の『東京朝日新聞』では、長景は「芸術文化に造詣」の深い「第一流の文化人」「信念の人」であり、東條首相は「実践力」に期待して選任したと報じられている*21。

史料が乏しいため現時点では詳細は不明だが、長景は非常時の文相として、一面では戦争の遂行に協力すると共に、一面では学術・文化の犠牲を最小限にとどめるために努力したようである。水野勝邦氏によれば、長景は尚友倶楽部理事長在任中に、文相時代のことを次のように語っていたという＊22。

「特に理科系の学徒を学問の為に研究機関や大学に残ることを強く主張しその実現を計り、育英会を創立し秀才教育の途を確立されたことを語られた。その他奈良東大寺の大仏を軍用に供出が決まりそうになった時にこれを国家の文化財としてこれ〔ママ〕を取り止めにする事ができたのもその頃のことで、今となり感謝されていると話された。」

文相在任中の最大の事件は、いわゆる学徒出陣であった＊23。長景は、理科系の大学生を学徒出陣の対象から外すよう主張するなど一定の抵抗を示したが、戦局打開のための戦力を確保するという軍からの要請を拒むことはできず、昭和一八年（一九四三）一〇月に在学徴集延期臨時特例（昭和一八年勅令第七五五号）が公布され、多くの文科系学生が戦地に赴くことになった。同年一〇月二一日、文部省学校報国団本部の主催による出陣学徒壮行会が明治神宮外苑競技場で行われ、関東地方を中心とする入隊学生約七万人が参加したが、長景は東條首相と共にこの会に出席している。

このように長景は、昭和戦前に議会や政府でしばしば重要な政治的役割を果たした。温厚で世話好きな人柄で、政治的野心も稀薄だったため、目立った政敵もおらず、華族仲間である近衛文麿、木戸幸一、酒井忠正、有馬頼寧、織田信恒らともよく会合を行っていた。長景が戦犯容疑者として巣鴨プリズンに入所することになったのは、以上の経歴や人間関係が注目されたためであったと考えられる。

しかし、長景自身は自身が戦犯に該当するとは想像もしていなかったようである。終戦直後、長景は雑誌『婦人之友』誌上で行われた座談会「新日本の行くべき道」に仁科芳雄（物理学者）、三宅雪嶺（評論家）、蝋山政道（政治学者）、羽仁もと子（ジャーナリスト）らと共に参加している（対談実施は九月九日）*24。この中で彼は、これまでの日本のやり方のどういうところに間違いがあったのか、「謙虚な心持で反省」し、「日本の本来の姿を発揚」するためにあらゆる努力をしなければならない、教育勅語にある「中外に施して悖らず」「古今に通じてあやまらず」という言葉を思い返すべきだと述べている。また、日本が「軍備撤廃の先鞭をつけるのだといふ自覚」が必要だとも指摘している。長景は、自身も過去にかかわった対中国政策については、特に深刻な反省が必要だと考えており、以下のように語っている。

「対支政策にも大きな間違があった。日本の対支外交政策は外交などとは申すことが出来ない、相次いで起る間違の後始末に尽きていたといっても過言ではないのです。これではいけないと私なども考へて文化事業を興したのですが、いまだ充分な発達をみない中に今日のような事態になってしまひました。今日支那人は日本人をあまり信用していない。この不信はとても五年十年ではとりもどせないでせうが、しかしどんなに時がかかっても信用をとりもどし、支那と本当に仲よくならなければなりません。」

この対談が実施された二日後、占領軍はA級戦犯容疑者四〇名に逮捕命令を出した。逮捕者は、東條内閣の閣僚を中心としていた。長景は逮捕を免れたものの、東郷茂徳（外相）、賀屋興宣（蔵相）、岸信介（商工相）、岩村通世（法相）、橋田邦彦（文相、九月一四日に自決）ら文民も含まれ、九月二一日（二名）、一〇月二二日（一名）、一一月一九日（一一名）と逮捕者は増加していった。こうした状況を見て、長景はやがて自身も逮捕されることを予期し、次第に覚悟を固めていったものと思われる。

三、巣鴨入所と家族

昭和二〇年（一九四五）一二月三日、長景は知人の葬儀参列のため、疎開先の古奈（伊豆長岡にある別荘地）から東京に戻った際、ついに自分にも逮捕命令が出たことを知った。この時長景と一緒に逮捕命令が出たのは、梨本宮守正王、平沼騏一郎元首相、広田弘毅元首相、池田成彬元蔵相ら合計五九名であった（最終的にA級戦犯容疑者として逮捕されたのは合計一一八名）*25。長景は、在京の実弟・村山長挙、長男・長衡、岳父・岩崎久弥、古奈にいる妻・悦子らと連絡を取り、準備を整えたうえで、一〇日に巣鴨プリズンに入所した。岡部家は親族が多い上に、疎開で家族がばらばらに暮らしていたため、入所前の長景の動きは少々複雑で、日記の記述も分かりにくい。以下では、長景の親族と居場所について説明しておきたい（巻末の系図も参照）。

長景は、明治四五年（一九一二）に当時駐英大使だった加藤高明（のち首相）の長女・悦子と結婚している*26。加藤は、外務省の後輩である長景の人柄と才能を見込んで、この結婚を進めた。長景と悦子は非常に仲睦まじく、結婚後間もなく長男・長衡も誕生し、幸せな家庭を築いた。

悦子の母・春治（春路）は、三菱の創始者である岩崎彌太郎の長女で、三菱三代目社長の久弥（一八六五～一九五五）の実姉であった。加藤高明・春治夫妻は、久弥から深く信頼され、岩崎家の中で重きをなす存在であった。長景・悦子夫妻と岩崎家の関係も良好で、しばしば上野不忍池近くの下谷茅町（現岩崎庭園）に住んでいた叔父久弥のもとを訪れていた。この時も長景は、一二月七日に久弥のもとを訪問して逮捕のことを報告し、今後のことを相談している。長景は久弥に深い敬意を抱いていたようで、面会時の印象を「叔父上には八十歳とは御見受け出来ぬ御壮健、所謂壮者を凌ぐものあり」と記している*27。

岡部家の東京本邸は赤坂丹後町にあったが、昭和二〇年の空襲で、土蔵を残して全焼していた。そのため長景・悦子夫妻は、赤坂には執事（好川）のみを残し、嫡孫・長忠を連れて、伊豆の古奈にあった岩崎久弥の別荘（現三養荘）に疎開していた*28。他方で、陸軍の技術将校（終戦時は少佐）である長衡は、終戦を任地の大分県日田で迎えていた。また、長衡夫人・綾子は、昭和一八年に生まれたばかりの次男・長義を抱えて、実家の毛利子爵家の農場がある栃木県黒磯に疎開していた。終戦後、一家は古奈で合流し、生活の再建に着手したが、その矢先に長景の逮捕という事態に見舞われたのであった。長景は、三日に逮捕命令を知った後、東京で各方面に挨拶を済ませた上で、八～九日に古奈に帰って孫たちに別れを告げた後、再び東京に戻り、一〇日に入所している。入所に際して、長景は悦子、長衡、綾子と今後のことを打ち合わせている。日記にはあまり詳しい内容が記載されていないが、岡部家所蔵の文書には、入所後の長景と家族の間の往復書簡が大量に残されている（書簡には、「第一信」「第二信」というように番号が振られており、検閲が強く意識されていたことが分かる。実際、書簡のほとんどには censured（検閲済）というシールが貼られている）。

長景には、弟妹が多数いた。このうち中央政界とかかわりを持っていたのは、次弟の長挙と末弟の長章であった。長挙は、朝日新聞社初代社主の村山龍平の養子となり、昭和一五年（一九四〇）から同社の社長を務めていた*29。長景は、一二月三日に麻布市兵衛町の村山邸で自らの逮捕のことを知り、一〇日に巣鴨に入所した際は、長挙の配慮によって、朝日新聞社から手配された自動車で出頭している。悦子の日記を見ると、長景は長挙と親しく、入所に際して種々心遣いを受けていたことが分かる。これに対して、終戦時に昭和天皇の侍従を務めていた長章との交流は密ではなかったようだが、入所にあたって手紙で連絡を取り合っていた。この他、長景は三日に妹・久子の夫である川崎芳熊（川崎重工業創業者・川崎正蔵の孫）に面会している。悦子は一六日、一一日に三井家に預けていた荷物を送ってもらっているが、これは長景の妹・榮子（三井弁蔵〔三井本村町家二代目当主〕夫人）の配慮によるものと思われる。

長景は、華族、政界、官界、財界、ジャーナリズムにまたがる姻戚関係を持ち、各界の結節点に位置する人物であった。長景はその人脈にも助けられながら、終戦そして巣鴨への入所という困難な時期を乗り切るのであった。

四、巣鴨プリズン内の様子

長景の日記は、概して平易な文章で書かれてあり、読みやすい。そのため、内容について長々と解説することは避け、要点を簡潔に紹介するにとどめたい。

出頭が決まった長景は、実弟・長挙が用意した朝日新聞社の車に乗り、途中で真崎甚三郎元陸軍大将も乗せて、巣鴨に向った。長景の入室した房は二階の二八号房で、同列の房には東條英機（元首相）、島田繁太郎（元海相）、土肥原賢二（元陸軍大将）、本間雅晴（元陸軍中将）ら軍人がいた。長景が、皆から「君は何の為に来たのか」と質問され、「答へに困った」と記しているところから、多くの戦犯から長景逮捕が意外だと受け止められていたことがわかる。長景本人も、なぜ自分が戦犯指定されたのかが分からなかった。悦子が一二月一七日に京都在住の画家・山田介雲から聞いた情報によると、京都にいた米軍第六軍のクレーガー代将は、長景の逮捕は「当時の貴族院の情勢取調べの為にて御心配の事はなし」という事情であったという。その後の取り調べがあまり厳しくなかったところを見ると、真相はこれに近かったのかもしれない。

長景は、前述の『婦人之友』誌上の座談会で、昭和天皇の聖断によって戦争が終結したことへの感謝の念を述べ、「国体の有がたさといふものを改めてつくづく感じました」と語っている*30。入所後も皇室に対する尊崇の念は変わらず、一二月一二日の日記には、梨本宮守正王が長景らと同様の扱いを受け、食事の際に丼とお椀を持っている様子を見て、「只々恐懼の外はない」「嗚呼敗戦なる哉と長大息せずには居られない」などと記している。同日の日記には、次のような歌を詠み、国家や天皇に対する思いを記している。

はからずも御国のためにこのからだ　ささぐるときは来にけるらしも
国民をすくはんとする御心に　こたへまつれよちよろづのたみ

日記には、元旦、紀元節や天長節に皇居への遥拝や君が代の合唱が行われている様子が記されており、占領軍がこの問題に関して寛容さを見せていたことが分かる。このことも影響していたのであろう、昭和二一年の元旦に、天皇によっていわゆる「人間宣言」の詔書が発布され、マッカーサーがこれに賛同する声明を発表すると、長景は、「流石　マ元帥である」と高い評価を日記に記している。長景が、天皇や皇后などへの敬意を表す名前の前の一文字空にする表記を、マッカーサーに対しても行っているのが興味深い。長景は、昭和二一年四月から移った房では、正面の壁に天皇の写真を貼り、その右にマッカーサーの顔写真を切り抜いて貼っている。

長景は、食事が充実していることに驚いた様子を日記に詳しく記している。昭和二〇年一二月一〇日には「米は食べきれぬ位の分量」、一一日には「運動が多少不足かも知れないから旁々肥って来るだろうと思はれる」という記述があり、昭和二一年の元旦には、前年の正月の食事とは「雲泥の差」で、

「当局の心遣には一同感謝した」と記されている。「食事に水とんの代用食が多くなって来たので閉口して居る向が多い」（昭和二〇年一二月二二日）など不満を記していることもあるが、概して食事には恵まれていたようである。

当時の日本は燃料不足のため、入浴は贅沢であったが、所内では十分な機会が与えられていた。入所後間もない一二月一四日の日記には、長景が島田繁太郎と二人で熱い湯船を冷ます様子が、ユーモラスに描かれている。また、一二月一六日にアカギレができた時には、医師から使い切れないほどの量の薬を出されるなど、医療体制も整っていたようである。

無論、自由なことばかりではなかった。外部との連絡には厳しい検閲が行われ、定期的な所持品検査の様子も記されている。プライバシーがない房での生活にはストレスが多かったし、取り調べ、裁判の行方、インフレや財産税の課税などによって苦しくなる家族の生活も気懸りであった。ただ、長景は、その状況を単に悲観的には考えていなかったようである。孫である長忠氏は、「それまでは人任せであった洗濯や掃除、繕いものなどで苦労もあったようだが、和歌を作るなど余裕を持って時を過ごしていたのではないだろうか」と推測している。実際日記を見ると、長景はプリズン内で実に多くの本を読み、思索を深めている。また長景は、入所当初から自分はいずれ釈放されると考えており、巣鴨から釈放された後は、故地・岸和田に隠居することを考えていた。日記には、長景が岸和田に作る邸宅の設計図を熱心に検討したり、農場経営を構想していた様子が記されている。

長景が巣鴨に入所する以前から、悦子は腹膜の具合が悪く、昭和二〇年末の日記に「此際十分に養生して直したく思ふ」と記していた。しかし、その後容体は悪化し、翌年一月三一日の長景との面会の際、長衡は悦子の体調が思わしくないことを伝えた。これを聞いた長景は、「万一の場合の覚悟」について長衡に語っている。その後悦子の病状は悪化し、執事の好川らから面会や手紙で容態を詳しく聞いた長景は、憂慮を深めた。根っからの愛妻家である長景は、何度か悦子の夢も見ている。長景はひたすら回復を祈り続けたが、外出による面会が許されることはなく（日記を見る限りでは、面会を申し出たかどうか不明）、三月二二日、悦子は腹膜炎のため古奈で亡くなった。長景にその死が知らされたのは、二二日になってからのことであった。長景は、二三日一日限りで保釈を許され、占領軍のジープで古奈まで行き、亡骸と対面している。長景は、悦子の初七日にあたって次の歌を詠み、思いを新たにしている。

悲しみの深ければこそ世につくす　力となれやはかなきこの身

長景は、戦犯裁判を日本側の主張を明らかにする好機とすべきだと考えていた。日記には、「今回の裁判に臨むのは無上の幸福、天から与へられた機会である」（昭和二一年四月五日）、「平素の素懐将来への予誠を述ぶる機会を与へらるればそれは絶好の機会」（同年四月七日）といった記述が見られる。もっとも長景には、戦争を正面から正当化する考えもなかった。長景に対する取り調べは、四月一〇日からＣＩＣ（Counter Intelligence Corps＝米陸軍対敵諜報部）の手によって行われたが、長景は一一日の二回目の取り調べの際、日本の対中政策について以下のように語っている。

「日本側がもっと支那に対し理解を与へ相互の意思の疎通を図ればよかったのだがその努力が足りず、そこへ出兵などして直ぐに引揚げれば問題も悪化せずにすむのだが、兎角長引く為に色々面倒な問題が派生して来るので遺憾に思って居た。文化事業などは相互理解の一助としたいと思ってやった一つの仕事であったのだ」

一二日の三回目の取り調べでは、貴族院関係のことをあれこれ聞かれた。友人について聞かれた時には、近衛、木戸、酒井らの名前を挙げ、木戸について「絶対の平和主義者であることは断言し得ると思ふ」と話した。「戦犯裁判にかかると思って居たか」という問いには、「想像して居なかった」旨を答えた。この日でいったん取り調べは終了した。その後七月九日にも取り調べが行われたが、日記を見る限り、緊迫したやり取りはほとんどなかったようである。なお、長景は英語が堪能だったため、通訳を介さずに直接取り調べに応じていた。

結局、逮捕された戦犯容疑者のうち、二八名が四月二九日に起訴された。翌日、隣室の東條を含む二八名が起訴されたのを聞いた長景は、想像名簿を作って東條に加筆を求めた。これを見た東條は、添削して返却した（長景は三〇名の名前を挙げたが、東條は一三名を削除、一一名を追加したものを返却した）。長景が誰の責任を重いと見ていたかが分かり興味深いので、以下に引用する（取り消し線は東條による削除、

＊以下は東條による追加）。

東条　島田　賀屋　岸　青木　鈴木
岩村　寺島　東郷　永野　豊田　畑
土肥原　松岡　大島　後藤　有馬　星野
橋本　大川　廣田　木戸　平沼　安倍
井野　安藤　阿部　南　鮎川　寺内
＊松井　小磯　荒木　板垣　木村兵　梅津
佐藤　武藤　岡　重光　白鳥

この日の散歩時間に長景が東條に心境を尋ねると、東條は以下のような様子であった。

「起訴は日本を侵略国と前提して居るゆへ全面的に否定せざるを得ず、五月三日までに全部或は部分的に肯否を開陳することになり居る、国際的の戦争責任問題と国内的に敗戦の責任とは別個にて自分は法廷にてはその点堂々陳述する積りなりと語られ、意気壮なり。日本が搾取をするなどといって居るのは滑稽にて彼等こそ搾取国であるといって居られた。」

長景は、同日に届いた新聞によって戦犯起訴状を読み、今回起訴された二八名が最重要容疑者と見なされていることを理解した。しかし、追加の起訴もあるかもしれず、日記に「吾々はどうなることやら」と記している。

この日に限らず、長景の日記には、しばしば他の容疑者たちの様子が生々しく記されている部分があり、興味深い。とりわけ、入浴や房から出ての運動は、他の容疑者や被告たちとの情報交換の場でもあり、長景は自分の行く末を気にしつつ、開廷後の裁判の状況などを聞きこんでいる。学習院初等科以来の友人である東條とは何度も会話を交わし、開廷（五月三日）の翌日には、裁判への意気込みや精神を病んだ大川周明に頭を叩かれたことを聞いている。六月二九日には、天皇が不起訴となったという報道に接し、親しくしていた四王天延孝（元陸軍中将）と共に喜びの歌を詠んでいる。この他にも、広田元首相、木戸元内大臣、真崎元陸軍大将、嶋田元海軍大将など、戦前期の最高指導者たちの巣鴨での生活の様子が数多く記されている。昭和二一年九月一四日の項には、広田が白装束を着ていたという興味深い記述もある。

日記の記述は、昭和二一年後半から取り調べや他の容疑者の描写が少なくなっていき、読んだ本や歌の添削に関するものが増えている。追加起訴の可能性も低くなり、静かに過ごす時間が増えたのであろう。最終的に長景が巣鴨から釈放されたのは、昭和二二年八月三〇日のことであった。この時一緒に、真崎甚三郎、正力松太郎、大倉邦彦ら合計一五名が釈放されているが、これはA級戦犯容疑者の釈放者としては早い方であった（前年四月に出所していた梨本宮を除き、多くは昭和二三年一二月に釈放された）。出所の際、事務官から今回の釈放は当分公表しないこと、次回釈放に支障をきたす恐れがあるので当分謹慎すべきことを伝えられた長景は、このたびの人選では「プロパガンディスト（宣伝行為を行う者）」が除外されたのだと感じた。人選の理由は不明だが、政治責任が比較的軽いと考えられた者が多かったのだと推測される。

釈放された長景は、赤坂丹後町の本邸に戻った。その日のうちに黒磯から綾子、長義が合流し、長景は久しぶりに家族との歓談を楽しんだ。翌日、長景は三人で青山にある岡部家、加藤家の墓参りをした。ここに一年九ヵ月に及んだ拘禁生活はようやく終わりを告げた。

五、おわりに

最後に、巣鴨以降の長景について簡単に触れておこう。長景は拘禁生活を終えて出所したものの、公職追放の身であり、主屋を焼失した東京の本邸での生活が不便だったこともあって、静岡県三津の別荘で隠遁生活を送った＊31。しかし、昭和二七年に追放が解除されると、新設された国立近代美術館の初代館長に就任した。洋の東西を問わず文化に造詣が深く、戦前から文化事業や文部行政に通じていたことが、就任の理由だろう。人選の経緯は不詳であるが、吉田茂首相（外務省の先輩で、長景とは以前から親交があった）の意向が働いていた可能性もある。以後長景は、文化面から戦後日本の復興に貢献し、国際文化振興会会長、在ローマ日本文化会館総長なども歴任している。

岡部長景は、華族中の有為の人材として知られ、外務省、宮中、貴族院で活躍し、東條英機内閣では閣僚まで務めた。しかし、その政治的経歴のゆえに、終戦後占領軍によって戦犯容疑者として逮捕され、二年近くにわたって拘禁された。長景が巣鴨の獄中で書き記した日記は、敗戦、占領という未曽有の事態を、華族政治家がどのように受け止め、乗り越えようとしたのかを活写しており、きわめて興味深い史料である。また、巣鴨に収容された戦犯容疑者たちがどのような生活を送っていたのか、何を考えていたかを考察する上で、多くの手がかりを与えてくれる。この小論では、日記読解の手がかりになると思われる若干の点を紹介したにとどまったが、今後本日記が広く読まれ、近代日本史研究のために活用されることを願っている。

本日記の翻刻は主に柏原宏紀が行い、尚友倶楽部、奈良岡聰智、小川原正道が校訂を行った。出版にあたっては、岡部綾子氏、岡部長忠氏から格別のご配慮と様々なご教示を賜った。ここに記して感謝申し上げたい。また、出版に至る過程でお世話になった三菱財団、岡部幸子氏、曽我部健氏（三菱史料館）、高林保氏（岸和田市在住）、佐々木政武氏（岸和田市在住）、山中吾朗先生（岸和田市郷土文化室）、水上奥人氏（文藝春秋編集部）、泉光寺、岸和田市職員の方々にも厚くお礼を申し上げたい。

1　拙著『加藤高明と政党政治　二大政党制への道』（山川出版社、二〇〇六年）。
2　拙稿「岡部長景と戦前・戦中・戦後」（『創文』第五二六号、二〇〇九年一二月）、同「加藤高明と岩崎家―駐英大使時代を中心に」（『法学論叢』一六六巻六号、二〇一〇年三月）、同「「別荘」からみた近代日本政治（第一五回）岡部長景」（『公研』第四九巻六号、二〇一一年六月）。

3　奈良岡聰智「七十年目の新発見　〃A級戦犯〃幻の肉声」、「抄録　岡部長景「巣鴨日記」」（『文藝春秋』二〇一五年九月号）。

4　「岡部長景関係文書」の概要については、「岡部長景関係文書目録」（国立国会図書館憲政資料室、国立国会図書館のHPで閲覧可能）を参照。https://rnavi.ndl.go.jp/kensei/entry/okabenagakage.php

5　泉光寺所蔵の「岡部家文書」は、岸和田市生涯学習部郷土文化室で閲覧可能である。概要については「岡部家文書目録」（岸和田市のHPで閲覧可能）を参照。

https://www.city.kishiwada.osaka.jp/soshiki/70/sisisiryo-lists.html

6　主な巣鴨日記として以下が挙げられる。太田正孝『すがも：人間改革』（時代社、一九四九年）、重光葵『巣鴨日記（正・続）』（文藝春秋新社、一九五三年）、『木戸幸一日記　東京裁判期』（東京大学出版会、一九八〇年）、『岸信介の回想』（文藝春秋、一九八一年）、安倍源基『巣鴨日記』（展転社、一九九二年）、畑俊六『巣鴨日記』（小見山登編、日本文化連合会、一九七七年、のち『元帥畑俊六獄中獄外の日記　前後編』日本人道主義協会、一九九二年）、『石原廣一郎関係文書』上巻（柏書房、一九九四年）、伊藤隆・尚友倶楽部編『有馬頼寧日記（一）巣鴨獄中時代』（山川出版社、一九九七年）、笹川良一『巣鴨日記』（伊藤隆・渡邊明校訂、中央公論社、一九九七年）、伊藤隆編『続・巣鴨日記　笹川良一と東京裁判一』（中央公論新社、二〇〇七年）。

7　BC級戦犯の日記を紹介した文献も多数存在するが、近年の代表的なものとして、上坂冬子『巣鴨プリズン一三号鉄扉　裁かれた戦争裁判』（PHP研究所、二〇〇四年）、久山忍編著『国のために潔く　BC級戦犯の獄中日記』（青林堂、二〇一五年）を参照。

8 なお悦子の日記では、長景が「祖父」「パパ様」、自分が「祖母」、長衡が「父」と表現されていることがあるのに注意が必要である。

9 以下、長景の戦前の政治活動については、三浦裕史「解題」(尚友倶楽部編『岡部長景日記—昭和初期華族官僚の記録』柏書房、一九九三年)、小川原正道『評伝 岡部長職—明治を生きた最後の藩主』(慶應義塾大学出版会、二〇〇五年)および本書所収の同氏の解説を参照。

10 この問題については、小泉袈裟勝『歴史の中の単位』(総合科学出版、一九七四年)、同『度量衡の歴史』(原書房、一九七七年)を参照。

11 岡部長景他『「メートル」法強制施行反対意見集』(岡部長景、一九三三年)。

12 『大阪時事新報』一九三八年一月一九日夕刊。

13 岸信介、矢次一夫、伊藤隆『岸信介の回想』(文藝春秋、一九八一年)。

14 山本義彦編、清沢洌著『暗黒日記』(岩波文庫、一九九〇年)一九四三年四月二四日の項。

15 もっとも、戦前と戦後で主張の論拠に変化が見られるのが興味深い。長景は、戦前は日本の伝統文化保存、欧米文化の無批判な摂取への批判という観点を強調していたが、戦後は、メートル法の強制は非民主的、非自由主義的であると批判している(例えば長景日記一九四六年二月二二日の項)。

16 岡部長景・杉村勇造・佐藤進三・磯野風船子「芸術文化隣国往来—岡部長景氏を囲むで」(『陶説』六三号、一九五八年六月)六七頁。

17 詳しい経緯ははっきりしないが、橋田文相は東條首相や陸軍と対立して辞任に至ったようである(「文部大臣橋田邦彦」羽合町史編さん委員会篇『羽合町史』後編、羽合町教育委員会、一九七六年)。

18 伊藤隆・廣橋眞光・片島紀男編『東條内閣総理大臣機密記録』（東京大学出版会、一九九〇年）一九四三年三月二四日の項。長景日記一九四六年四月一二日の項にも、東條が長景の母の弔問に訪れたという記述がある。
19 高林保氏（岸和田市在住）からのご教示による。
20 前掲『東條内閣総理大臣機密記録』一九四三年四月二二日の項。
21 『東京朝日新聞』一九四三年四月二四日。
22 水野勝邦「岡部前理事長の思い出」（『尚友倶楽部会報』三六号、一九七〇年七月）。
23 学徒出陣に関する近年の代表的研究として、蜷川寿恵『学徒出陣』（吉川弘文館、一九九八年）、西山伸「一九三九年の兵役法改正をめぐって：「学徒出陣」への第一の画期として」（『京都大学大学文書館研究紀要』一三号、二〇一五年三月）を参照。
24 座談会「新日本の行くべき道」（『婦人之友』三九巻八・九号、一九四五年九月）。
25 逮捕の知らせは、新聞紙上では一二月四日に発表された（『東京朝日新聞』一九四五年一二月四日）。
26 結婚の経緯については、拙稿「加藤高明と岩崎家―駐英大使時代を中心に」（『法学論叢』一六六巻六号、二〇一〇年三月）を参照。
27 なお、当時の首相・幣原喜重郎は、久弥の妹・雅子と結婚しており、長景にとって義理の叔父にあたるが、長景・悦子の日記を見る限り、両者ともに幣原家とは特に連絡を取っていなかったようである。
28 当時は一～三号館があったが、岡部家は二号館を借りており、女中三名、黒磯との連絡を担当する運転手一名（辺見）がいたという（岡部綾子氏のご教示による）。
29 長挙の追想録として『みゆかり：村山長挙を偲ぶ』（村山藤子・美知子、一九八七年）、長挙の朝日新聞社長時代の事績を検討した著作として今西光男『占領期の朝日新聞と戦争責任』（朝日新聞社、二〇〇八年）がある。

30 前掲、座談会「新日本の行くべき道」。

31 この別荘について詳しくは、前掲「「別荘」からみた近代日本政治（第一五回）岡部長景」、山本三朗「岡部長景翁と東瀛荘」（『沼津史談』第三二号、一九八二年一二月）。

【解説】観堂随話——岡部長景回顧録——

慶應義塾大学法学部教授
小川原正道

一、はじめに

本書に収録した岡部長景《おかべながかげ》（一八八四〜一九七〇）の回顧録は、長景の晩年に「観堂随話」（観堂は長景の号）として、俳誌『雪解』の昭和二十九年（一九五四）三月号から二十一回にわたって毎月連載されたものである。

長景は、明治十七年（一八八四）八月二十八日に旧岸和田藩主・岡部長職の長男として生まれた。母は元郡上藩知事・青山幸宜の妹・錫子である。長職は岸和田藩最後の藩主で、廃藩置県後、慶應義塾に入学、福沢諭吉の斡旋でアメリカに入学してイエール大学に学び、帰国後は外交官、政治家として活躍し、貴族院研究会の領袖として第二次桂太郎内閣では司法大臣を務めた人物であった。長景が生まれる前年に海外留学から帰国し、その三年後に公使館参事官に就任、ロンドンの英国公使館に赴任して条約改正交渉にあたっている。長景は学習院から東京帝国大学法科大学に進学し、帝大卒業後は外務省に入り、米国・英国勤務を経て外務省亜細亜局第二課長、同局文化事業部長、外務省文化事業部長（文化事業部は一九二七年に亜細亜局から独立）を経て昭和四年に内大臣秘書官長兼式部次長に就任、翌年には貴族院議員となり、陸軍政務次官を経験して、十八年、東条英機内閣で文部大臣として入閣し、学徒出陣を実行した。戦後は戦犯容疑者として逮捕されたが、釈放後は文化活動に復帰、東京国立近代美術館館長、国際文化振興会理事長などを歴任して、昭和四十五年五月三十日に死去した。この間、加藤高明の長女・悦子と結婚している＊1。

右のような長景の公的生涯において、政治的観点からみた重要な時期は四つある。第一は外務省で文化事業に従事していた時代であり、近年、外務省の対支文化事業研究がさかんになっている＊2ことを考慮するとき、この時期の長景の動静を知ることは、同研究の進展にとってきわめて重要である。第二は宮廷官僚時代であり、この時期に記された日記はすでに公刊され＊3、今日、近代史研究における貴重な資料として、研究者にひろく利用されている。第三は政治家時代であり、とりわけ貴族院では父・長職の後を継ぐ形で、研究会の重鎮として活躍した＊4。第四は、戦犯容疑者時代を経て、文化活動に従事した戦後であり、これも戦前の政治活動に対する長景の評価・自省を踏まえた上での外務省時代の文化活動の継承として、意義深いものがある。

このように、長景が大正・昭和期を代表する外交官、官僚、政治家、文化人であったにもかかわらず、その資料については、宮中官僚時代の日記（尚友倶楽部編『岡部長景日記―昭和初期華族官僚の記録』柏書房、平成五年）が公刊され利用されているほかは、一般社団法人尚友倶楽部と国立国会図書館憲政資料室、岡部家の菩提寺・泉光寺がそれぞれ関係文書などを所蔵していることが知られているのみである。長景に関する研究も少なく*5、その政治・外交・文化的重要性を鑑みると、研究状況はいささか不十分であるといわざるを得ない。

そこで今回、長景に関する資料状況を改善し、その研究を促進すべく、かつて俳誌に連載されたものの、ほとんどその存在を知られていない長景の回顧録を本書に収録した。以下の解説では、主に右の四つの時期のうち、主に第一、第三の時期に着目しながら、本回顧録について考察を加えておきたい。

二、文化事業との関わり

回顧録は、長景が麹町で出生したところからはじまっている。父・長職の外務次官時代に次官附給仕の影響で切手収集の趣味をはじめたこと、学習院中等科時代にはじめて岸和田を訪れたこと、城の本丸や外堀などを市に寄付したことなどに触れた上で、自らの生涯について、「私は金もうけのことは生来性に合わず、ただ生涯を文化事業にささげてきたようなものです」と語っている。その上で、聞き手の皆吉爽雨は、この回顧録を「自伝とか何とかいう事々しいものでなく、随時の随話という風にいろいろとご経験になりました文化的なお仕事やご心境を承りたいと思っております」として、文化事業を軸に聞き取りを行う旨を述べている。

文化事業といっても外務省の文化事業に限ったことではなく、文化的活動全体を回顧の対象としており、たとえば、沼津市の三津浜にあった別荘では富士山がよく見え、皇太子や高松宮をはじめ、梅原龍三郎、鈴木大拙、志賀直哉、武者小路実篤、柳宗悦など、錚々たる文化人が訪れたと語っている*6。父・長職は富士山を好んだが*7、西では奈良が趣味で、これを長景は受け継いだらしく、「奈良も私には親ゆずりの地で、父はよく奈良に参ったものです」などとして、奈良旅行の思い出を述べている。

日本文化についての持論も展開している。日本固有の文化は千年以上の歴史を経て高い価値を保有しているために、知識と自信をもって外国に紹介したい、そうすれば「外国人は必ず感銘して、日本を正しく理解してくれると思います。これが私の終生の願望なのです」と強調している。長景は「最初に文化交流の事業に関係しましたのは、今から約半世紀前」だが、緊張する日中関係下で両国の文化交流を進め、「精神的のつながり」の欠陥を補って「国交の改善」をはかるための事業であったとしている。これがいわゆる外務省の対支文化事業ということになるが、その一環として取り組んだ事業として、満州で開いた絵画展、上野で開催された唐宋元明の絵画展、宋元明清の展覧会、さらに「特筆したい」ことして、研究機関を設置したことを挙げ、北京に人文科学研究所・図書館を、上海に自然科学研究所を、東京と京都にも研究機関を設けて「東洋学の進歩には画期的な貢献をした」と自賛している。このほか、学生の交換留学にも取り組んだという。

長景自身の思い入れは強かったらしく、ある座談会では、「本省でも殊に文化事業を担当、というよりも私が主唱した様なものなんです」と長景は語っている。「始めから文化事業なんてものが、三年や五年で結果をあげるなんていう様な考へ方じゃだめだ。少くも二十年三十年先を見越して気永にやらなけりゃならないという事を云つとつた」という*8。

対支文化事業とは、アメリカの文化政策を模範として、義和団事件の賠償金などを基金として中国人留学生の学費援助や東亜同文会、同仁会の事業援助などを試みた事業であり、外務省が大正十二年（一九二三）から展開していた*9。長景は、当初は対支文化事務局事務官兼書記官、のちに亜細亜局文化事業部長、そして文化事業部長としてこの事業に従事していたが、当時はこの事業について、どのような認識を持っていたのであろうか。外務省亜細亜局文化事業部長時代の大正十四年に『外交時報』に発表した「対支文化事業の使命」と題する文章のなかで長景は、日中両国は精神面・文化面で歴史的に密接な関係にあるが、西洋文化の移入にともなって東方文化の研究が遅れ、このために両国関係が疎遠になってきているとして、第一次世界大戦後、東洋文化の重要性が再認識されているいま、その保存、研究、発揚に取り組んで両国民の「相敬相親の念を深かしむる」のだと語っている。中国側からは「文化侵略」だと批判されているが、それは「噴飯の至り」であり、「排他的思想」だと反論し、文化事業は「外交の具とせず、当面の問題とは全然分離すべきものたる」と位置付けた。事業内容としては、北京の人文科学研究所・図書館と上海の自然科学研究所の設立が挙げられている*10。

こうした認識や取り組みの背景には、欧米諸国が中国で文化政策を積極的に展開しているのに対し、「日本人一般には支那に対して頗る無関心であつた」という理解があり、「かういふ状態が長く続いて行きますと、支那人は完全に欧米人に惹きつけられてしまつて結局日本とは叩き合いをしなければならぬところに逢着するであらう」という危機感があった*11。ここにいう中国人をひきつける欧米の文化政策とは、留学生の受け入れや大学、専門学校、図書館、病院の設立、キリスト教の布教などである＊12。

外務省文化事業部長となってのちの昭和二年の年頭に発表した文章でも同様の見解を示しており、文化事業は「支那に於て行ふべき教育、学芸、衛生、救恤其他文化の助長に関する事業」「帝国に在留する支那国人民に対して行ふべき前項に掲ぐる事業と同種の事業」「帝国に於て行ふべき支那国に関する学術研究」の三種あると規定されているとした上で、あらためて「此文化事業は外交とは全然分離すべきものである……此点は本事業遂行上是非共明確にして置きたい」と強調している＊13。外交との分離を強調したのは、「政策的といったら語弊があるかも知れないが、外交が非常に難行してましたからね、それを打開する為には矢張り文化という方面から入らなければね、とても手の握り様がない」という危機感からであったという＊14。文化事業も困難な状況に陥っており、北伐の急進展によって上海はすでに南方政府の勢力圏内にあり、北京政府によって任じられた中国側のメンバーが事業に参加するのは困難になっていた＊15。そしてこの年五月に田中義一内閣の山東出兵によって済南事件が勃発し、激しい反日運動が展開されるようになると、中国側は文化事業への協力の道を絶ってしまう。「支那に於て行ふべき教育、学芸、衛生、救恤其他文化の助長に関する事業」が頓挫したのである。中国での文化研究が頓挫したため、「帝国に於て行ふべき支那国に関する学術研究」、すなわち日本国内で日本の学者が独自に中国文化研究を行う研究機関を設立すべきだとの主張がおこり、北京人文科学研究所の総責任者であった服部宇之吉と狩野直喜と長景が、支那文化研究所の設立を推進したといわれている＊16。

長景は一九二九年一月に文化事業部を去って内大臣秘書官兼式部次長となっているが、その後日満文化協会副会長となり、文化交流との関わりを続けた。日中戦争勃発直前の一九三六年には、文化事業で補助の対象となっていた東亜同文会の理事長に就任している[17]。理事長就任にあたって長景は、日中関係の悪化は「実に我がアジア民族、並びに東亜の将来にとつて、由由敷き一大問題」であるとして、これまで文化事業に従事してきた自分は「常に志す所は人類の福祉、殊に東亜民族の興隆と、其の相互の親善を図る」ことにあったとして、今後も「精魂を傾けて職責に直往邁進せん」と訴えた[18]。しかし一九三七年七月に日中戦争が勃発すると、長景は、中国における抗日勢力を根絶するとともに、その背後にいるソ連およびコミンテルンの影響を阻止することが「刻下の先決問題」であるとして、軍事行動によって中国側に徹底的打撃を与えると共に、文化的方面において「工作」を施し、現地民の信頼を獲得して、日本を「徳」とするように試みなければならない、と主張した。この「文化戦」に敗れれば中国が共産主義に靡き、日本の国家存立の危機が訪れる、と長景は危惧している[19]。文化事業については、欧米の宣教師や財団などが先行しており、教育事業や医療事業などに積極的に投資しているほか、奥地までキリスト教を布教しているため、日本は相当な覚悟をもって欧米にひきつけられている「支那を此方に引戻」さねばならなかった、と語った[20]。日中戦争にいたった時点での長景の感想は、「我が文化事業はその志すところ頗る高遠ではあつたが、其の規模並に運用の点に於いて満足せざるところ少からず、志を常に東亜悠久の和平と日支文化の提携に寄せる予等にとつては頗る遺憾としたところであつた[21]」。そしていまや、「科学戦の時代となり、更にラヂオとかその他の印刷物等の宣伝戦、思想戦さへ、武力戦と併行して行はれ、更に産業、経済、教育等に迄国家は文化的精神的総力を挙ぐるに非ずんば、今日の戦争はその目的を貫徹することは不可能」となった、と長景は強調しつつ、「偏狭なる国家主義に囚はれることなきやう深甚なる注意を用ひ」、日本は他国に先んじて中国を「指導」して「共存共栄の真意義を全う」することを訴えたのである*22。

東亜同文会は日中戦争勃発を受けて『新支那現勢要覧』と題するパンフレットを刊行し、「支那事変概史」「支那事変国際関係」「蒙彊諸政府」「中華民国臨時政府」「中華民国維新政府」「蔣政権の現勢」などについて解説しているが、その序文で長景は、「今回の事変を契機として支那及び東亜の天地は一大転換の期に逢着したのである」として、中国情勢が日本の運命やアジアの安定と連関性を有している以上、日本国民は現在の中国と未来の東アジアについて正確な判断を下すべき義務があり、実際にそうした欲求が高まっているとして、本書を編纂したとしている。そして、今後もこの本書に満足することなく今後の事変の展開に応じて追加修正を加え、「絶えず支那の生ける鏡たらしめんとの念願を抱くのみならず、この念願を達成することは我々支那問題研究者の当然為すべき使命である」と語った*23。

こうして長景のいう文化事業は「文化工作」として、戦争や東亜新秩序の理想に取り込まれていくこととなり、その視線も戦争に応じた国民啓蒙・教育に注がれていくこととなったわけだが、回顧録では、この時代より前の、現実外交とは切り離した形で日中親善を図ろうと試みた外務省文化事業時代について語ったわけである。

三、学生・宮廷官僚・政治家時代

俳誌での回顧録のため、「句の方はどうも」と謙遜しつつも、誌上に多くの俳句を寄せており、人生を振り返って「たちまちに葉月を迎ふ八十路かな」と詠っている。以下、幼少期からの回想を、順を追ってみておこう。

学習院初等科時代は富士山のよく見える目白に自宅があり、文学よりも理科や数学がやや得意で、「学業は真面目に勉強し成績は相当だったと記憶する」という。ヴァイオリンの習得には失敗したが、乗馬と体操、水泳には力をいれた。日清戦争後の三国干渉は、「子供心ながら遺憾に堪えなかった」。中等科を卒業する際には総代を務め、院長の訓令に対する答辞を述べて、明治天皇からウェブスター大辞典を下賜されたといい、暑中にはよく旅行をした。学習院高等科を卒業して帝国大学に進学したが、ちょうど日露戦争の際であり、「日本海海戦の大捷の報は暗雲を一掃し安堵することが出来たのが忘れがたい」と語っている。学習院に在籍すること十五年で、多くの友人ができたが、「竹馬の友」として名を挙げているのは徳川家正（徳川宗家第十七代当主）で、初等科から帝大まで一緒で共に外務省に入るという「因縁」であった。外交官としてはまず外交官補に任じられて第二辰丸事件に関与し、その後渡米した。外交官の素養として、ダンスやゴルフに親しんだという。このほか、乗馬、野球、水泳、スケート、ボート、鉄棒、オペラ鑑賞、園芸、庭園、俳句や陶芸など、長景の趣味は実に多彩であった。

明治四十五年、加藤高明の長女・悦子と結婚することとなり、一時帰国を許された*24。祖母の体調が思わしくないため、日を繰り上げて式を挙げ、無事その逝去に間に合った。その後ロンドンに転勤し、中国の排日運動などに対処したが、余暇にはスコットランドを旅しており、学生時代以来、仕事と余暇とを両立させる生活を送っていたことがわかる。第一次世界大戦にあたっては、当時ドイツにいた留学生などの帰国の手続きに奔走したという。帰国後は外務省亜細亜局に勤務し、先述の文化事業に携わることになる。

文化事業は、シベリア出兵撤退や四個師団の廃止、ワシントン条約の締結、石井・ランシング協定、さらには大正天皇の崩御や軍部の勢力拡大、張作霖爆殺事件などで「開店休業」の状態に陥ったが、何とか東京と京都に研究所を設立することになった。内大臣秘書官長兼式部次長に転じたのはそのすぐ後のことであり、内大臣・牧野伸顕が外交官の先輩、宮内大臣・一木喜徳郎が大学時代の恩師だったことから、これを引き受けたという。天皇の側に仕えるなかで、「私などは、陛下は人間の陛下だ、神様あつかいを申すのは御迷惑千万だろうとよく言ったものでした」と述べている。戦後の回顧のため割り引いて理解する必要があるが、食事を共にした際にはゴルフに話題などが及ぶなど、「普通の友人関係」のような気安さがあったというのは、当時の宮中を知る上で貴重な証言である。

昭和五年に貴族院議員に補欠選挙があり、周囲のすすめもあってこれに出馬し、当選した。単なる幹部のいいなりのような議員ではだめであり、議員としての自覚を持たせるべきだという改革運動に乗り出し、学習院の同窓会である桜友会の役員構成を年齢別に割り振るなどの工夫をして、「我々の革新運動は功を奏し又一部有力者の横暴という非難も声をひそめました」。貴族院の政治的スタンスとしては、

「自制して、政治の行き過ぎをチェックする位のもの」で、政府に反対して国政を停滞させるのは避けるべきだと考えていたようである。その意味で、「研究会が万年御用党といわれたのも已むを得ない」というのが長景の感想であった。

貴族院議員時代の仕事として、昭和六年に制定された国立公園法に基づいて、国立公園を選定する特別委員会のメンバーとなり、各地を視察している。回顧録ではその視察の際の各地の思い出が語られている。長景は当時熱心な国立公園必要論者で、政府が十二の公園予定地を決めた際、『文藝春秋』誌上で、日本は自然にめぐまれた世界でもまれな地であり、その自然の恩恵によって住民の生活上「福祉を斎すことは勿論」である以上、これに感謝の念を抱き、物質主義に陥るのを避け、自然本来の懐に抱かれて「人類本然の生観に触るゝ機会を得せしむることは、今日の社会に於て最も必要を痛感するところ」だと記していた＊25。

貴族院では、昭和十年頃にははやくも中心的な政治家とみられていたらしく、昭和九年刊行の高田末吉著『躍進日本を操る人々―政界財界』（丸之内出版社）では、「貴族院の新勢力」と銘打って長景が紹介されており、「貴族院研究会の新幹部派中堅人物」として台頭しつつあるとして、いまや長景等「新人」の意見を無視して研究会を運営することはできなくなっている、とされている。「彼は明晰なる頭脳と熱心なる研究心と円満なる常識とを持ち、政局の見通しもきけば、理論家としても秀いでて居る」と著者は賞賛の声を惜しんでいない＊26。

貴族院議員時代の長景の政治思想を示す資料をひとつ挙げておこう。昭和十年一月八日・九日に『国民新聞』に連載された「議会政治か独裁政治か」という長景の署名入り記事がそれで、長景はここで、日本は議会政治を採用し、独裁政治を排除すべきであると論じている。独裁政治には民意が反映されず、日本が採用した場合は天皇に政治的責任が及ぶ可能性があり、あくまで「日本的議会政治代議政治」を採るべきだという。そのために、制度設計が先行して国民教育が追いついていない日本の議会制度を問題視し、「外形のみの議会政治」を脱却して、選挙の当落に奔走するのをやめるべきだとし、元老も多数党の首領を首班指名をするのは避けるべきだとする。重要なのは数よりも質である、と長景は強調している。その質を考慮する上で、「日本精神の政治的本質は道義を基とした無理のない政治」であり、「日本に帰れ」というのが、長景の主張であった。回顧録では触れられていないが、長景が従事したメートル法反対運動も、こうした発想に根ざしていた*27。天皇の政治的責任を回避し、民意を反映させ、政争に陥らず、穏便な議会政治を運営していくこと。そのために貴族院は、チェック機能を果たすべきだと考えていたのであろう。

四、語られたこと、語られなかったこと

長景の回顧録は、俳誌に掲載されたものであるため、俳句を織り込みながら、主に文化事業を中心に、その人生を回顧する形になっている。話題としても、学生時代の回顧のほか、文化事業や国立公園について多くの紙幅が裂かれており、戦犯容疑者時代や東条内閣の文相時代といった、人生の「影」にあた

るような場面については、語られていない＊28。また、長景が深く関与したメートル法施行反対・尺貫法存続運動、常用漢字の制限反対運動、戦後の東京国立近代美術館長時代などについても、理由は不明ながら、触れられていない。

文化事業が日中の国交改善をめざしながらも、文化侵略視されたことは、回想録に述べられている通りだが、これは文化事業部長当時にも発言していたことであり、晩年になっても同じ感想を抱いていたことが理解されよう。それだけに、戦後の文化活動も戦前の文化事業の延長線上に位置付けられるものであり、少なくとも長景自身にとっては、連続性をもって捉えられていたものと考えられる。「ただ生涯を文化事業にささげてきたようなもの」という発言は、そのことを裏付けている。

この戦前と戦後の間、長景は巣鴨プリズンで戦犯容疑者として収監された。その日記の解説は、奈良岡聰智氏のそれに譲りたい。

注

1　拙著『評伝　岡部長職―明治を生きた最後の藩主』（慶應義塾大学出版会、二〇〇六年）、参照。

2　熊本史雄『大戦間期の対中国文化外交―外務省記録にみる政策決定過程』（吉川弘文館、二〇一三年）、阿部洋『「対支文化事業」の研究―戦前期日中教育文化交流の展開と挫折』（汲古書院、二〇〇四年）、山根幸夫『東方文化事業の歴史―昭和前期における日中文化交流』（汲古書院、二〇〇五年）、李嘉冬「上海自然科学研究所設立の経緯―日本の東方文化事業をめぐって」（『立命館経済学』第五七巻五・六号、二〇〇九年三月）、李嘉冬「新城新蔵と日本の東方文化事業—上海自然科学研究所長時代の活動を中心に」(『京都大学大学文書館研究紀要』第八号、二〇一〇年二月)、李嘉冬「戦前・戦時期日本の中国における学術研究活動—東方文化事業上海自然科学研究所を中心に」(『中国研究月報』第六六巻一一号、二〇一二年一一月)、林志宏/吉井文美訳「「対支文化事業」における人物と学術調査—橋川時雄を中心として」(『東アジア近代史』第一五号、二〇一二年三月)、韓立冬「天津中日学院・江漢高級中学校の中国人教育—「対支文化事業」下の留日予備教育という視点から」(『年報地域文化研究』第一五号、二〇一一年)、汪輝「在華日本人中等学校財政政策に関する一考察—「対支文化事業」による補助過程を中心に」(『アジア教育史研究』第一〇号、二〇〇一年三月)、加藤茂生「上海自然科学研究所の設立構想—大正期における科学と対外文化政策の一側面」(『年報科学・技術・社会』第六号、一九九七年)、など。

3 尚友倶楽部編『岡部長景日記—昭和初期華族官僚の記録』(柏書房、一九九三年)。

4 前掲『評伝 岡部長職』、三一二〜三二一頁。

5 岡部長景についての研究としては、数は少ないものの、兼田信一郎「白堅と岡部長景—ある中国人と華族政治家の「石鼓文」拓本をめぐる交流の背景」(『マテシス・ウニウェルサリス』第一三巻二号、二〇一二年三月)、伊藤真希「子爵岡部長景の家庭教育」(『愛知淑徳大学現代社会研究科研究報告』第七号、二〇一一年)、奈良岡聰智「「別荘」からみた近代日本政治(第一五回)岡部長景」(『公研』第四九巻六号、二〇一一年六月)、奈良岡聰智「岡部長景と戦前・戦中・戦後」(『創文』第五二六号、二〇〇九年一二月)、山本三朗「岡部長景翁と東瀛荘」(『沼津史談』第三二号、一九八二年一二月)、三浦裕史「解説」(前掲『岡部長景日記』)、前掲『評伝 岡部長職』、などがある。

6　この別荘について詳しくは、前掲「「別荘」からみた近代日本政治（第一五回）岡部長景」、前掲「岡部長景翁と東瀛荘」、参照。

7　前掲『評伝　岡部長職』、二六五～二六七頁。

8　岡部長景・杉村勇造・佐藤進三・磯野風船子「芸術文化隣国往来―岡部長景氏を囲むで」（『陶説』第六三号、一九五八年六月）、六七頁。

9　前掲「白堅と岡部長景」、七五頁。

10　岡部長景「対支文化事業の使命」（『外交時報』第四九二号、一九二五年六月）、五四～六三頁。長景の文化外交観については、前掲『大戦間期の対中国文化外交』第三章も参照。

11　岡部長景「事変の認識と教訓」（『支那知識普及講座』第三輯、名古屋市社会教育課、一九四〇年、所収）、四頁。

12　岡部長景「文化は戰なり」（『時局と国民自覚大講演集』第一輯、日本文化中央聯盟、一九三七年）、五〇～五一頁、岡部長景『事変の認識と教訓』（東亜同文会、一九三九年）、七～一三頁。

13　岡部長景「対支文化事業に就て」（『同仁』第二巻一号、一九二八年一月）、二～一一頁。

14　前掲「芸術文化隣国往来」、六七頁。

15　前掲『「対支文化事業」の研究』、五二〇～五二三頁。

16　前掲『東方文化事業の歴史』、一〇五～一〇八頁。

17　前掲「白堅と岡部長景」、七六頁。

18　岡部長景「遍く東亜の同志に愬ふ（東亜同文会理事長就任に際して）」（『支那』第二八巻二号、一九三七年二月）、一～五頁。

19 岡部長景「軍事膺懲と併行すべき「対支文化工作」速行の急務を提唱す」(『支那』第二八巻一〇号、一九三七年一〇月)、九～一八頁。
20 岡部長景「対支認識の是正」(『新生支那事情』第二輯、一九四一年)、四八～五四頁。
21 岡部長景「対支認識の再検討」(『支那』第二九巻一号、一九三八年一月)、三～四頁。
22 岡部長景「列国の対支文化政策と日本の使命」(『朝鮮公論』第二七巻五号、一九三九年五月)、六一六～六二一頁。
23 岡部長景「序」(『新支那現勢要覧』東亜同文会業務部、一九三八年)、七～九頁。長景は、満州国建国後、「対満文化事業審査委員会」の委員長に就任し、また「日満文化協会」の副会長に就くなど、対「満」文化事業にも力を入れた(前掲『「対支文化事業」の研究』、六七六～六八一頁)。
24 婚姻の経緯については、奈良岡聰智「加藤高明と岩崎家—駐英大使時代を中心に」(『法学論叢』第一六六巻六号、二〇一〇年三月)参照。
25 岡部長景「国立公園について」(『文藝春秋』第一四巻五号、一九三六年五月)、一二～一三頁。
26 高田末吉『躍進日本を操る人々—政界財界』(丸之内出版社、一九三四年)、一九～二一頁
27 岡部長景「議会政治か独裁政治か 六—採るべき制度は日本的議会政治(上)」(『国民新聞』一九三五年一月八日付朝刊)、岡部長景「議会政治か独裁政治か 七—「日本に帰れ!」須くこの精神で(下)」(『国民新聞』一九三五年一月九日付朝刊)。
28 文相時代の長景については、前掲「岡部長景と戦前・戦中・戦後」、三～四頁、前掲『評伝 岡部長職』、三一七～三二一頁、参照。

岡部長景　年譜

明治一七年八月二八日　生
明治三八年　学習院高等科卒業
明治四二年　東京帝国大学法科大学政治学科卒業
明治四二年　尚友会入会
明治四二年一〇月　外交官領事官試験合格
明治四二年一一月　外交官補、米国在勤
明治四五年四月一日　加藤高明長女悦子と結婚
大正二年八月一〇日　長男　長衡誕生
大正二年一〇月　英国在勤
大正三年二月　大使館三等書記官　英国在勤
大正五年一二月　政務局一課臨時勤務
大正六年一一月　外務書記官・政務局一課
大正九年一〇月　亜細亜局第二課長
大正一二年五月　対支文化事務局事務官兼外務書記官
大正一三年一二月　外務書記官・亜細亜局文化事業部長
大正一四年五月　大使館参事官
大正一五年三月五日　子爵襲爵
昭和二年六月　外務省対支文化事業部長
昭和四年二月　内大臣秘書官長兼式部次長

昭和五年九月　依願免本官並兼官
昭和五年九月　貴族院議員補欠選挙にて当選　研究会入会
昭和六年　国立公園選定特別委員会委員
昭和八年　日満文化協会副会長
昭和一〇年一二月　陸軍政務次官（↓一一年三月）
昭和一一年　東亜同文会理事長
昭和一二年六月　日本文化中央連盟理事
昭和一二年一二月　国民精神総動員中央連盟理事
昭和一四年　国民精神総動員中央連盟事務局総長
昭和一四年一二月八日　内閣情報部参与
昭和一五年二月　国民精神総動員本部名誉顧問
昭和一五年　帝室博物館顧問
昭和一六年六月一一日　長衡長男　長忠誕生
昭和一八年三月七日　長衡次男　長義誕生
昭和一八年四月　文部大臣就任（↓一九年七月）
昭和一九年一二月　日本育英会会長（↓二〇年一二月）
昭和二〇年一二月　戦犯容疑者として巣鴨拘置所に拘留（↓二二年八月）
昭和二一年九月　公職追放（↓二七年二月）
昭和二七年一〇月　国立近代美術館長（↓三五年一月）
昭和三五年　国際文化振興会理事長（↓三七年二月）
昭和四一年　社団法人尚友倶楽部理事長
昭和四五年五月三〇日　没

岡部長景　関係系図

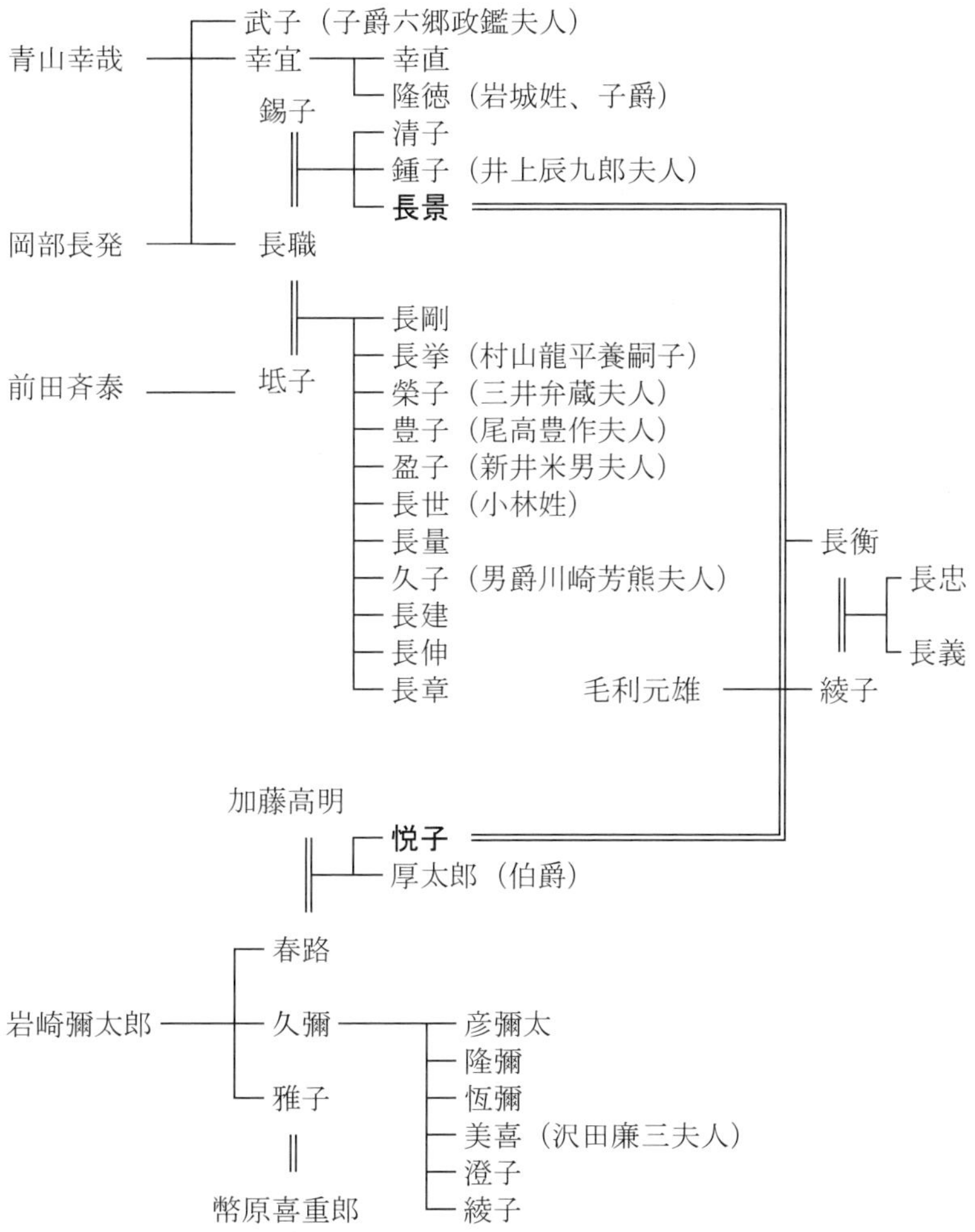
武子（子爵六郷政鑑夫人）
青山幸哉
幸宜
幸直
隆徳（岩城姓、子爵）
錫子
清子
鍾子（井上辰九郎夫人）
長景
岡部長発
長職
長剛
長挙（村山龍平養嗣子）
前田斉泰
秖子
榮子（三井弁蔵夫人）
豊子（尾高豊作夫人）
盈子（新井米男夫人）
長世（小林姓）
長量
長衡
久子（男爵川崎芳熊夫人）
長忠
長建
長伸
長義
長章
毛利元雄
綾子
加藤高明
悦子
厚太郎（伯爵）
春路
岩崎彌太郎
久彌
彦彌太
隆彌
雅子
恒彌
美喜（沢田廉三夫人）
澄子
幣原喜重郎
綾子

後記

尚友ブックレット第30号「岡部長景巣鴨日記」は、岡部家所蔵・貴族院議員・子爵岡部長景の日記（昭和二〇年一二月〜二二年八月、ノート三冊）、同夫人岡部悦子の日記（昭和二〇年一二月一〇日〜二一年一月三一日）、並びに俳誌『雪解』に昭和二九年から二一回にわたり連載された岡部長景の回顧談話「観堂随話」を収録した。

岡部家当主・尚友倶楽部会員・長忠氏は、貴重な未公開の日記の翻刻刊行を快諾されたのみならず、写真を始め参考資料の提供、編集に際して岡部家としてのご助言、ご教示を多々賜った。同会員・忠義氏も写真提供に協力され、又親族ならではの貴重な証言をくださった。俳誌『雪解』主宰古賀雪江氏には「観堂随話」転載をご快諾頂いた。

京都大学大学院法学研究科教授・奈良岡聰智氏、慶応義塾大学法学部教授・小川原正道氏、関西大学経済学部准教授・柏原宏紀氏は、史料発掘の段階から整理、解読、入力、編集、校正、解説とすべてに多大な労を取られ、第一級の資料集として集成してくださった。

校正段階で日本大学商学部准教授・刑部芳則氏、早稲田大学非常勤講師・松田好史氏のご協力を得た。

以上多くの方々のご尽力、ご協力を得て完成に至ったことを記し、深謝申し上げるとともに、本書が日本近代史研究に貢献できることを願っている。

尚友倶楽部史料室からは上田和子、藤澤恵美子、松浦眞（画像担当）が作業を担った。

上田　和子

編者

一般社団法人尚友倶楽部《しょうゆうくらぶ》

旧貴族院の会派「研究会」所属議員により1928年に設立された公益事業団体。学術研究助成、日本近代史関係資料の調査・研究に取り組んでいる。その成果は、『品川弥二郎関係文書』『山県有朋関係文書』『三島弥太郎関係文書』『阪谷芳郎東京市長日記』『田健治郎日記』など30冊以上の資料集として出版されている。

奈良岡聰智（ならおか そうち）　京都大学大学院法学研究科教授

1975年生。青森県出身。京都大学大学院法学研究科博士課程修了。博士（法学）。

編著書：『加藤高明と政党政治—二大政党制への道』（山川出版社、2006年）、『対華二十一ヵ条要求とは何だったのか—第一次世界大戦と日中対立の原点』（名古屋大学出版会、2015年）。

小川原正道（おがわら まさみち）　慶應義塾大学法学部教授

1976年生。長野県出身。慶應義塾大学大学院法学研究科政治学専攻博士課程修了。博士（法学）。

編著書：『評伝岡部長職—明治を生きた最後の藩主』（慶應義塾大学出版会、2006年）、『日本の戦争と宗教—1899～1945』（講談社選書メチエ、2014年）。

柏原　宏紀（かしはら ひろき）　関西大学経済学部准教授

1978年生。大阪府出身。慶應義塾大学大学院法学研究科政治学専攻博士課程修了。博士（法学）。

編著書：『工部省の研究』（慶應義塾大学出版会、2009年）、「開明派官僚の登場と展開」（明治維新史学会『講座明治維新３維新政権の創設』有志舎、2011年）。

岡部《おかべ》長景《ながかげ》巣鴨《すがも》日記《にっき》

〔尚友ブックレット *30*〕

2015年12月25日　発行

編　集

尚友倶楽部史料調査室《しょうゆうくらぶしりょうちょうさしつ》

奈良岡聰智《ならおかそうち》・小川原正道《おがわらまさみち》・柏原宏紀《かしはらひろき》

発　行

(株)芙蓉書房出版

（代表 平澤公裕）

〒113-0033東京都文京区本郷3-3-13

TEL 03-3813-4466　FAX 03-3813-4615

http://www.fuyoshobo.co.jp

ISBN978-4-8295-0674-5